세상이 온통 바쁘다는 이야기뿐이다. 그리스도인들도 바쁜 시간에 쫓기다 보니 하나님조차 우리의 시간에 맞춰 서둘러 주시길 원한다. 그런 의미에서 이 책 『일상의 예배』는 신선한 경험이었다. 나 역시 분주한 가운데 잠잠히 읽었지만 그때마다 마음의 평온함을 얻었다. 특히 한 묘비명에 적힌 글이 인상적이다. "이 돌과 흙덩어리 밑에 ○○가 누워 있으니 ○월 ○일 비로소 입을 다물기 시작했다." 죽는다는 것은 말을 그만한다는 것을 의미한다. 왜 그것을 생각하지 못했을까! 저자는 평소 우리의 말을 '하나님께 드리는 예배의 한 방식'으로 보도록 도전한다.

이렇듯 이 책은 우리가 처한 구체적인 현실 속에서 '예배'라는 무거운 주제에 접근한다. 저자처럼 여성들이 삶에서 느끼는 공허와 헛된 분주함을 잘 이해하는 여성도 드물 것이다. 더욱이 그것에 대해 비판하거나 설교하지 않고 위로와 격려의 목소리로 아주 실제적인 제안을 하기에 읽기만 해도 큰 용기를 얻게 된다. 마음이 산란할 때, 의논이 필요할 때, 쉬고 싶을 때, 울고 싶을 때, 외로울 때, 어떤 경우라도 이 책을 펼치고 읽으면 하나님께 예배하도록 인도받을 수 있다. 큰 힘을 얻을 수 있다. 그녀의 제안대로 하나님을 A에서 Z까지, 아니 '가에서 '하'까지 찬양하게 될 것이다.

김윤희 전 횃불트리니티 신학대학원대학교 구약학 교수, CCC 대표 사모

이 책은 여성이기에 겪을 수밖에 없는 수많은 문제들에 대한 근원적인 해답을 제공하고 있다. 그것은 예배를 회복하는 일이다. 예배의 본질을 되찾는 일이기도 하다. 여성들 스스로 주님을 위해 많은 일을 하느라 정작 주님을 잃어버렸음에 놀라게 된다. 그 분주함이 얼마나 나쁜 일인지 저자는 명료하게 지적한다. 예배란 잠잠히 그분을 만나는 일이며, 그분의 무릎 위에 올라가 얼굴과 얼굴을 마주 대하면서 그분 자체를 느끼고 사랑하는 일임을 생생하게 고백한다.

이 책은 한평생 누군가의 무릎이 되어 주느라 지친 여성들을 주님의 무릎으로 초대하는 위로의 초대장이다. '누구누구의' 어머니, 아내, 며느리, 자녀로 살아가는 이 땅의 모든 여성들에게 일독을 권하며, 그들이 이 책을 통해 영혼의 쉼터를 마련하게 되길 기도한다. 그 잠잠함 속에서 목마름은 배부름으로, 비움은 채움으로, 공허함은 충만함으로 바뀌게 된다. 그때 비로소 '누구누구'로서 가슴 뛰는 삶이 시작된다.

김향숙 하이패밀리 가정사역 평생교육원 원장

신앙생활에서 가장 중요한 것은 사역이나 성과가 아니라, 주님과 함께 머무르고, 교제하며, 연합하는 것이라고 한다. 린다 딜로우는 자칫 우리가 놓치기 쉬운 주님과의 친밀한 관계에 대해 여성 특유의 섬세함으로 조언한다. 오늘날 남성이든 여성이든 그 어느 때보다 고단한 삶을 살고 있지만, 여성은 육아나 살림 등의 많은 일까지 겹쳐서 몸과 마음과 영혼이 더 지치기 쉽다. 이에 저자는 세밀하고 구체적으로 주님 안에 거하는 영적 체험과 노하우를 소개하고 있다. 일상에서 드리는 삶의 예배, 고통 속에서도 찾을 수 있는 보석 같은 주님의 사랑에 대해 쓰고 있다.

이 책이 성도들의 영혼을 더욱 풍성하게 할 것을 기대한다. 특히 교회 안에서 주님과의 깊은 교제를 추구하는 여성들의 귀한 성경공부 길잡이가 될 것을 기대한다. "나의 사랑하는 자가 내게

말하여 이르기를 나의 사랑, 내 어여쁜 자야 일어나서 함께 가자…바위 틈 낭떠러지 은밀한 곳에 있는 나의 비둘기야 내가 네 얼굴을 보게 하라 네 소리를 듣게 하라 네 소리는 부드럽고 네 얼굴은 아름답구나"(아 2:10, 14). 오늘도 우리를 찾으시는 예수님의 사랑에 귀 기울이는 한국 교회가 되기를 기도하며 이 책을 추천한다.

이기복 전 횃불트리니티 신학대학원대학교 기독상담학 교수, 두란노가정상담원장

오랜 세월 어떻게 하면 하나님께 더 가까이 갈 수 있을까 하는 문제에 매달려 살았다. 하나님은 멀리 계신 것 같고 실체가 없는 분 같았다. 그런데 "예배를 통해 날마다 하나님을 찾고 구하라"는 린다의 말대로 해보니 놀랍게도 하나님께서 나와 눈높이를 맞춰 주시고 나를 만나 주셨다. 내 소망과 꿈을 주님 앞에 천천히 내려놓으니 하나님의 사랑에 눈이 부시고 경외감과 즐거운 기대가 나를 가득 채웠다.

베브 디살보 텍사스에 사는 한 목회자의 아내

이 책은 예배로 향하는 문을 열어 주어, 단조로운 내 삶을 고되고 지루한 일상이 아니라 하나님께 영광이 되는 삶으로 변화시켰다. 나는 이 책을 읽고 또 읽을 것이다.

샌디 펑카우저 아이다호 주 보이시에서

일평생 그리스도와의 친밀한 관계를 추구하며 살아온 여정을 아름답게 묘사한 책이다. 린다 딜로우가 하는 말, 영혼을 일깨우는 도전이 내 삶 속으로 들어와 오직 그분만을 더욱 갈망하게 만들었다.

케이시 코델 와이오밍 주 샤이엔에서

일상의 예배

Satisfy My Thirsty Soul

by Linda Dillow

하나님의 임재가 있는 가슴 뛰는 일상

일상의 예배

린다 딜로우 지음 | 오현미 옮김

좋은씨앗

일상의 예배
하나님의 임재가 있는 가슴 뛰는 일상

초판　1쇄 | 2009년 12월 22일
개정판 1쇄 | 2016년　3월 25일
개정판 2쇄 | 2025년　5월 25일

지은이 | 린다 딜로우
엮은이 | 오현미
펴낸이 | 신은철
펴낸곳 | 좋은씨앗
출판등록 제4-385호(1999. 12. 21)
주소 | (06753) 서울시 서초구 바우뫼로 156(양재동, 엠제이빌딩) 402호
주문전화 | (02) 2057-3041　주문팩스 | (02) 2057-3042
홈페이지 | www.gsbooks.org

ISBN 978-89-5874-419-1　03230

Satisfy My Thirsty Soul
by Linda Dillow

This book was first published in the United States
by Navpress
P.O. Box 35001, Colorado Springs, CO 80935
with the title *Satisfy My Thirsty Soul*
Copyright ⓒ 2007 by Linda Dillow
Translated by permission.

Korean translation Copyright ⓒ 2009 by GoodSeed Publishing, Seoul, Korea through the arrangement of rMaeng2, Seoul, Korea.

이 책의 한국어판 저작권은 rMaeng2 Agency를 통해 Navpress와 독점 계약한 도서출판 〈좋은씨앗〉에 있습니다. 신저작권법에 의하여 한국 내에서 보호받는 저작물이므로 무단전재와 무단복제를 금합니다.

차례

***

1부 친밀함의 예배

1장 목마른 내 영혼 · 11

2장 예배에 눈을 뜨다 · 35

3장 내 영혼이 잠잠히 있나이다 · 61

4장 다양한 방식의 예배 · 89

2부 예배를 행하라

5장 나의 삶을 드립니다 · 115

6장 나의 말을 드립니다 · 139

7장 나의 태도를 드립니다 · 161

8장 나의 일을 드립니다 · 185

9장 나의 기다림을 드립니다 · 211

10장 나의 고통을 드립니다 · 239

11장 나의 뜻을 드립니다 · 267

12장 하나님의 임재 속으로 · 293

나눌수록 풍성해지는 12주 성경공부 · 319

미주 · 354

1부
친밀함의 예배

1장
목마른 내 영혼

하나님이여 주는 나의 하나님이시라
내가 간절히 주를 찾되 물이 없어 마르고 황폐한 땅에서
내 영혼이 주를 갈망하며 내 육체가 주를 앙모하나이다.
_ 시편 63:1

그곳은 21세기 동화의 배경이 되기에 딱 좋은 곳이었다. 오스트리아의 한 고풍스런 마을, 도로에서 보이지 않는 곳에 쑥 들어앉은 400년 된 교회당은 창턱에 놓인 화초 상자에 제라늄 꽃이 가득 피어 있는 한 농가 옆에 자리 잡고 있었다. 들판에는 밀대가 일렁이고 외양간에서는 암소 우는 소리가 들려 마법에 홀려 과거로 간 듯한 착각을 불러일으켰.

내가 이렇게 아름다운 풍광을 자랑하는 곳에 오게 된 것은 집안 행사 때문이었다. 우리 아들 니콜라이가 사랑하는 연인 크리스티나와 결혼을 하게 되었다. 한 폭의 그림처럼 멋진 이 석조 건물 교회당에서는 결혼식이 자주 열린다고 한다. 게다가 피로연은 한 성에서 있을 예정이라니 정말 동화 속 이야기 같지 않은가.

예배당 맨 앞 줄에 앉아, 이제 막 강단 앞으로 걸어 들어올 순간을 기다리고 있는 크리스티나를 돌아보았다. 더할 수 없는 기쁨으로 빛나고 있는 크리스티나의 얼굴을 보니 공연히 내 가슴이 벅찼다. 다시 시선을 앞으로 돌려, 강단 앞에서 신부를 기다리고 서 있는 아들을 바라보았다. 크리스티나의 얼굴에서 빛나고 있는 기쁨이 그대로 전해진 그 아이의 얼굴은 네온 불빛만큼이나 환하게 빛나고 있었다.

신부가 걸어 들어와 신랑 앞에 마주 섰을 때 난 눈물을 참을 수 없었다. 신부가 "당신을 아주 많이 사랑해요, 닉!"이라고 말할 때 아들이 신부를 빨려들 듯 응시하는 것을 보았다. 두 사람은 하객들의 존재도 잊고, 그들의 얼굴에 빛을 드리우고 있는 촛불도 잊은 것 같았다. 세상에 오직 그들 두 사람만 존재하는 것 같은 눈빛이었다. 두 사람의 얼굴엔 속마음이 그대로 드러나 있었다. '그동안 찾았던 것을 드디어 발견했다.'

여성이라면 누구나 이런 감정을 느끼고 싶지 않을까? 영혼의 깊은 만족감을 원하지 않을까? 친밀한 관계에 대한 갈증을 적시고 가슴속 빈 공간을 채워 줄 하나 됨을 갈망하지 않을까? 나는 수많은 여성과 대화를 나누었다. 어떤 언어로 이야기하든, 어느 나라 사람이든, 대다수 여성은 얼굴과 얼굴을 맞대고 보는 친밀한 관계를 갈망한다. 어떤 이는 '친밀함'(intimacy)을 일컬어 '나를 들여다보는 것'이라고 한다. 여성들은 결혼 생활에서 바로 그런 친밀함을 원한다.

나도 그랬다. 남편 조디와 결혼할 당시 나는 갓 그리스도인이 된 스물

한 살 아가씨였다. 십대 시절 한 마리 나비처럼 이 남자 친구에서 저 남자 친구로 가볍게 옮겨 다니며 살던 나는 이제 내 주님이 되신 분께 이렇게 맹세했다. "하나님, 이제 남자들은 그만 만나겠습니다. 제 멘토를 닮을 것이며, 독신으로 살면서 전국을 다니며 말씀을 전하겠습니다." 아주 멋진 서원이었다.

하지만 나는 이 서원을 하고 나서 2주 뒤에 대학생들을 위한 기독교 컨퍼런스에 참석했다가 조디 딜로우라는 남자에게 한눈에 반했다. 이런저런 핑계를 만들어 그 남자를 만났다. 그리고 1년 뒤 우리는 결혼했다.

내가 그렇게 어린 나이에 결혼한 것은, 대단한 남성을 만났기 때문이다. 또한 친밀한 관계와 깊은 사랑을 갈망했기 때문이다. 학대를 일삼는 알코올 중독자 아버지 밑에서 자라면서 내 마음에는 구멍이 뚫려 있었다. 그런데 이제 예수님도 알게 되고 남편도 생겼으니 세상에 부러울 것이 없었다!

예수님은 내게 인생의 목적을 주셨고, 남편은…나는 그의 신부가 된다는 사실에 정말이지 가슴이 뛰었다! 깊이 있는 대화, 영혼과 영혼의 결합, 기쁨이 넘치는 친밀한 부부관계에 대한 상상으로 내 마음은 춤추었다. '세상에 둘도 없는 아내가 될 거야. 모든 것을 감싸 안는, 세상이 깜짝 놀랄 만한 하나 됨을 이뤄야지. 해를 더해 갈수록 우리의 친밀함은 더욱 깊어지겠지.'

네 아이를 낳아 키우며 43년 동안 결혼 생활을 해온 지금 내가 말할 수 있는 것은, 서로에 대한 우리의 사랑이 더욱 커졌다는 것이다. 나와 남편은 더욱 친밀해졌고, 그에 따라 서로를 존중하고 용납하는 마음도 깊어졌다. 그렇다고 해서 우리의 결혼 생활이 수월했다는 의미는 아니다. 동화 같았던 날들도 있었지만 동화와는 거리가 먼 세월도 많았다. 깊은 친밀감을 이루는 데는 노력도 필요하고, 상대를 용납해 주는 자세도 필요하며, 용서도 있어야 한다. 그것도 아주 많이.

여성들은 친밀감이 깊어지리라는 기대를 안고 결혼 생활을 시작하지만, 부부로 살다 보면 슬프게도 대부분의 친밀감은 사그라진다. 아이 키우랴, 직장 다니랴, 주택 융자금 갚으랴, 미친 듯이 바쁘게 하루하루를 살다 보면 그토록 갈망했던 친밀한 관계는 온데간데없이 사라지고 고되고 단조로운 일상만 남는다.

내가 아는 여성들 중 한 남자의 요리사와 가정부가 되기 위해 결혼한 이는 한 명도 없다. 그런데 남편을 섬기는 일에 안주해 버리는 경우가 너무 많다. 물론 아내가 남편을 사랑하고 남편도 아내를 사랑하는 건 맞지만, 아이들 목욕도 시켜야 하고 저녁 준비도 해야 하고 마당의 잔디도 깎아야 하는데, 세상을 깜짝 놀라게 할 만한 하나 됨을 이룰 시간이 어디 있겠는가?

여성들은 동성과의 관계에서도 친밀함을 갈구한다. 친구를 만나 즐겁게 웃고 이야기하며 밥을 먹고 신뢰를 나누고 싶어 한다. 그러나 친구 관계에서 우리가 경험하는 것은 유행하는 옷, 아이들, 먹거리 이야기에 그치는 피상적인 우정이다. 정작 바라는 것은 마음을 나눌 수 있는 친구인데 말이다.

나는 얼굴과 얼굴을 맞대고 보는 우정을 원하면서도 한편으로는 '그게 가능하기는 할까?'라는 의구심을 가졌다. 쉰 살 때 오스트리아에서 홍콩으로 이사한 나는 새 친구들을 사귀기 시작했다. 쉰세 살이 되자 하나님은 미국으로 돌아가야 함을 우리 부부에게 분명히 보여 주셨다. 그러자 외로움이 물밀듯이 밀려왔다. "안 돼요, 하나님. 이 친구들을 다 버리고 또 다시 시작할 수는 없어요. 새로 시작하려면 시간이 너무 많이 걸린다고요."

하지만 콜로라도 스프링스에서 하나님은 나를 위해 놀라운 일을 예비하고 계셨다. 영혼의 자매, 집필과 강연의 동반자 로레인 핀투스를 만나게 하신 것이다. 우리는 서로의 마음을 잘 안다. 서로의 고통을 함께 느낀다. 심지어 상대방이 끝마치지 못한 글까지 완성시켜 줄 정도다!

한번은 로레인과 공동 집필한 책 『친밀한 하나 됨』(Intimate Issue)을 토대로, 친밀한 관계를 주제로 하는 컨퍼런스에 함께 강사로 나선 적이 있었다. 그때 로레인이 청중에게 이렇게 말했다. "린다와 함께 다니면 정말 좋아요. 다른 누군가와 함께 있다는 느낌이 전혀 들지 않으니까요!" 무슨 말인지 어리둥절해 하는 청중에게 나는 로레인의 말이 진심에서 우러나오는 칭찬이라는 걸 설명해 주어야 했다. 로레인의 말은, 우리의 우정은 그런 하나 된 느낌이 특징이기 때문에 아무 거리낌 없이 대화를 나눌 수 있고, 서로 아무 말 없이 있을 수 있으며, 또 서로 의식하지 않은 채 무릎 꿇고 앉아 기도하고 예배를 드릴 수 있다는 뜻이었다.

그렇다, 나는 결혼 생활에서는 깊은 친밀감을 갈망하고, 친구 사이에서는 진정하게 '나를 들여다봐 주는' 우정을 갈망했다. 그러나 내가 그 무엇보다 갈망하는 것은, 그리스도와의 관계에서 그분을 더 친밀히 아는 것이다. 초신자 때 나는 그분을 아는 것, 그리고 그분을 알리는 것이 내 인생의 목적이라는 말을 자주 했다.

하지만 그분을 아는 것보다는 그분을 알리는 것에 더 주안점을 둘 때가 많았다. 그리스도인이 되기 전에는 인생의 목적이 없었는데 이제 목적이 생겼다. 그 목적은 세상 사람들을 설득하여 그리스도께 인도하는 것이었다. 내 마음은 섬김과 봉사로 치장되었다. 고상한 목표인 것은 확실했지만, 이 목표가 주님을 사랑하고 그분의 발밑에 앉아 예배드리는 걸 대신할 때가 많았다.

나는 친밀한 관계, 황홀경, 신랑 되신 주님과의 깊은 관계를 갈망했지만, 세월이 흐르고 삶이 분주하고 복잡해지자 사랑하는 주님을 '섬기는 데' 안주하고 말았다. 나의 신랑이신 사랑하는 주님은 세상으로 걸어와 나를 찾고 부르며 허리를 숙여 내 마음에 가만히 속삭이셨다. 내가 걸음을 늦추고 주님을 껴안을 정도의 여유를 가지길 바라면서 말이다. 주님은 부드럽게 나를 부르셨다.

"린다, 내 무릎에 앉아 보겠니?"

"주님, 성경공부 준비를 해야 해요. 좀 있다 올게요."

"린다, 와서 나하고 이야기 좀 하겠니?"

"주님, 주님의 자녀들을 위해 식사를 준비해야 해요. 나중에 올게요."

그러나 '나중에'라는 시간은 절대 오지 않았다. 나는 주님을 위해 좋은 일들을 하느라 너무 바빴다.

하나님을 섬기고자 하는 마음은 잘못일 게 없었다. 하지만 우선순위가 잘못되어 있었다. 성경은 분명히 말한다. 가장 중요하고 첫째 되는 것은 우리의 온 존재로 하나님을 사랑하는 것이라고(마 22:37-38 참고). 이것이 가장 크고 첫째 되는 계명이다. 둘째 계명은 이웃을 사랑하는 것이다. 여기에는 섬김과 봉사의 일이 포함된다(마 22:39 참고). 나는 이 첫 번째와 두 번째 계명을 혼동했다.

"나의 주된 역할은 하나님의 일꾼이 아니다. 나는 무엇보다 하나님의 연인이다. 그게 바로 나다." 이렇게 말할 수 있어야 한다. 그게 중요하다. "우리는 사랑을 하는 일꾼이 아니라, 일을 하는 연인이 되어야 한다."[1] 하지만 나는 하나님을 사랑하려고 몸부림치는 일꾼이었다. 그 결과 과중한 일에 시달렸고, 결국 지쳐 나가떨어졌다.

우선순위가 뒤바뀌어 하나님 사랑보다 이웃 사랑에 강조점을 두면 영적·육체적으로 지칠 수밖에 없다. 1994년의 내가 바로 그랬다. 그래서 나는 하나님께 부르짖었다. "갈급한 내 영혼을 채워 주소서. 주님의 임재를 간절히 바랍니다. 오 하나님, 구원의 기쁨을 회복시켜 주소서!"

나는 왜 목이 말랐던 것일까?

1994년 어느 날이 생생히 기억난다. 나는 홍콩의 아파트 5층에 있는 우리 집 거실에 놓인 푸른색 소파에 앉아 맞은편 벽을 타고 지나가는 도마뱀을 지켜보고 있었다. 이윽고 창문 밖에 무수히 솟아 있는 고층 아파트 건물을 내다보면서 뜻 모를 갈망을 느꼈다. 그때 나는 왜 그렇게 공허했을까? 나는 남편과 가족을 사랑했다. 주님을 사랑했다. 여성으로서 그 이상 더 바랄 게 무엇이 있을까?

나는 하나님의 신실한 종으로서, 기꺼이 이 대륙 저 대륙을 옮겨 다니며 여성들을 가르치고 훈련시켰다. 나는 영혼을 만족시킬 만한 모든 것을 갖고 있었다. 그러나 하나님 외엔 그 누구도 볼 수 없는 마음 깊은 곳에서 무언가를 더 갈급해하고 있었다. 그것이 과연 무엇이었을까?

나는 왜 목이 말랐던 것일까? 오랜 세월 선교 일선에서 일하다 보니 완전히 기진맥진했던 것이다. 내가 목이 말랐던 것은 하나님을 더 원했기 때문이다. 나는 하나님을 인격적으로 만나기를 갈망했다. 하나님이 성경을 통해 말씀하시기는 했지만, 친히 내게 말씀하시는 것을 듣고 싶었다. 말로 표현할 수 없는 기쁨, 더 깊은 연합과 하나 됨, 신랑 되신 그분과의 신령한 연합을 갈구했다. 하나님은 어디에나 계시다는 걸 알았지만 하나님의 편재(遍在)에, 그분의 놀랍고 영속적인 임재에 안주하고 싶지 않았다. 나는 하나님과 얼굴을 맞대고 보는 친밀한 만남을 갈망했다.

나는 하나님께 부르짖었다. 무엇을 부르짖고 있는지, 그 부르짖음이 나를 어디로 데려다 줄지 알지 못했지만, 하나님을 최우선으로 삼고 섬김을 그 다음으로 여기지 않는 한 하나님을 대면하는 친밀한 관계를 결코 경험할 수 없으리라는 것은 알고 있었다. 하나님을 친밀히 아는 것이 그분을 섬기는 것보다 우선되어야 한다는 걸 왜 몰랐는지 그 이유는 알 수 없다. 다만 아는 것은, 하나님께서 내게 구애하기 시작하셨고 그분을 친밀히 알고자 하는 소망을 내 안에 심어 주셨다는 것뿐이다.

하나님이 바라시는 것

성경을 통독하면서 친밀한 관계와 관련된 구절들을 찾기 시작했다. 곧 하나님께서 당신과 나를 포함해 우리 모두와 친밀한 관계를 맺고 싶어 하신다는 증거를 찾아냈다. 성경은 하나님과 우리의 관계를 사랑, 결혼, 성적 결합, 정절 등을 묘사하는 말로 설명한다. 몇 가지 예를 들어 보겠다.

하나님은 영원한 사랑으로 우리를 사랑하신다. 하나님은 우리를 가장 사랑하셨다(렘 31:3 참고).

하나님은 자신을 '신랑'이라 칭하며, 우리를 '신부'라 부르신다(고후 11:2 참고).

하나님은 우상숭배를 '간음'이라 칭하신다(사 57:7-8 참고).

하나님은 우리가 성적 연합을 통해 남편에게 육체적으로 가까이 가 듯 영적으로 하나님께 가까이 가야 한다고 말씀하신다. "그러므로 사람이 부모를 떠나 그의 아내와 합하여 그 둘이 한 육체가 될지니 이 비밀이 크도다 내가 그리스도와 교회에 대하여 말하노라"(엡 5:31-32).

로레인 핀투스와 함께『친밀함의 문제』를 공동 집필하면서 비로소 이 말씀에 담긴 거룩한 아름다움을 깨달았다. 사람과 사람이 맺을 수 있는 가장 밀접하고 친밀한 행위인 남편과 아내의 성적 연합을 통해 주님은 나와 주님 사이에 맺는 신령한 친밀한 관계의 아름다움을 묘사하신 것이었다. 하나님은 이렇게 말씀하고 계신 것 같았다. "이걸 보렴, 린다. 그리고 깨닫거라. 부부 간의 연합이라는 영광스러운 기쁨으로 들어가거라. 몸과 몸이 맺는 친밀한 관계, 그 황홀경을 보고, 느끼며, 더 깊이 알거라. 그런 다음 눈을 들거라, 내 딸아, 눈을 들어 깨닫거라. 내가 너와 나누고자 하는 영적 친밀함과 황홀경이 바로 그 정도란다."

말씀을 공부하면서 나는 하나님이 우리와 그렇게 친밀한 관계를 맺고 싶어 하신다는 것을 점점 더 깊이 납득하게 되었다. 그리고 하나님을 대면하여 만나는 친밀한 관계가 하나의 선택이라는 것도 알게 되었다.

친밀한 관계는 선택의 문제

신약성경에서든 구약성경에서든 하나님과의 친밀한 관계에는 네 가지 단계가 있다. 이스라엘 백성과 하나님과의 관계에서도, 제자들이 예수님과 맺었던 관계에서도 그 사실을 확인할 수 있다.[2]

이스라엘 백성이 하나님과 맺었던 관계를 살펴볼 때, 가장 큰 원에서 가장 작은 원까지 네 개의 원으로 둘러싸인 과녁을 상상해 보라. 바깥쪽으로 갈수록 하나님에 대한 관심이 약해지고, 안쪽 원, 즉 중심 과녁으로 갈수록 하나님과의 친밀도가 높아지는 것을 뜻한다.

이스라엘의 일반 백성은 가장 바깥쪽 원에 해당하며, 수가 가장 많고 하나님에게서 가장 멀리 떨어져 있다. 하나님은 모세에게 십계명을 주실 때 시내산에 그분의 임재가 나타날 것이므로 모든 백성에게 준비하게 하라고 말씀하셨다. 이스라엘 백성이 하나님의 임재를 보더라도 그분께 가까이 다가가는 것은 금지되었다. 백성이 산으로 올라오지 못하도록 일정한 경계가 정해졌다(출 19:11-12 참고).

제사장과 장로들은 바깥에서 두 번째 원으로, 일반 백성에 비해 하나님과 좀 더 가까이 있다. 모세를 비롯해 이스라엘 장로들은 경계를 넘어가, 일반 백성에 비해 훨씬 더 가까운 곳에서 하나님을 친밀히 보았다. 이들은 하나님의 임재를 느꼈을 것이 분명하다. 이들은 일반 백성에 비해 훨씬 많은 것을 체험했지만, 그렇다고 해서 이들의 삶이 변화된 것은 아니었다. 이 일이 있은 뒤 얼마 되지 않아서 이들은 금송아지를 만들어 놓고 경배했다(출 24:9-11 참고).

모세와 여호수아는 세 번째 원으로, 하나님께 좀 더 가까이 있다. 여호수아는 자주 하나님의 임재 곁에 머물렀다(출 33:11 참고). 그는 하나님이 자신을 나타내시는 곳에 있고 싶어 했다. 여호수아는 모세를 제외한 그 누구보다 높이 영광의 산에 올라갔다(출 24:13-14 참고).

모세는 가운데 있는 원을 나타내며, 하나님과 얼굴을 대면하여 보는 친밀함을 누렸다. 그는 하나님의 친구로서 하나님과 직접 이야기를 나누었다. 놀랍지 않은가!

하나님이 이스라엘 백성을 애굽에서 인도하여 내신 후 모세는 그들을 시내산으로 이끌었다. 하나님은 모세를 산 정상으로 몇 차례 불러 교제를 나누셨다. 이 친밀한 만남이 40일간 계속된 경우도 두 번이나 있었다. "사람이 자기의 친구와 이야기함같이 여호와께서는 모세와 대면하여 말씀하시며"(출 33:11).

이것이 진정한 친밀함이다. 친구가 친구를 만나듯, 서로 마주 보고 만나는 것 말이다. 여호와의 영광이 시내산에 머물 때 모세는 홀로 하나님과 교제를 나누었다(출 24:15-17 참고).

구약성경이 하나님과 이스라엘 백성의 관계를 네 단계로 나누어 설명하듯이, 복음서도 예수님과 제자들의 관계를 네 단계로 보여 준다. 이번에도 역시 친구 사이 같은 친밀한 관계를 과녁 중심으로 상상해 보라. 예수님은 70명을 뽑아 두 명씩 짝을 지워 파송하셨다(가장 바깥쪽 원). 열두 제자를 측근으로 선택하셨다(두 번째 원). 그중에서 베드로, 야고보, 요한(세 번째 원)과 좀 더 친밀한 관계를 가지셨다. 그중 한 제자는 자신을 일컬어 "예수께서 사랑하신 제자"라고 했다(중심 원). 마지막 식사 때 요한은 예수님의 품에 의지하여 누웠는데, 이는 정말로 친밀한 사이에서만 나올 수 있는 자세다.

모세와 요한은 친밀한 관계를 선택했다. 모세는 "주의 길을 내게 보이사"(출 33:13)라고 말했다. 그는 "하나님에 대한 더 깊은 확신으로 나를 이끄소서"라고 말하는 것 같다. 요한은 예수님의 품에 안기는 걸 선택했다. 다른 제자들도 예수님과 이처럼 친밀한 관계를 경험할 수 있었으나, 오직 요한만이 이것을 선택했다. 친밀한 관계는 하나의 선택이다. 선택에 따라 불이 계속 활활 타오를 수도 있고 그렇지 않을 수도 있다.

하나님의 말씀을 계속 찾아보면서 나는 하나님을 친밀하게 알았던 바울, 다윗, 마리아가 한 가지 중요한 선택을 했다는 것을 깨달았다.

가장 중요한 것

다메섹으로 가는 길에 구원을 경험하고 나서 30여 년 뒤, 바울은 자신이 바라는 '한 가지'에 대해 이렇게 썼다.

"내가 하는 일은 오직 한 가지입니다. 뒤에 있는 것은 잊어버리고, 앞에 있는 것을 향하여 몸을 내밀면서, 그리스도 예수 안에서, 하나님께서 위로부터 부르신 그 부르심의 상을 받으려고, 목표점을 바라보고 달려가고 있습니다"(빌 3:13-14, 새번역).

바울은 30년 동안 수많은 영적 전투에서 승리를 거두었고 영적으로 많이 성장했다. 하지만 그에게는 아직도 넘어야 할 영적 고지가 있었다.[3] 바울은 자신에게 중요한 '한 가지'란 바로 하나님을 향해 달려가는 것임을 당대의 신자들에게 알려 주고자 했다.

다윗 또한 열정적으로 '한 가지 일'을 추구하기로 선택했다. "내가 여호와께 바라는 '한 가지 일' 그것을 구하리니 곧 내가 내 평생에 여호와의 집에 살면서 여호와의 아름다움을 바라보며 그의 성전에서 사모하는 그것이라"(시 27:4). 작가 샘 스톰즈(Sam Storms)는 『나의 행복 하나님의 기쁨』(Pleasure Evermore)에서 이렇게 말한다.

다윗은 하나님의 임재 안에 거하기를, 하나님을 바라보기를, 하나님의 아름다움과 광채를 묵상하기를, 하나님을 애정과 기쁨과 찬양의 대상으로 만드는 모든 것의 영광과 빛을 쬘 수 있기를 소망했다.…이렇게 열정적으로 하나님을 추구한 결과는 엄청났다. 그는 말로 다할 수 없이 즐거운 주님의 아름다움을 바라볼 뿐 아니라 그로 인해 심오한 변화를 이룰 수 있었다.[4]

우리는 자신이 생각하는 사람, 자신이 바라보는 사람을 닮아 간다. 바울과 다윗은 주님의 아름다움을 바라볼 때 변화되었다. 이는 "(누군가를) 보는 것이 곧 (그 사람처럼) 되는 길"[5]이기 때문이다. 그리스도를 바라볼 때 우리는 변화된다. 그리스도의 아름다움과 성품을 묵상할 때 그분의 선하심이 우리에게 영향을 끼친다.

베다니의 두 자매 중 언니인 마르다가 예수님과 제자들을 위해 음식 준비를 하다가 동생 마리아가 자신을 도와주지 않는다고 불평하자 예수님은 이렇게 대답하셨다. "마르다야 마르다야 네가 많은 일로 염려하고 근심하나 몇 가지만 하든지 혹 '한 가지'만이라도 족하니라 마리아는 이 좋은 편을 택하였으니 빼앗기지 아니하리라 하시니라"(눅 10:41-42).

예수님은 마르다의 섬김이 중요하지 않다고 말씀하신 것이 아니다. 다만 예수님의 발치에 앉아 말씀을 배우고 예배하려는 마리아의 선택이 가장 좋은 선택이라는 사실만 지적하셨다. 예수님이 마르다에게 하신 말씀은 곧 내게 하신 말씀이기도 했다. 예수님은 마르다에게 예배와 섬김의 순서가 뒤바뀌었다고 말씀하신 것이다.

바울의 '한 가지'는 다윗의 '한 가지 일'이었고 이는 곧 마리아의 '한 가지'였다. 이 진리를 깨달으면서 나는 큰 의문에 부딪쳤다. 나 또한 하나님과 대면하여 만나는 친밀함을 선택할 것인가? 하나님을 좇는 것을 내가 바라는 '한 가지'로 여길 것인가? 그렇다! 어느 것도 산 밑에서는 이뤄질 수 없는 일이었다! 나는 그 '한 가지'를 택하는 여인이 되고 싶었다. 하나님을 대면하여 만나는 친밀한 관계를 맺고 싶었다.

한 친구에게 그 소원을 이야기하자 이렇게 말했다. "린다, 그건 좀 주제넘은 거 아닐까? 온 우주를 창조하신 분을 친밀하게 알겠다고? 얼굴과 얼굴을 맞대고 그분과 이야기를 나누겠다고?" 나는 그게 주제넘은 일이라고 생각하지 않았다. 그게 성경적인 일이라고 믿었다. 그래서 이렇게 기도했다. "하나님, 당신을 친밀하게 알고 싶습니다. 그 결과가 어떻든, 어떤 대가를 치르든 말입니다."

나는 알고 싶었다. 도대체 내가 어떻게 모세, 요한, 마리아, 다윗, 바울처럼 된다는 것일까? 얼굴을 맞대고 만나는 그 친밀함에 이르는 길은 무엇이며, 그 길을 어떻게 찾을 것인가? 하나님은 성경 말씀과 한 친구를 사용하여 그 질문에 대답해 주셨다.

하나님의 임재에 이르는 길

주님을 친밀하게 아는 사람들을 실제로 만날 때, 우리는 그리스도를 더 깊이 경험하기를 고통스러울 만큼 갈구하게 된다. 주위 사람들로 하여금 목마른 사슴처럼 생명수를 갈급해하며 헐떡이게 만드는 것이야말로 최고의 영향력 아니겠는가?

11년 전, 나는 미미 윌슨의 집을 처음으로 방문했다. 미미는 요리 잘하기로 소문난 사람인지라 우리는 맛있는 점심을 함께했다. 즐거운 식사를 마친 후 미미는 말했다. "우리 함께 예배드려요." 나는 속으로 생각했다. '뭘 하려고 그러는 거지?'

미미는 예배 음악을 틀어놓고 무릎을 꿇었다. 뭘 하려는 건지 도통 알 수 없었던 나는 미미가 하는 대로 소파 옆에 무릎을 꿇고 앉았다.

잔잔한 음악이 흐르는 가운데 우리는 달콤한 침묵에 빠져들었다. 우리는 아버지께 영광 돌리는 기도를 하면서 아버지의 기사와 엄위를 선포했다. 난생처음으로 나는 "거룩한 옷을 입고 여호와께 예배"(시 29:2)한다는 게 무슨 뜻인지 어렴풋이 알게 되었다. 시간은 멈춘 듯했고, 기도는 자연스럽게 흘러나왔다. 무릎을 펴고 일어났을 때 비로소 내가 하나님의 임재에 감싸여 있었다는 것을 깨달았다. 미미에게는 이것이 일상이었다. 미미를 통해서 나 역시 하나님의 임재에 푹 잠길 수 있다는 것을 알게 되었다.

나는 그저 어떤 정서적 상태를 경험했던 걸까, 아니면 우리 역시 하나님의 임재를 경험할 수 있는 걸까? 성경 말씀을 찾아보았다. 증거를 원했기 때문이다. 내가 찾아낸 증거는 다음과 같다.

첫째, 시편 89편은 예배 가운데 하나님이 우리에게 하나의 현실이 될 수 있다고 말한다. "즐겁게 소리칠 줄 아는 백성은 복이 있나니 여호와여 그들이 주의 얼굴 빛 안에서 다니리로다"(15절).

C. S. 루이스(Lewis)가 발견한 게 바로 그것이었다. 『나니아 연대기』(The Chronicles of Narnia)를 지은 그 유명한 작가는 찬양과 찬송을 받으시려는 하나님의 갈망에 대해 씨름했다. 그는 하나님이 왜 애정과 관심의 대상이 되길 원하시는지 이해할 수 없었다. 그러던 어느 날 "예배를 받으시는 과정에서…하나님이 자신의 임재를 인간에게 보이신다"[6]는 사실을 알게 되었다.

둘째, 시편 63편은 예배가 우리의 갈급한 영혼을 채울 수 있다고 가르친다. 다윗은 이렇게 말했다. "하나님이여 주는 나의 하나님이시라 내가 간절히 주를 찾되 물이 없어 마르고 황폐한 땅에서 내 영혼이 주를 갈망하며 내 육체가 주를 앙모하나이다 내가 주의 권능과 영광을 보기 위하여 이와 같이 성소에서 주를 바라보았나이다 주의 인자하심이 생명보다 나으므로 내 입술이 주를 찬양할 것이라"(1-3절).

메시지 성경은 다윗의 흥분을 이렇게 포착한다.

하나님, 당신은 나의 하나님이십니다!
하나님은 아무리 누려도 충분하지 않습니다!
나는 하나님에 굶주리고 하나님을 갈급해하면서
메마르고 지루한 사막을 건너왔습니다.
그래서 여기 나는 예배하는 자리에 서서 눈을 뜨고
하나님의 힘과 영광을 들이마십니다.
하나님의 풍성한 사랑 안에서 비로소 나는 삶다운 삶을 삽니다!

예배드릴 때 하나님의 임재에 사로잡혔기에 다윗은 호흡할 때마다 주님을 찬양할 것이라고 말한다.

셋째, 시편 16편에서 다윗은 영혼의 만족이 하나님의 임재를 아는 데서 온다고 말한다. "주께서 생명의 길을 내게 보이시리니 주의 앞에는 충만한 기쁨이 있고 주의 오른쪽에는 영원한 즐거움이 있나이다"(11절). 이 말에 대해 생각해 보라. 하나님은 다른 모든 기쁨을 무한히 초월하는 기쁨, 우리를 채우고 흥분시키고 충족시키며 만족시키는 능력과 가능성이 결합된 기쁨을 주고 싶어 하신다. 하나님은 우리에게 영적 황홀경을 주시는데, 이것은 그 무엇에도 비할 수 없고 깊이를 헤아릴 수 없다. 다윗은 이 황홀경을 찾을 수 있는 곳은 오직 한 곳밖에 없다고 말한다. 바로 하나님의 임재, 하나님의 오른쪽이다.[7]

성경을 연구하면서, 그리고 개인 예배를 통해 하나님과 깊은 정서적 친밀감을 누리고 있는 사람들을 보면서 이 진리는 점점 더 확실해졌다. 예배야말로 하나님의 임재를 경험하는 길이요, 얼굴을 맞대고 만나는 친밀한 관계에 이르는 길이다.

예배의 두 가지 요소

"목마른 영혼을 채우는 것과 예배가 무슨 상관이 있다는 거죠?"라고 묻고 싶은가? 그렇다면 당신은 예배에 대해 내가 수양회에서 만난 한 여성과 비슷한 개념을 갖고 있는 것이다.

어느 수양회에서 '목적이 있고, 만족감을 누리며, 믿음이 있고, 예배하는 여성'이라는 주제로 강연을 했다. 그때 민디가 이렇게 말했다. "린다, 저는 설레는 마음으로 이 수양회에 참석했어요. 저도 목적이 있고 만족감을 누리며 믿음이 있는 여성이 되고 싶기 때문이죠. 그런데 예배 얘기는 왜 하시는지 모르겠어요. 저는 찬양은 별로 안 좋아하거든요."

민디에게 예배란 그저 찬양하는 노래를 부르는 것에 지나지 않았다.

나도 민디처럼 생각했던 시절이 있었다. 한때 나도 예배란 주일 아침 설교를 듣기 전에 20분 동안 함께 노래를 부르는 것이라 생각했다. 하지만 그건 잘못된 생각이었다! 예배는 다면체의 다이아몬드와 같다.

나는 예배에 대한 모든 것을 알고 싶었다. 그래서 창세기부터 요한계시록까지 성경을 통독하면서, 예배에 대해 가르쳐 달라고 하나님께 청했다. 나는 배움이 더딘 사람인 게 분명하다. 그렇게 성경 통독을 시작한 지 올해가 7년째인데 여전히 하나님께 같은 제목으로 기도하고 있기 때문이다. 그동안 하나님은 다음과 같은 놀라운 진리를 깨닫게 하셨다.

예배는 어떤 구체적 행위만 의미하지 않는다. 예배는 삶이다. 무릎을 꿇고 "거룩하다, 거룩하다, 거룩하다"고 선언하는 구체적 행위다. 동시에 내 삶을 낮추고 '거룩하고, 거룩하고, 거룩한' 삶을 사는 것이다.

예배는 거룩한 기대로 시작해 거룩한 순종으로 끝난다. 구체적인 예배 행위, 즉 거룩한 기대감을 갖고 무릎을 꿇는 행위로 나는 하나님의 임재와 진정으로 친밀한 관계에 들어간다. 예배하는 삶, 즉 거룩한 순종으로 하나님 앞에서 나를 낮춤으로써 그리스도를 위해 신실하게 살아가는 새로운 차원으로 들어간다.

예배의 이 두 요소는 내 삶 속에서 구체적으로 다음과 같이 나타난다. 나는 아침에 사랑하는 분 앞에 무릎 꿇고 예배할 때 말과 노래로, 그리고 정적과 침묵으로 예배한다. 다윗의 시편과 사랑하는 마음에서 흘러나오는 나만의 시어로 하나님을 찬양한다. 그분의 음성에 귀 기울인다. 그런 다음 무릎을 일으켜서, 남편과 장성한 자녀들과 손자들과 친구들이 있는 세상 속으로 들어간다.

그렇게 나는 삶으로 들어간다. 예배가 무엇인지 깨닫기 전과는 걸음걸이부터 다르다. 이제 나는 내 모든 삶을 예배로, 나의 왕 앞에 엎드릴 기회로 여긴다. 집 안을 장식하면서, 청소를 하면서, 식사를 준비하면서도 예배드릴 수 있다. 비행기나 기차나 자동차로 여행을 하면서도, 여성들에게 하나님의 말씀을 가르치면서도 예배드릴 수 있다. 강연을 하거나 책을 쓰면서도 예배드릴 수 있다. 비행기에서 하는 모든 말과 일들을 예배로 여긴다는 것은 참 기쁨이었다. 이제 고통조차 주님 앞에 예배하며 절하는 희생 제사로 여길 수 있다는 사실이 기쁘다.

예배는 감사하는 마음으로 사는 삶이다. 예배는 응답하는 것이다. 언제나 나를 사랑하시고 가까이 다가오시는 분께 응답하는 것이다. 모든 것을 주시는 분께 내가 보이는 사랑의 응답은 무엇인가? 그저 날마다 하나님 앞에 엎드려 절할 뿐이다. 그러면서 몇 가지 놀라운 유익을 발견하게 되었다.

예배가 주는 유익

초신자 시절, 나는 목적을 달성하려고 애썼다. 그 목적이란 봉사하고, 사람들을 섬기고, 그들을 제자로 훈련시키는 것이었다. 하지만 이제 나는 오로지 하나님 자체에만 열정을 쏟는다! 하나님은 나를 종에서 예배자로 바꿔 놓으셨다.

그렇다고 해서 이제는 사람들을 섬기지 않는다는 뜻은 아니다. 오히려 전보다 더 열심히 사람들을 섬긴다. 다만 그 섬김이 이제는 다른 곳에서 흘러나올 뿐이다. 즉 예배에 깊이 잠기고, 하나님의 임재에 흠뻑 젖은 마음에서 섬김이 나오는 것이다.

예배로 기도 생활이 더 깊고 넓어졌다. 이제는 기도가 더욱 자연스럽게 나온다. 예배에서 기도가 나오는 것이다.

예배는 하나님께 순종하려는 선택의 품격 또한 높여 주었다. 이제 나의 순종은 좀 더 고상한 목적을 갖게 되었다. 과거에는 죄를 깨닫게 해 주는 잠언이나 야고보서 구절들을 외우며 내 언어 생활을 돌아보았다. 내 입에서 나오는 말들로 하나님을 높여드리기 원했기 때문이다. 물론 그것도 주님을 기쁘시게 했지만, 이제는 내 입에서 나오는 말이 예배가 될 수 있음을 알게 되었다.

삶으로 예배드리는 법을 배우며 영적으로 성숙해졌다. 나는 하나님의 음성을 직접 듣기를 늘 갈망해 왔고, 이제는 친히 하시는 말씀을 더 큰 소리로 듣는다. 하나님의 임재 안에서 기뻐하는 것은 내 일상의 한 부분이 되었다. 내 마음은 거룩한 분께 예배드리는 것에 가 있다. 내 모든 삶을 예배로 여기면서 내 존재는 달라지고 있다. 나는 목마르다. 그리고 하나님은 깊은 친밀감으로 내 영혼을 채워 주신다.

목마르면 오라

목이 마른가? 왜 목이 마른지 아는가? 혹시 예전의 나처럼 지쳐서 힘을 잃어 가는 것은 아닌가? 당신도 나처럼 하나님의 임재를, 그분과 활기 넘치고 친밀한 관계를 누리기를 간절히 바라고 있는 것은 아닌가? 아니 어쩌면 그냥 조금 목이 마른 것일 수도 있고, 자신이 어떤 상태인지 확실히 모르고 있을 수도 있다. 당신이 어느 경우든, 그리스도를 친밀하게 알고 그 임재에 푹 잠기는 이 흥미진진한 모험에 동행하기를 간절히 바란다. 와서 구체적인 예배 행위에 대해 배우고 하나님의 기쁨의 샘에서 물을 마시라. 이 물이 당신의 영혼을 얼마나 만족시켜 줄 수 있는지 알게 될 것이다.

오라, 삶으로 드리는 예배에 대해 배우라. 내가 하는 말, 내가 하는 일, 내 고통 그리고 삶의 모든 영역을 하나님 앞에 내려놓는 법을 알아 갈 때 그 순종은 기쁨이 될 것이다.

예배!

천사들이 하는 일.

사탄이 막고 싶어 하는 일.

성경의 주요 주제.

우리가 창조된 이유.

하나님의 임재로 우리를 이끌어가는 힘.

나는 날마다 하루 종일 하나님을 예배한다. 예배의 기쁨과 자유가 너무 커서 내가 배워 아는 몇 마디 말로는 다 표현하기 힘들다. 그걸 다 표현하려면 책 한 권을 써야 할 것이다. 그래서 나온 것이 바로 이 책이다.

친구여, 이 여정에 나와 동행하겠는가?

인생이 달라지기 원하는가? 예배자가 되라.

하나님의 임재를 알고 싶은가? 예배자가 되라.

영혼을 충족시키는 깊고 친밀한 관계를 원하는가? 예배자가 되라.

우리를 부르는 소리가 있다. "오라 우리가 굽혀 경배하며 우리를 지으신 여호와 앞에 무릎을 꿇자"(시 95:6).

2장
예배에 눈을 뜨다

온 땅이 주께 경배하고 주를 노래하며
주의 이름을 노래하리이다 할지어다.
_ 시편 66:4

이번 주에 남편과 함께 '미라클 워커'(The Miracle Worker)라는 영화를 보았다. 헬렌 켈러의 일생을 그린 매혹적인 영화였다. 태어날 때부터 눈이 안 보이고 귀가 안 들리는 헬렌은 무지한 상태로 자기 집에만 틀어박혀 살았고, 세상의 단순한 이치조차 이해하지 못했다. 그녀는 타인과 의사소통을 하고 무언가를 배우고 깨달아 가는 기쁨이 얼마나 큰지 모르는 채 깊이 잠들어 있는 상태였다.

그렇게 헬렌은 나이를 먹어 갔고, 해를 더해 갈수록 점점 외톨이가 되고 겁이 많아졌다. 헬렌의 부모는 지푸라기라도 잡는 심정으로 가정교사 앤 설리번을 고용했다. 헬렌이 누에고치 같은 자기만의 세상을 깨고 나와 주변 세상과 어울려 살아갈 수 있도록 도와주기 위해서였다.

영화에서 가장 인상적인 장면 중 하나는, 앤 설리번이 헬렌의 손을 잡고 수화와 함께 반복적으로 단어를 말해 주는 장면이었다. 하지만 헬렌은 알아듣지 못했다. 거의 포기할 무렵, 앤은 '물'(w-a-t-e-r)이라는 단어를 헬렌에게 들려주고 또 들려주었다. 그리고 헬렌을 개천으로 데리고 가서 'w-a-t-e-r'를 계속 발음하며 개천에 흐르는 맑고 시원한 액체를 헬렌에게 뿌려 준다. 하지만 헬렌은 물이라는 이름과 그 축축한 물질 사이의 상관 관계를 깨닫지 못한다. 앤은 헬렌에게 시원한 샘물을 떠 주며 마셔 보게 한다. 그래도 헬렌은 여전히 아무것도 알지 못한다.

그때 헬렌이 펌프 물을 퍼올리기 시작한다. 가볍게, 흥겹고 가볍게! 누에고치가 갈라지는 순간이었다. 'w-a-t-e-r'가 '물'(water)이라는 진실에 눈을 뜬 것이다! 1분 전까지만 해도 헬렌은 아무것도 모르는 상태였지만, 이제 그녀를 향해 온 세상이 살아 움직였다. 무지라는 누에고치에서 사랑과 인간관계와 지적인 앎의 세상으로 화산이 폭발하듯 터져 나온 것이다.

헬렌처럼 나도 잠들어 있었다. 'w-a-t-e-r'에 대해, 우리가 살고 있는 물질 세계에 대해서가 아니라 '예배'(w-o-r-s-h-i-p)에 대해, 하나님의 임재가 살아 있는 현실인 영적 세상에 대해 잠들어 있는 상태였다. 나는 잠에서 깨어나 하나님과 대면해 만나는 친밀한 관계를 누리고 싶었다. 생생하게 하나님의 임재를 느끼고 싶었다. 감각과 지각으로 알고 느낄 수 있는 한 그분의 모든 것을 원했다. 하나님께 온통 휩싸이고 싶었다!

이번 장과 앞으로 보게 될 두 장에서 무엇이 내 잠을 깨워 예배와 하나님의 임재에 눈을 뜨게 만들었는지 이야기하고자 한다. 이 세 장에서 우리는 구체적 예배 행위, 즉 무릎을 꿇고 "거룩하다, 거룩하다, 거룩하다"고 선포하는 행위에 대해 이야기할 것이다. 하나님이 어떻게 내 누에고치를 깨뜨리고 예배를 통해 하나님과의 관계에 새로운 생기를 불어 넣어 주셨는지 내 경험과 성경 말씀을 바탕으로 설명하고자 한다. 첫째로, 내가 어떻게 하나님을 점점 더 경외하게 되고 그분의 놀라운 일들에 더욱 경이로워하며 하나님을 더욱 찬양하게 되었는지 설명해 보겠다.

경외감이 깊어지다

성경은 하나님의 거룩하심에 대해 더 깊은 지식을 갖게 해준 열쇠였다. 그중에서도 특히 두 구절이 의미가 깊은데, 주님은 그 말씀을 내 마음과 생각 속에 밝은 네온 빛으로 써 주셨다. 물론 이 두 구절은 전부터 잘 알고 있는 말씀이었지만, 하나님이 내 눈을 열어 그 말씀을 새롭게 볼 수 있게 해주신 것이다.

높이 들리신 하나님을 보다

첫 번째는 역대상 29장 11-14절이다. 이 구절에서 다윗은 하나님을 높이고 만물이 다 그분께 속했다고 선포하며 이스라엘 백성 앞에서 하나님을 찬양한다. 광대함, 권능, 위엄, 영광이 모두 하나님의 것이다. 하늘과 땅의 모든 것이 하나님의 소유이고, 하나님은 만물을 다스리며 만물 위에 드높으시다.

다윗은 자신이 가진 모든 것이 하나님의 선물이며, 자신은 하나님이 주신 것을 다시 돌려드리는 것뿐이라고 선포한다. 이 영광스러운 진리로 인해 다윗이 예배를 드리게 된 것이다. "우리 하나님이여 이제 우리가 주께 감사하오며 주의 영화로운 이름을 찬양하나이다"(대상 29:13).

앞에서 말했듯이 나는 이 구절을 익히 알고 있었다. 하지만 이 말씀을 외우고 묵상할 때 하나님이 내 마음을 감동시키셨다. 하나님 아버지가 이 구절을 내게 어떻게 말씀하셨는지는 그 어떤 말로도 표현할 수 없다. 하나님이 내 영혼에 친히 이 말씀을 새겨 주셨다.

나는 하나님께 말씀드렸다. "광대함, 영광, 권능, 위엄, 광채…이 모든 것이 전부 당신의 것입니다, 나의 주님. 실로 제가 가진 모든 물질…집, 음식, 마음에 드는 새 구두 한 켤레도 다 주님에게서 온 것입니다. 남편, 자녀들, 손자들, 친구들도 전부 주님의 선물입니다. 제게 있는 영적 은사, 능력도 전부 주님이 주신 것입니다. 주님, 저는 다만 주님의 소유인 것을 돌려드릴 뿐입니다. 저도 다윗처럼 저의 예배를 주님께 드릴 수 있습니다. 주님이 얼마나 영화로우신지 밤낮으로 선포할 수 있습니다!"

두 번째 말씀은 이사야 6장인데 이미 수백 번은 더 읽은 구절이었다. 나는 이 말씀을 많이 묵상했고 심지어 다른 사람들에게 가르치기도 했다. 그러나 하나님은 바로 이 말씀에 새 생명을 불어넣어 주셨다. 이사야는 하나님에 대해 많은 것을 알고 있었다. 하나님이 창조하신 선한 것들을 익히 알고 있었지만, 그분의 거룩한 임재로 들어간 적은 한 번도 없었다. 이사야 6장은 거룩한 임재라는 신비에 싸인 사람에게 어떤 일이 일어나는지 분명히 보여 준다.

웃시야 왕이 죽던 해에 내가 본즉
주께서 높이 들린 보좌에 앉으셨는데
그의 옷자락은 성전에 가득하였고
스랍들은 모시고 섰는데 각기 여섯 날개가 있어
그 둘로는 자기 얼굴을 가리었고
그 둘로는 자기의 발을 가리었고 그 둘로는 날며
서로 불러 이르되 거룩하다 거룩하다 거룩하다
만군의 여호와여 그의 영광이 온 땅에 충만하도다 하더라
이같이 화답하는 자의 소리로 말미암아
문지방의 터가 요동하며 성전에 연기가 충만한지라
그때에 내가 말하되 화로다 나여 망하게 되었도다
나는 입술이 부정한 사람이요
나는 입술이 부정한 백성 중에 거하면서
만군의 여호와이신 왕을 뵈었음이로다 하였더라

그때에 그 스랍 중의 하나가 부젓가락으로 제단에서 집은 바
핀 숯을 손에 가지고 내게로 날아와서
그것을 내 입술에 대며 가로되 보라 이것이 네 입에 닿았으니
네 악이 제하여졌고 네 죄가 사하여졌느니라 하더라
내가 또 주의 목소리를 들으니 주께서 이르시되
내가 누구를 보내며 누가 우리를 위하여 갈꼬
그때에 내가 이르되 내가 여기 있나이다
나를 보내소서 하였더니(사 6:1-8).

이사야는 높이 들린 보좌에 앉으신 주님의 놀랍고 영광스러운 이상을 보았다. 스랍들은 "거룩하다, 거룩하다, 거룩하다"고 외쳤고, 이사야는 망하게 되었다. 터가 흔들리자 이사야는 겁에 질렸고, 죄를 깨우쳤으며, 자기를 낮추고 이렇게 화답할 수밖에 없었다. "내가 여기 있습니다, 나의 주님, 나를 보내소서!" 이사야는 어떤 영광을 본 것인가! 높이 계신 분을 뵌다는 것은 얼마나 큰 특권인가!

나도 그런 이상을 보고 싶은 것일까? 분명 그랬다. 아마 당신도 그럴 것이다. 그렇다. 나는 이 구절을 백 번은 읽었고, 어쩌면 수백 번 읽었을지도 모른다. 그런데도 이 구절을 또 읽었다. 그날 나는 일기에 이렇게 썼다.

오늘 이 거룩한 말씀을 묵상하는 중 무언가 놀라운 일이 일어났다. 주님이 높이 들린 보좌에 앉아 계신 것을 보았다. 정말이다! 그건 '진짜 이상'이었을까? 아니다. 나는 그걸 눈으로 본 게 아니라 영혼으로 보았다. 그리고 하나님께 압도되었다. 나는 성경책을 옆으로 밀어 놓고 엎드려 울었다. 매튜 워드가 이사야 6장을 아름답게 노래한 '내가 주님을 보네'를 들으며 내 터가 흔들리는 것을 느꼈고, 왕이며 만군의 주님이신 분을 뵈었을 때 이사야 선지자가 그랬던 것처럼 나도 내 죄를 자복하며 "주님, 제가 여기 있습니다. 저를 보내소서"라고 다시 고백할 수밖에 없었다.

영혼과 영혼이 소통하는 것, 그것이 바로 예배다. 예배드릴 때 내 영혼이 하나님의 신(神)에게 흘러가고 하나님의 신이 내 영혼으로 흘러온다. 그날 이사야 6장을 읽을 때 하나님은 그 본문을 통해 내게 말씀하셨다. 아름다운 찬송을 통해 말씀하셨고, 영혼과 영혼으로 나와 교통하셨다. 전에도 하나님의 거룩하심에 대해 공부한 적은 있지만, 바로 그날 나는 거룩하신 분과 만났다. 그날 이후, 나는 예배로 하나님 앞에 무릎 꿇기를 갈망하게 되었다.

이사야는 하나님이 높이 들려 계신 것을 보았고, 그래서 망하게 되었다. 눈을 들어 올려다보면서 전능한 분의 거룩하심과 마주쳤고, 그래서 이 선지자는 온몸을 떨며 무릎을 꿇었다. 하나님의 거룩하심을 볼 때마다 우리 자신이 얼마나 거룩하지 않은지 깨닫지 않을 수 없다. 자기 내면을 들여다본 이사야는 자신이 죄인이라는 사실에 짓눌렸다.

은혜로우신 하나님은 이사야의 마음을 정결케 해주셨다. 그러자 이사야는 다시 시선을 밖으로 돌려 "가라"는 하나님의 부르심에 응할 수 있었다.

이사야는 변화되었다. 나도 변화되었다.

당신에게 묻고 싶다. "하나님, 높이 들리신 하나님을 보고 싶습니다. 하나님의 거룩함과 만나고 싶습니다"라고 담대하게 기도한 적이 있는가? 내가 좋아하는 작가 A. W. 토저(Tozer)는 우리가 그렇게 기도해야 한다고 말했다. "하나님은 축약되고 축소되고 수정되고 편집되고 변화되고 고쳐져서, 이제는 더 이상 이사야가 보았던, 높이 들리신 하나님이 아니기 때문"[1]이다. 하나님을 그분 본연의 모습으로, 영원히 탁월하신 하나님으로 뵐 수 있기를 바란다. 하나님에 대한 경외감 가운데 설 수 있기를 바란다.

하나님의 위엄에 휩싸이기를 원하는가? 이사야 6장을 읽기 바란다. 난생처음 읽는 것처럼 말이다. 새로운 시각으로 그 말씀을 읽으면서, 높이 들리신 하나님의 이상을 볼 수 있게 해달라고 하나님께 구하라. 높이 들리신 하나님을 뵐 때, 당신은 하나님 앞에 엎드릴 수밖에 없을 것이다.

하나님 앞에 엎드리다

하나님의 거룩하심을 뵈올 때 우리가 보이는 반응은 깊은 존경심과 경외다. 내 경우에 이것은 하나님 앞에 무릎을 꿇는 것을 의미한다. 다윗이 시편 95편 6절에서 청하고 있는 것처럼 말이다. "오라 우리가 굽혀 경배하며 우리를 지으신 여호와 앞에 무릎을 꿇자."

'예배'라는 말의 정의가 그 말이 묘사하는 행위를 놀랄 만큼 정확히 표현하고 있다는 걸 아는가? '예배'(worship)란 'weorthscipe'라는 앵글로색슨의 고어에서 온 말로, 이것이 'worthship'을 거쳐 'worship'으로 변화되었다. 이 말이 이렇게 변화되지 않았으면 더 좋았을지 모르겠다. 'worthship'이란 말이 예배가 무엇인지 더 잘 설명해 주기 때문이다. 예배드린다는 것은 무언가, 혹은 누군가에게 '가치를 돌리는' 것이다.[2]

그러므로 예배를 '하나님의 가치를 선포하는, 하나님에 대한 능동적 화답'이라고 하는 건 아주 훌륭한 정의라 하겠다. 사모하다(adore), 찬탄하다(admire), 경축하다(celebrate), 존중하다(esteem), 높이다(exalt), 영화롭게 하다(glorify), 사랑하다(love), 찬미하다(magnify), 찬양하다(praise), 경외하다(revere), 숭상하다(reverence), 경모하다(venerate) 등 강렬한 행동을 나타내는 이 용어들은 다 예배와 같은 말이다.

구약성경에서 '예배'라고 번역된 히브리어 '샤차'(*shachah*)는 '엎드리다', 혹은 '절하다'는 뜻이다. 예배드릴 때 우리는 말 그대로 하나님 앞에

꿇어 엎드린다. 나의 지식, 미래, 교만함까지 전부 하나님 앞에 순복시킨다. 워치만 니는 그것을 이렇게 표현한다. "나는 예배 때 내 한계를 인정한다. 예배 때 나는 하나님께는 한계가 없다는 것 또한 인정한다. 나는 하나님 앞에 절한다. 하나님은 만사에 나를 초월하신다."[3] 나는 절할 때 내 우월감을 내려놓는다. 예배드린다는 것은 우월한 분 앞에서 내 열등함을 인정하는 것이기 때문이다.

각 나라마다 사람들은 몸으로 상대에 대한 존중을 표현한다.

한국과 일본, 이 귀한 사람들은 물고기를 찾는 오리처럼 몸을 굽혔다 폈다 하며 상대에게 존경을 표한다. 남편과 함께 한국에서 말씀을 가르칠 때의 일이다. 한 청년이 몸을 깊이 숙이며 내게 인사를 하기에 나도 되받아 몸을 숙였더니 청년은 또 한 번 몸을 숙였다. 그 절이 언제까지 계속될지 알 수 없었다. 낯선 기분이 들긴 했지만, 그래도 절과 존경심의 상관관계를 깨달을 수 있었다.

영국 사람들은 영국 여왕이 지나갈 때 어떻게 하는가? 존경심에서 우러나오는 절을 하며, 여왕이 다 지나갈 때까지 계속 고개를 숙이고 있는 경우도 많다. 미국에서 대통령이 의사당에 들어올 때 의원들은 기립하여 대통령에게 예를 표한다.

일어서서 절을 한다는 것은 상대를 존중하고 높이며 예배한다는 것을 몸으로 표현하는 방식이다. 예배 때 내가 일어서는 것, 고개를 숙이고 무릎을 꿇고 엎드리는 것, 혹은 손을 들어 거룩한 분을 찬양하는 것은 "하나님, 당신은 저보다 훌륭하신 분입니다. 저보다 크신 분입니다. 저를 뛰어넘으시는 분입니다. 주님의 길은 제 길보다 높으니 그 길에 순종합니다. 주님의 시간표가 제 시간표보다 나으니 그 시간표에 순종합니다"라고 행동으로 말하는 것이다.

나는 공적으로든, 개인적으로든 하나님께 예배할 때 좀처럼 가만히 앉아서 예배를 드리지 못한다. "주님은 영화로우시니"라고 찬양할 때 말로만 아니라 몸으로도 하나님의 영광을 선포하고 싶다.

근래에 하나님이 내 친구 베브를 '종'에서 '예배자'로 바꿔 가고 계신다. 요즘 어떤 예배를 배우고 있냐고 묻자 베브는 다음과 같은 답장을 보내왔다.

왕의 왕, 큰 보좌에 앉으신 나의 아버지 앞에 절하고 있는 내 모습을 상상해 봅니다. 내가 어린아이처럼 자상한 아빠의 무릎을 베고 누워 있고, 아빠는 부드럽게 내 머리칼을 쓰다듬고 계신 광경도 그려 보고요. 하나님의 하나님 되심을 찬양하고 그분이 하신 일, 특히 나를 그분의 양자로 삼아 주신 은혜에 감사하며 예배를 드리고 있습니다.

성경을 펼쳐서 시편 한 편을 읽으며 하나님을 찬양하기도 합니다. 모든 걸 내 마음대로 하고 싶은 마음 때문에 하나님께 내 뜻을 내려놓는 게 자연스럽지는 않습니다. 그래서 내 삶을 하나님 앞에 내려놓을 수 있게 해달라고 구하면서 순종의 의미로 얼굴을 바닥에 대고 두 손을 펼쳐 듭니다. 하나님의 발밑에 엎드린 내 모습도 상상합니다. 값비싼 향유를 주님 발에 부으며 아낌없는 사랑을 표현했던 마리아처럼 말입니다.

이렇게 겸손한 자세를 취할 때 하나님의 모든 것을 얻기 위해 내 모든 것을 포기하기가 한결 수월해집니다. 하나님의 임재에 대한 기쁨으로 충만해지지요. 이 겸손한 상태에서 나는 높이 들림을 받고, 내 마음속엔 신실한 아버지, 긍휼히 여기시는 구주, 사랑 많은 성령님에 대한 말로 다 할 수 없는 사랑이 가득 차 오릅니다.

베브도 나처럼 하나님에 대한 경외감으로 말미암아 예배로 하나님 앞에 엎드리게 되었다. 나는 하나님이 일으키시는 놀라운 기사들에 대해서도 점점 더 많이 알아 가고 있다. 하나님이 어떻게 내 마음의 지경을 넓혀 창조 세계의 영광을 더 많이 볼 수 있게 해주셨는지를 한두 가지 공식으로 설명할 수는 없다. 나는 다만 하나님께 더 가까이 이끌어 달라고 구했고, 하나님은 내가 어린아이처럼 놀랍고 즐거운 눈으로 창조 세계를 볼 수 있게 해주셨다.

하나님의 기사에 더욱 경이로워하다

A. W. 토저의 글에서도 이것을 확인할 수 있다.

참된 예배에는 사람이 이성으로 깨달아 알기를 멈추고 일종의 즐거운 경이감을 느끼는 단계로 넘어가는 지점이 있다. 그 경이감은 '초월적 경이', 즉 한계가 없고 인간의 말로 표현할 수 없을 정도의 경이감이다. 하나님과의 만남에는 언제나 경이감과 경외감이 동반된다.[4]

『레미제라블』(Les Miserables)에 나오는 신앙 깊은 주교는 이 놀라운 경이를 맛보았다. 빅토르 위고(Victor Hugo)는 이 주교의 일상생활을 다음과 같이 요약한다.

주교의 하루는 좋은 생각, 좋은 말, 좋은 행동들로 넘실거린다. 날씨가 춥거나 비가 와서, 잠자리에 들기 전 한두 시간 동안 뜰에 나가 있지 못하면 그날 하루는 아직 끝난 게 아니었다.…주교는 홀로 마음을 가다듬고 평온하게 하나님에게 빠져, 자기 마음의 평강을 하나님의 평강과 비교했다. 어둠 속에서 빛나는 별자리의 광채를 보며 동시에 눈에 보이지 않는 하나님의 광채에 감동을 받았다.…그는 장엄한 하나님의 임재를 꿈꾸었다.…이해할 수 없는 것을 굳이 이해하려 애쓰지 않으며 그저 응시했다. 그는 하나님을 연구하지 않았다. 그저 하나님이 눈부심에 압도되었을 뿐이다.[5]

다윗 왕은 예배가 우러나오는 이 깊은 장소에 대해 잘 알고 있었다. 그때까지 다윗처럼 예배를 드린 사람은 아무도 없었다. 아마 그 이후로도 없을 것이다. 그는 하루에 일곱 번씩 예배를 드렸고, 환란 중에도, 비극적인 일을 겪고 있거나 그 일이 다 지나간 후에도 쉼 없이 예배를 드렸다.

시편은 찬송시로서 한 장 한 장마다 다윗의 심정이 넘쳐흐른다. 다윗은 창조 세계를 보면서 거기서 하나님을 보았다. 그래서 경배를 드렸다. 번개가 하늘을 가를 때 그는 단순히 번쩍이는 불빛만 본 게 아니라 하나님의 화살을 보았다. 천둥이 우르릉거릴 때 다윗은 하나님이 말씀하시는 소리를 들었다. 자연을 더 높은 곳의 현실, 하나님의 놀라우심을 가리키는 비유로 읽었다. 시편 19편에서 그가 하는 말을 들어 보라.

> 하늘이 하나님의 영광을 선포하고
> 궁창이 그의 손으로 하신 일을 나타내는도다
> 날은 날에게 말하고
> 밤은 밤에게 지식을 전하니
> 언어도 없고 말씀도 없으며 들리는 소리도 없으나
> 그의 소리가 온 땅에 통하고
> 그의 말씀이 세상 끝까지 이르도다(1-4절).

하나님의 창조 세계는 소리 높여 그분을 찬양한다. 자연의 언어는 통역이 필요 없다. 자연의 언어는 모든 언어를 초월하며, 모든 나라에 통용된다. 다윗은 경이에 사로잡힌 사람, 하나님이 만드신 모든 것에 대한 경이로 가득한 사람이었다. 그는 나무들이 기쁨으로 박수 치는 것, 물결이 손을 높이 들어 경배드리는 것, 들판이 춤추는 것, 산들이 절하는 것을 보았다. 다윗에게는 온 피조계가 강하신 분을 찬양하는 교향악이었다.

하나님은 경이로운 창조 세계를 통해 나를 놀라게 하신다. 지금 나는 마음껏 놀라는 법을 배우고 있는 중이다. 그 과정에서 느끼는 기쁨은 이루 다 말할 수 없다! 몇 가지 예를 들어 보겠다.

- 몇 년 전, 우리 집 뒤에 있는 폭포로 하이킹을 갔다. 둥그스름하고 커다란 바위 위로 올라간 나는 얼마 전에 불었던 거센 폭풍우 때문에 소나무 한 그루가 옆으로 넘어져 폭포 전경을 가리고 있는 것을 보았다. 쓰러진 나무 주변을 한 바퀴 돌면서 생각했다. '저런, 안 됐네! 이 나무는 곧 죽겠구나.' 하지만 내 생각은 틀렸다. 폭포로 하이킹을 갈 때마다 쓰러진 그 소나무를 보았지만 여전히 싱싱하고 푸르렀다. 나무가 그렇게 옆으로 쓰러져서도 계속 살아 있던 것은, 뿌리가 깊이 박혀 물을 계속 빨아들이고 있었기 때문이다.

마음이 낙담되고 눈물이 흐르던 날, 나는 소나무가 있는 곳으로 올라가 가만히 그 옆에 앉았다. 그리고 이렇게 기도했다. "하나님, 당신께서 제 인생에 폭풍우가 닥치는 것을 허락하사 제가 이 소나무처럼 쓰러졌습니다. 그러나 하나님 아버지, 부디 제가 당신의 말씀에 깊이 뿌리를 내리고 생명을 주는 물을 빨아들여 이 나무처럼 잎이 무성하고 늘 푸를 수 있게 하소서." 하나님은 모세에게 불타는 덤불을 통해 말씀하셨고, 내게는 쓰러진 소나무를 통해 말씀하셨다.

• 매년 부활절마다 나는 채 녹지 않은 눈 사이를 어슬렁거리며 봄을 처음 알리는 꽃을 찾아다닌다. 험한 날씨에 맞서 쌓인 눈 사이로 봉오리를 내밀고 꽃잎을 벌린 그 꽃들은 이렇게 외친다. "주님이 부활하셨어요! 무거운 마음을 털어 내고 주님을 향해 손을 드세요!" 이 용감한 야생화들을 만날 때면 나는 하나님께 말씀드린다. "저도 차가운 인생의 땅을 뚫고 올라올 수 있게 하소서. 하나님을 향해 제 꽃잎을 열고 하나님을 찬양하게 하소서. 겨울 추위뿐만 아니라 봄의 시작을 볼 수 있게 하소. 움츠리기보다는 앞으로 나가게 도우소서." 내가 꽃을 보며 노래를 부르고 말을 붙이는 걸 아무도 보지 못해서 다행이다. 하지만 꽃들은 내 마음에 기쁨을 주고, 해마다 변치 않고 봄을 보내 주시는 크신 하나님께 눈을 돌려 경배할 수 있게 해준다.

• 엷은 빛깔의 라벤다와 콜로라도 주의 주화(州花)인 흰색 참매발톱꽃을 보면서 나는 하나님의 영광을 본다. 긴 줄기, 섬세한 잔가지가 바위 사이에 숨어 있듯 피어 있고, 나는 서늘하고 상쾌한 숲 속에 숨어 있는 이 섬세한 아름다움을 발견한다. 참매발톱꽃이 무리 지어 피어 있는 곳을 발견한 날, 일기에 이렇게 썼다. "이 숨어 있는 보물을 볼 수 있는 특권을

주시니 감사합니다. 나의 아버지, 바위 사이 피난처로 이끄사 주님의 임재 안에 숨게 해주시고, 주님의 섬세한 아름다움이 제 삶을 통해 빛나게 하소서."

• 지난 여름 어느 날 밤, 별을 보며 자고 싶었던 남편과 나는 매트리스를 테라스에 깔고 누웠다. 하지만 별이 가득한 하늘이 거룩하신 분을 크게 찬양하는 통에 잠을 이룰 수 없었다.

나는 그렇게 하나님의 경이로움에 더욱 깊이 감탄하길 갈망하게 되었다. 아주 오랫동안 똑바로 앞만 쳐다보며 인생길을 달려왔다. 잠시 고개 숙여 꽃들도 구경하고 고개를 들어 별들이 반짝이는 걸 구경할 여유도 없이. 하늘을 볼 때 하나님의 영광을 보는가? 하나님의 창조 세계에서 경이로움을 느끼는가? 그렇지 않다면 잠시 달리기를 멈추고 눈을 들어 하늘을 보면서 경이로움을 느끼게 해달라고 아버지께 청하라. 하나님은 이러한 기도에 즐겨 응답해 주신다.

개인 예배로 하나님 앞에 나가기 시작했을 때, 때로는 내가 정말 예배드리고 있는 것인지 의문이 들 때가 있었다. 나는 하나님의 영광스러운 창조 세계를 거닐다가 무릎을 꿇고 하나님을 찬양하곤 했다. "거룩하신 하나님, 장엄한 주님의 세계!" 때로는 침묵 속에서 기다리다가 이런 생각이 들기도 했다. '왜 아무 느낌이 없지?' 창조 세계에 드러난 하나님의 임재를 느낄 수 있도록 내 영적 감각이 조율되어 있지 않을 때 그랬다.

우리 몸에는 감각이 있는데, 그것은 자꾸 사용해야 예민해진다. 예를 들어, 팔 다리를 전혀 못 쓰는 조니 에릭슨 타다는 입으로 붓을 물고 그림 그리는 훈련을 했다. 조셉 캐럴(Joseph Carroll)은 『기름 부음의 예배자』(How to Worship Jesus Christ)라는 저서에서, 심한 화상을 입어 시력을 잃은 한 남자가 혀의 감각으로 점자 성경을 읽는 법을 배운 이야기를 들려준다.[6]

몸에 감각이 있는 것처럼 영혼에도 감각이 있다. 영혼의 감각으로 우리는 그리스도의 임재를 의식한다. 육신의 눈으로 하나님을 볼 수 없고 육신의 손으로 하나님을 만질 수 없으며 육신의 귀로 하나님의 음성을 들을 수 없을지라도, 영혼의 감각으로 하나님을 볼 수 있고 만질 수 있으며 그 음성을 들을 수 있다.[7]

육신의 감각을 쓰면 쓸수록 예민해지는 것처럼, 영적 감각도 활용할수록 예민해진다. 내가 그렇게 확신하는 것은, 내 영혼이 하나님의 임재와 그분의 기사를 지각하는 훈련을 하고 있기 때문이다. 하나님의 음성을 점점 더 민감하게 알아차리는 중이다. 놀라울 정도로 새로운 방식으로 내 영혼의 눈으로 하나님을 본다. 당신도 연습하면 그렇게 될 수 있다.

예배에 대한 각성으로 나는 경외감이 깊어지고 하나님의 놀라운 기사를 더욱 경이로워하는 데 그치지 않고, 하나님을 더 사모하게 되었다.

당신을 더 깊이 사모합니다

예배가 원래 우리를 향한 하나님의 크신 사랑에서 시작되었다는 것을 아는가? 나의 아바, 즉 아빠는 그 무엇에도 구애받지 않는 기쁨으로 나를 사랑하시며, 아바를 향한 사랑에 나 자신을 내맡기기를 바라신다. 전에는 하나님께 나아가 "주님 사랑해요"라고 말하면서도, 사실 마음속으로는 하나님이 이런 일도 해주셨으면 좋겠고 저런 일도 해주셨으면 좋겠다고 긴 소원의 목록을 읊조리던 적이 많았다.

그런데 은혜로운 성령님이 내 생각과 삶을 바꾸기 시작하셨다. 첫 번째 계명이 우리 삶 속에 다시 첫자리를 차지하도록 회복시키는 것이 성령님의 주된 일이기 때문이다. 성령님은 우리가 거룩한 분을 더욱더 사모하기를 바라신다. 하나님은 우리가 기도하며 감사하기를 원하시지만, 나는 하나님께 감사하는 단계를 넘어 그분께 몰두한 적이 별로 없었다. 나는 하나님이 내게 무엇을 주실 수 있기 때문이 아니라 그냥 하나님의 존재로 인해 그분을 더 깊이 사랑하게 되기를 갈망했다.

하나님은 A. P. 깁스(Gibbs)가 예배에 대해 했던 말을 통해 내게 말씀하셨다. 깁스의 말은 내 마음속 깊이 파고들었다. "우리는 기도할 때 필요한 것에 몰두하고, 감사할 때는 받은 복에 몰두한다. 하지만 예배드릴 때는 하나님 그분께 몰두한다."[8]

그 글을 읽을 때 하나님이 이렇게 말씀하시는 것 같았다. "깨어나라,

린다. 깨어나라! 네가 나에 대해 살아 있기를 원한다. 너를 향한 내 사랑이 얼마나 깊은지 네가 꼭 알았으면 좋겠다. 내가 바라는 것은, 오직 나만을 위한 사랑으로 네 마음이 터질 듯하게 되는 것이다."

스무 살에 그리스도인이 된 후로 줄곧 하나님을 사랑해 왔지만, 이제 뭔가 새로운 것이 마음속에서 요동하기 시작했다. 그 새로운 흔들림은 단순히 하나님을 사랑하는 데 머물지 않았다. 나는 점점 더 하나님을 사모했다. 나는 하나님과 함께 있기를 갈망하기 시작했다. "내 영혼이 주를 갈망하며 내 육체가 주를 앙모하나이다"(시 63:1)라는 다윗의 말이 무슨 뜻인지 이해하기 시작했다. 내가 사랑하는 분이 밤중에 나를 깨우실 때가 많다. 그럴 때면 나는 눈을 뜨고 나의 잠을 그분께 맡기곤 했다. 나의 아버지요 친구요 연인인 그분과 함께 있기를, 그분과 '사귀기를', 그분의 임재에 흠뻑 잠기기를 갈망했다.

교회에서 찬송가뿐 아니라 복음성가를 부르던 시절이 생각난다. 그 당시 우리가 불렀던 복음성가 가운데 '사모합니다, 몸과 마음을 다해, 우리 하나님'이란 곡이 있었다. 예배 중에 모두 일어나 이 곡을 부르는데 문득 이런 생각이 들었다. '여기 이 사람들 중에 정말 하나님 아버지를 사모하는 사람이 있을까?' '사모한다'는 것은 진심에서 우러나오는 표현이다. 당신은 하나님 아버지를 사모하는가? 하나님을 사모하는 것에 대해 토저가 한 말이 나는 아주 마음에 든다.

"네 마음을 다하고 목숨을 다하고 뜻을 다하여 주 너의 하나님을 사랑하라"(마 22:37)는 가르침에는 오직 한 가지 의미만 있다. 하나님을 사모하라는 뜻이다. 나는 '사모한다'는 말을 아무 때나 쓰지 않는다. 워낙 소중한 단어이기 때문이다.

내가 아기들이나 사람들을 좋아하기는 하지만 그들을 사모한다고 말할 수는 없다. 나는 사모할 만한 유일한 분을 위해 '사모한다'는 말을 아껴 둔다. 우리가 하나님을 사모할 때, 예배의 모든 아름다운 요소들은 성령의 불로 깨끗하고 빛나는 열기를 발한다. 우리는 두려움과 경이, 갈망과 경외심으로 하나님을 사랑한다. 하나님을 찬미할 때 예배는 하나님과 예배자 사이의 인격적 사랑을 서로 완벽하게 교환하는 행위가 된다![9]

이제 나도 '사모하다'와 '경외하다'는 말을 오직 하나님께만 사용한다. 하나님을 사모한다니 공연히 어색해지는가? 하나님께 입 맞추는 것은 어떤가? 좀 위험한 발언일지는 몰라도, 신약성경에서 예배로 번역된 헬라어는 원래 '~를 향해 입 맞추다'는 뜻이다.[10] 하나님께 키스를 날린다는, 거의 그런 개념이다.

우리는 '사모한다'나 '입 맞춘다'를 하나님과 연결 지어 생각하는 경우가 드물다. 하나님 아버지의 무릎에 올라앉는 것조차 감히 상상하지 못한다. 하지만 내가 즐겨 인용하는 다음의 글은 예배가 바로 그런 것이라고 말한다.

궁극적 예배란, 하늘에 계신 우리 아버지와 함께 있고 싶은 마음에 어린아이처럼 그분의 무릎으로 기어 올라가는 것, 바로 그런 것이다. 그 순간, 하나님의 임재 안에 앉아 그분을 사랑하고, 그분의 귀에 감사의 말을 속삭이며, 그분의 얼굴을 느끼고, 그분의 마음을 들으며, 그분의 품 안에서 안식하고, 그 순간을 즐기며, 우리를 향유하고자 하시는 하나님을 더욱 충분히 이해하는 것 말고 다른 목표는 없다.[11]

예배는 하나님의 사랑에 우리의 사랑으로 화답하는 것이다. 하나님의 사랑을 깨달을 때 우리는 예배로 화답한다.[12] 무엇보다 아름다운 것은, 예배할 때 하나님이 우리에게 다가오신다는 것이다!

시편 22편 3절은 하나님이 아주 특별한 방식으로 우리에게 오신다고 말한다. "이스라엘의 찬송 중에 계시는 주여." 일본어 성경은 그 구절을 이렇게 번역한다. "예배드릴 때 우리는 하나님께서 앉으실 커다란 의자를 만든다." 아주 멋진 번역이다! 예배란 하나님을 위해 나의 예배가 만들어 놓은 커다란 안락의자에 와서 거하시라고 거룩한 분을 청하는 것이다. 나는 하나님의 임재를 청한다. 나의 예배는 하나님의 마음을 향하여 이렇게 말한다. "거룩하신 하나님, 당신을 사랑합니다. 하나님을 예배하고 찬미합니다. 오셔서 제가 하나님을 위해 만든 의자에 앉으소서. 아버지의 무릎에 올라가 제 팔로 당신을 두르며 꼭 안고 싶습니다."

집안일을 할 때 나는 주님을 향한 깊은 사랑을 고백한다. 우리 집에는 계단이 두 군데나 있어서 계단을 오르내릴 일이 많다. 나는 계단을 오르내리는 시간을 마음의 예배 시간으로 정하고 사모하는 마음을 그 시간에 쏟아 놓는다. 계단을 올라갈 때는 "주님, 주님을 사랑합니다. 제 마음과 영혼과 생각과 힘을 다해 주님을 사랑합니다"라고 말하고, 계단을 내려갈 때는 "거룩하신 하나님, 제 마음이 주님에 대한 사랑으로 터질 듯합니다. 하루 종일 이 사랑을 이야기하고 싶습니다"라고 말한다.

내가 즐겨 찾아가는 곳은 바로 내 아바 아버지의 무릎이며, 그 무릎 위에서 나는 그분의 가슴에 머리를 기대고 편안히 안긴다.

어떻게 실천할 것인가

지금까지 내가 예배에 어떻게 눈을 뜨게 되었는지 이야기했다. 이제 나와 함께 예배를 드리자. 가능하면 지금 바로 이 책을 옆에 두고 무릎을 꿇기 바란다. 이른바 'ABC 예배'로 당신을 인도하고 싶다. 우선, A로 시작하는 한 낱말로 하나님을 예배하기 시작하라. "엄위로우신(awesome) 하나님"이라고 말한 다음, 아버지의 속성 중 A로 시작하는 속성을 선포하라. 가령 "하나님, 당신은 아바 아버지(Abba Father)이십니다"라고 선포할 수 있다.

A. 엄위로우신(Awesome) 하나님, 모든 것(All)의 모든 것 되신 분이여,

주님을 사모합니다(Adore)!

B. 아름답고(Beautiful), 풍성하며(Bountiful), 담대한(Bold) 그 이름이 복되나이다(Blessed).

C. 나의 하나님, 오직 당신만이 창조주(Creator)이고, 그리스도(Christ)이며, 오실 분(Coming One)입니다.

D. 구원자(Deliverer)이며, 나의 기쁨(Delight)입니다.

E. 영원하고(Eternal), 뛰어나며(Excellent), 영존하시는(Everlasting) 분입니다!

F. 나의 아버지(Father)이고, 신실한(Faithful) 분이며, 내 죄를 사하시는 분(Forgiver)입니다.

G. 나의 하나님(God), 당신은 크고(great), 영화로우며(glorious), 모든 것을 주시는 분(Giver)입니다.

H. 거룩하고 거룩하고 거룩하신(Holy, Holy, Holy) 나의 하나님, 당신만이 거룩하고(holy) 높으신(high) 분입니다.

I부터 Z까지 계속 이렇게 하라. 이런 방식으로 하나님을 경배할 때마다 나는 하나님의 모든 것에 날마다 새롭게 감동한다. 당신도 하나님 앞에서 그 감동을 느끼기 바란다.

어린 자녀들이 있으면 자녀들과 함께 두음(頭音)을 살려 하나님께 예배드리는 방법을 고려해 보기 바란다. 조금 큰 아이들의 경우엔 하나님의 속성을 함께 생각해 보고 글로 적어 보는 것도 좋다. 그런 다음 그중에서 서너 가지 속성을 묵상하면서 함께 예배를 드리라. 친구와 함께 산책을 하면서 이런 식으로 하나님을 찬양할 수도 있다. 그럴 때 마음이 상쾌하고 새로워지며 새로운 힘이 솟을 것이다.

크신 하나님이 우리 마음을 일깨워 하나님께 예배드릴 수 있게 해주시기를 기도한다. "거룩하신 하나님, 저를 당신 가까이로 이끌어 주소서. 모든 영광 중에 높이 들리신 하나님을 볼 수 있게 하소서. 하나님의 창조 세계를 바라보며 놀라게 하소서. 무릎 꿇고 예배드리는 큰 기쁨과 특권을 가르쳐 주시고, '주 하나님, 귀하신 분!'이라고 선포하게 하소서."

3장
내 영혼이 잠잠히 있나이다

너희는 가만히 있어 내가 하나님 됨을 알지어다.
_시편 46:10

'ABC 예배' 방식으로 자주 하나님을 예배하는데, 그럴 때면 입을 채 떼기도 전에 다음과 같은 말들이 줄줄 나온다.

전능하신(Almighty), 놀라우신(Amazing), 아바(Abba) 아버지!

자비롭고(Benevolent), 빛나며(Brilliant), 아름다우신(Beautiful) 분!

나를 사로잡으신(Captivating), 창조주(Creator), 정복자(Conqueror)!

하지만 매번 이렇지는 않았다. 10여 년 전, 늘 분주하게 봉사하는 마르다에서 주님 발밑에 앉아 말씀을 듣고 묵상하기를 즐기는 마리아로 변화하기 위해 부지런히 노력하던 시절, 'ABC 예배' 같은 간단한 연습으로 인해 좌절한 적이 많았다.

어느 날 마음을 잠잠히 하고 하나님 아버지가 어떤 분인지 고백하며 예배할 생각으로 무릎을 꿇었다. 그때 내가 드린 예배는 이런 식이었다.

"A. 엄위로우신(Awesome) 주님, 말로 다할 수 없을 만큼 주님을 찬미합니다. 주님은 저를 놀라게 하십니다. '카페트에 묻은 저 얼룩은 뭐지? 어제만 해도 없었는데. 남편이 마당에서 일하고 들어오면서 더러운 발로 밟은 게 틀림없어.'

B. 거룩하신 하나님, 하나님은 제가 사랑하는(Beloved) 분이요, 제게 풍성히(Bounty) 주시는 분입니다. '바니야, 그만 짖어라. 밖에 누가 온 모양이네. 나가 봐야 하는 건가? 초인종은 안 울리는데. 어디까지 했더라?'

C. 돌보시고(Caring), 위로하시는(Comforting), 창조주(Creator) 하나님. '방이 덥군. 창문을 열어야 하지 않을까. 아냐, 집중해야지, 린다. 집중!'

D. 거룩하시고(Divine), 기뻐하시는(Delightful)…딸(Daughter)! '오 하나님, 제 딸이 아이를 입양하려고 하는데 바람직한 결정을 내릴 수 있게 인도해 주세요. 주님의 인도하심이 절실히 필요합니다. 하나님, 오늘은 생각이 자꾸 다른 데로 흐르네요. 아참, D까지 했지. 저녁식사(Dinner) 준비도 하고, 드라이클리닝(Dry cleaning) 맡긴 옷도 찾아와야 하는데. 그런데 하나님, 제가 왜 이렇게 산만한(distracted) 거죠?'"

툭하면 딴 생각하며 주의산만한 사람, 그게 바로 나였다!

하나님에 대한 경외감이 깊어지고 그 기사에 진심으로 경이로워하며 하나님을 사모하게 됨에 따라, 예배에 대해 하나하나 알아 가는 과정이 설레고 즐거웠다. 하지만 큰 문제가 하나 있었다. 삶이라는 러닝머신에서 내려와 잠잠히 있는 시간을 마련할 방법을 몰랐던 것이다.

왜 내게는 잠잠한 심령이 필요했던 것일까? 잠잠한 영혼과 마음과 몸으로 하나님 앞에 나아가는 법을 알기 전에는 하나님과의 진정한 친밀함을 이룰 수 없기 때문이다. 성경은 이 잠잠함이 어떤 상태인지 잘 묘사하고 있다. 다윗은 "나의 영혼이 잠잠히 하나님만 바람이여"(시 62:1)라고 말한다. 하박국은 "오직 여호와는 그 성전에 계시니 온 땅은 그 앞에서 잠잠할지니라"(합 2:20)고 선포한다. 엘리야가 하나님의 음성이 들려오길 기다리고 있을 때 주님은 모든 것을 삼키는 지진도, 타오르는 불길도 아닌, "세미한 소리"(왕상 19:12) 중에 계셨다.

내가 참 좋아하는 시편 46편의 한 구절을 보면, 잠잠히 있을 때 하나님을 친밀히 알게 될 것을 확신하게 된다.

너희는 가만히 있어 내가 하나님 됨을 알지어다 내가 뭇 나라 중에서 높임을 받으리라 내가 세계 중에서 높임을 받으리라(10절).

이 구절에서 '안다'(know)는 뜻의 히브리어는 '야다'(yada)인데, 남편과 내가 서로를 아는 것, 즉 성적 결합을 통해 서로를 친밀하게 아는 것을 설명하는 데 쓰였다. 창세기 4장 1절에도 이 단어가 쓰였다. "아담이 그의 아내 하와와 동침하매(knew)."

하나님은 여기서 무슨 말씀을 하고 계시는 걸까? 당신과 내가 하나님을 알되 우주의 창조주이신 분과 깊은 영적 하나 됨을 이루는 그런 친밀하고 직접적인 방식으로 알 수 있다는 것이다. 이 특별한 친밀함 가운데서 성령님이 우리 안에 거하시고, 그의 호흡이 우리에게 영감을 주며, 그의 마음이 우리에게 활기를 북돋워 준다.[1] 잠잠히 있을 때 우리는 얼굴을 맞대고 보는 친밀함을 발견할 수 있다.

이것이 바로 내가 갈망하는 것이다. 당신도 이것을 소원할 것이다. 그래서 나는 주님께 물었다. "왜 저는 잠잠할 수 없는 걸까요? 왜 주님께 집중하기를 갈망하면서도 카페트에 묻은 얼룩이 눈에 들어오고, 세탁 맡긴 옷과 저녁식사를 걱정할까요?"

내 마음을 살펴보면서 나는 분주한 세상살이의 아우성, 늘 불안해하는 내면의 소란스러움 때문에 잠잠함의 복을 누리지 못하고, 하나님의 임재를 느끼지 못하고 있음을 깨달았다.

분주함 - 바깥 세상의 아우성

'초원의 집'(미국 서부개척 시대를 배경으로 한 미국 드라마—옮긴이) 시대의 여성들도 분주함과 싸웠지만, 그 당시 여성들에게 소란스러운 외부 세상이라고 해봤자 가정이 고작이었다. 이들에게는 돌보아야 할 자녀들도 많았고 집안일도 끊이지 않았다. 아마 거의 하루 종일 피곤에 지쳐 있었을 것이다.

하지만 이 시대를 살아가는 우리에게는 여러 군데서 끊임없이 자극이 오고 소란이 발생한다. 나는 피곤하다. 하지만 그건 육체 노동 때문이 아니다. 나의 피곤함은 주변 세상이 미친 듯한 속도로 돌아가고 있기 때문이다. 당신도 마찬가지일 것이다. 친구들이나 나 자신을 보면서 우리가 도무지 잠잠해지는 법을 모르는 신경질적이고 불안해하며 과잉행동하는 사람들이 되는 건 아닌가 하는 두려움을 느낀다. 우리는 어떤 사람 혹은 어떤 것에도 좀처럼 완전히 집중하지 못한다. 항상 다음에 해야 할 일, 다음에 만나야 할 사람을 생각하면서 할 일의 목록을 하나하나 지워 나간다.

하나님에 대해서도 마찬가지다. 허겁지겁 '묵상 시간'(Quite Time)을 맞추지만, 사실 그 시간은 전혀 고요하지 않다. 몸은 앉아 있지만 마음은 달리고 있다. 묵상 시간이 끝나자마자 즉각 생활에 뛰어들 태세로, 하나님과 함께하는 이 짧은 순간이 무사히 승인되기를 바란다.

한 기자가 토머스 머튼(Thomas Merton)에게 우리 시대의 가장 두드러진 영적 병폐가 무엇이라 생각하느냐고 질문했다. 그러자 머튼은 깜짝 놀랄 만한 답변을 내놓았다. 기도 부족, 공동체 의식 부족, 땅에 떨어진 도덕, 정의와 가난한 사람들에 대한 관심 부족 등 많은 것을 들 수 있겠지만, 그중에서도 "분주함만큼 나쁜 것은 없다"[2]고 했다.

헨리 나우웬(Henri Nouwen)은 그의 저서 『모든 것을 새롭게』(Making All Things New)에서 오늘날의 이런 삶의 풍경을 아주 잘 묘사하고 있다. "우리네 삶은 옷을 너무 많이 집어넣어 금방이라도 터질 것 같은 가방 같을 때가 많다. 우리는 늘 다음 일정을 생각하며 살아간다. 일을 다 마치지 못했고, 약속을 이루지 못했고, 계획을 실천에 옮기지 못했다는 생각이 끈질기게 따라붙는다. 기억해야 할 다른 무엇, 마쳐야 할 다른 일, 해야 할 어떤 말이 꼭 있다."[3]

나우웬의 말이 맞다. 예배에 대한 각성이 생기기 전에 내 삶은 불룩한 옷 가방 같았다. 넣을 수 있는 한 이것저것을 가방에 쓸어 담았다. 마리아의 언니 마르다도 온갖 것을 쑤셔 담은 옷 가방 같은 삶을 살았다.

마르다의 심리

예수님이 좋아하셨던 두 사람 마리아와 마르다 이야기를 잘 알 것이다. 두 사람은 각각 다른 방식으로 예수님을 사랑했다(눅 10:38-42 참고). 나는 마사 킬패트릭(Martha Kilpatrick)이 이 두 여인을 묘사한 방식이 마음에 든다. "어느 날 예수님이 베다니에 들르셨다. 마르다는 예수님께 점심을 대접하고 편히 쉴 수 있게 해드리려고 부산하게 준비했다. 마르다는 예수님의 인성과 관계 맺는 편을 택했다.…그래서 그분을 먹이고자 했다. 반면에 마리아는 예수님 앞에 예를 표하면서 잠잠히 있었다. 마리아는 예수님의 신성과 관계 맺는 쪽을 택했다.…그래서 마리아는 그분이 주시는 것을 먹었다.[4]

마르다의 모습을 상상해 보라. 부엌에서 이리저리 종종걸음 치고 있다. 다지고, 썰고, 붓고, 젓고, 튀기고, 굽고. 급기야 화가 난다. 짜증이 난다. 한숨, 한숨, 또 한숨. 한편 마리아의 모습을 상상해 보라. 예수님의 발치에 평화롭게 앉아 그윽한 눈길로 그분을 찬미한다. 잠잠한 가운데 그분을 예배하고 있다. 은혜롭고, 평화롭다. 편안한 한숨이 나온다.

마르다는 한편을 선택했고, 마리아는 그와 다른 편을 선택했다. 이렇게 서로 다른 선택을 한 것은 아마도 하나님이 지으신 성품과도 관련이 있을 것이다. 마리아는 깊이 생각하기를 좋아하는 유형이었다. 반면 마르다는 적극적인 행동파였다. 내 성격은 마르다와 비슷하다. 그래서 나도 마르다처럼 대개의 경우 본분을 다하는 쪽을 선택했다. 하지만 마리아는 더 좋은 선택을 했다. 그녀는 헌신적인 사랑을 선택했다. 예수님을 선택했다.

30년 동안 나는 마리아로 변화되길 구했다. 예수님의 발치에 앉길 소원했다. 하지만 그런 요청을 하면서도 그렇게 될 거라는 믿음은 별로 없었다. 내 영혼 깊은 곳에서 그게 불가능하다고 확신하고 있었다. 나는 못 말리는 외향적 성격이었기 때문이다.

MBTI 성격검사(Myers-Briggs, Taylor Johnson)를 해보면, 나는 극단적

외향성이라는 결과가 나온다. 나는 행동가다. 생각하는 것보다 행동하는 게 더 쉽다. 행동하는 걸 좋아하고 행동파인 나 자신이 마음에 든다. 해야 할 일 목록을 들여다보며 하나하나 지워 나가고, 빨간 펜으로 지운 항목들을 보면 기분이 좋아진다. 그런 식으로 나는 많은 일들을 이뤄 낸다. 그렇게 사람들을 돕고 감사하다는 말을 들으며 인정도 받는다.

마리아와 마르다에 관한 마사 킬패트릭의 저서 『사모함』(Adoration)을 처음 읽었을 때 '딱 내 얘기네'라고 생각했다. 특히 시간이라는 보화에 관한 다음 구절이 마음에 찔렸다.

> 시간은 삶의 보화. 시간이 곧 삶이다.
> 시간은 내가 사랑하는 것을 예배할 때
> 즐겨 바치는 제물이다.
> 무엇을 사랑하는지 굳이 말하지 말라.
> 어떤 일에 시간을 쓰는지 보면
> 당신이 사랑하는 게 무엇인지 알 수 있다.[5]

예배에 눈을 뜨기 전의 내 삶을 보면, 다른 사람을 섬기는 걸 사랑했다는 사실을 알 수 있다. 내 시간은 예수님을 위해 무언가를 '하는' 데 쓰였다. 그런데 이제 내 시간은 예수님의 발치에 '있으면서' 그분을 예배하는 데 쓰인다. 하나님이 마르다를 마리아로 변화시키실 수 있다는 증거가 바로 나다.

당신은 정신없이 바쁜 마르다일 수도 있고, '미친 듯이 분주함'이라는 함정을 피할 줄 아는 신중하고 생각이 깊은 사람일 수도 있다. 하지만 내면에서 끊임없이 떠들어 대는 소리 때문에 생기는 불안함은 어떻게 처리하고 있는가? 그 방법을 아는 사람은 거의 없을 것이다.

불안함 – 내면에서 떠드는 소리

한때 네 명의 아이들이 우리 집 거실을 어슬렁거리던 시절이 있었다. 정신 산만한 것이 일상이었다. 아이들이 모두 학교에 가 있는 시간에도 여전히 광풍은 불었다. 그 모든 게 외부에서 오는 건 아니었다. 일부는 나의 내면에서 비롯되기도 했다. 이 내면의 혼돈에는 이름이 있다. 바로 불안함이다.

집 안에 아무도 없어서 주님 앞에 홀로 조용히 거할 수 있는 시간에도 나는 내면에서 들려오는 소리의 볼륨을 낮출 수 없었다. '린다, 이 시간이면 전화를 다섯 통이나 할 수 있고, 이메일을 다섯 통이나 쓸 수 있고, 성경공부 준비도 할 수 있고, 저녁 식사 준비도 할 수 있고, 세탁기를 돌릴 수도 있어.' 마음속에서 계속 이런 소리가 들리는데 어떻게 주님께 집중할 수 있겠는가?

나는 잠잠히 있고 싶었다. 하지만 방법을 몰랐다. 불안함(restlessness)

은 쉽게 정의할 수 있지만 평온함(restfulness)은 정의하기가 좀 힘들다. 두 화가가 '평온함'을 주제로 각각 그림을 그렸다. 한 화가는 저 멀리 산속의 잔잔하고 호젓한 호수를 그렸다. 다른 화가는 우렁찬 소리를 내며 쏟아지는 폭포와 그 폭포의 물거품에 줄기가 휘어진 여린 자작나무를 그렸다. 가지가 갈라진 곳에는 물을 흠뻑 뒤집어쓴 개똥지빠귀 한 마리가 둥지를 틀고 앉아 있었다.[6]

첫 번째 그림 같은 일상을 살고 있는 사람이 있는가? 아마 없을 것이다. 산속에 있는 호젓한 호수같이 잔잔하게 살고 있는 사람이 주변에 있는가? 내 주변엔 없다. 내 삶, 그리고 내가 아는 이들의 삶은 우렁찬 소리를 내며 떨어지는 폭포를 훨씬 더 많이 닮았다. 사나운 물보라가 쉼 없이 몰아치지만, 우리에게는 그것을 '끄는' 스위치가 없다.

평온하다는 것은 일종의 자각이요, 삶의 소음 속에서 살아가는 하나의 존재 방식이다. 분주한 일상을 살되 편하다는 생각, 감사하다는 생각, 인정받고 있다는 생각, 평화롭다는 생각으로 기도하면서 사는 것이다.[7] 평온함이란 머리 위에서 우렁찬 소리를 내며 폭포가 쏟아지는 중에도 나뭇가지에 둥지를 틀고 평화롭게 앉아 있는 개똥지빠귀다.

나는 그 새처럼 되고 싶었다. 현실 가운데서 잠잠함을 갈망했다. 할 일이 너무 많아 하루 24시간이 부족할 정도였고 몸은 해가 지날수록 노화되었다. 그때 하나님이 잠잠함에 대해 가르치기 시작하셨다.

잠잠함이란

시편 131편은 내가 좋아하는 시 가운데 하나다. 겨우 세 절뿐인 다윗의 이 시는 잠잠한 풍경을 묘사하고 있다.

> 여호와여 내 마음이 교만하지 아니하고
> 내 눈이 오만하지 아니하오며
> 내가 큰 일과 감당하지 못할 놀라운 일을 하려고 힘쓰지 아니하나이다
> 실로 내가 내 영혼으로 고요하고 평온하게 하기를
> 젖 뗀 아이가 그의 어머니 품에 있음 같게 하였나니
> 내 영혼이 젖 뗀 아이와 같도다(1-2절).

메시지 성경은 이 두 구절을 다음과 같이 생생하게 묘사한다. "나는 내 분수를 지켰고 잠잠한 심령을 키워 왔습니다. 어머니의 품 안에서 만족해하는 아기처럼, 내 영혼은 만족한 아기 같습니다."

이 구절이 묘사하는 정경이 좋기는 하지만 처음엔 좀 헷갈렸다. 다윗이 왜 잠잠하고 고요한 영혼을 가리켜 젖 뗀 아기 같다고 했는지 이해할 수 없었다. 왜 젖먹이 아기 같다고 하지 않았을까? 우리 아이들이 어렸을 때, 밤에 일어나 엄마가 젖 물려 주기를 기다리던 시절이 생각난다. 아기들은 그 작은 입을 분주하게 움직이며 위로를 주고 자양분을 공급

해 주는 엄마의 젖꼭지를 찾았다. 그런데 일단 젖을 떼자 아이들은 이제 내 몸을 배고픔을 해결해 주는 수단으로 여기지 않게 되었다. 그냥 내 품에 안기는 것만으로 만족했다.

다윗이 하나님 앞에서 잠잠히 있을 수 있었던 것은 그가 이제는 무언가를 '주세요'라는 태도로 주님 앞에 나오지 않았기 때문이다. 그는 그저 아버지의 무릎으로 기어 올라가서 그 가슴에 머리를 기대고 가만히 안겨 있기를 바랄 뿐이었다. 그는 하나님과 친밀한 교제를 나누는 데서 잠잠함과 행복을 느꼈다.

나는 자주 시편 131편의 기도를 한다. 그 기도를 할 때면 내가 강사로 나섰던 한 컨퍼런스에서 만난 레이첼이라는 젊은 여성이 떠오른다. 레이첼의 입에서는 강간, 음란물, 학대 등 하나같이 험한 말들이 폭포수처럼 쏟아져 나왔다. "제 어머니는 마리화나 살 돈을 마련하려고 저를 남자들에게 팔았어요."

나는 서럽게 우는 레이첼을 꼭 끌어안고 그녀의 가슴속 고통까지 다 안아 줄 수 있기를 간절히 바랐다. 레이첼을 안고 있다가 나도 모르게 그녀를 가만히 흔들어 달래기 시작했다. 강대상 앞 계단에서 15분 동안이나 그렇게 앉아 레이첼이 그토록 간절히 원하던 어머니가 되어 주었다. 우리는 서로를 껴안은 채로 있었고 나는 아이를 달래듯 가만히 몸을 흔들었다. 레이첼이 한숨을 몰아쉬었다. 조용한 평안의 한숨이었다. '이제 진정됐어요. 누군가가 날 돌봐 주고 있어요. 사랑받는 느낌이에요'

라고 말하는 듯했다.

다음 날 레이첼과 또 마주쳤다. 나는 그녀가 원하는 것이 뭔지 알기에 두 팔 벌려 그녀를 안아 주었다. 그녀를 안고 흔들며 다독이자 레이첼이 큰 숨을 내쉬었다. 그 순간 시편 131편이 떠올랐다. "실로 내가 내 영혼으로 고요하고 평온하게 하기를 젖 뗀 아이가 그의 어머니 품에 있음 같게 하였나니 내 영혼이 젖 뗀 아이와 같도다"(2절).

레이첼은 하나님이 자신을 그렇게 안아 주기를 갈망했다. 그것은 내 갈망이기도 했다. 그래서 나는 기도했다. "하나님 아버지, 레이첼처럼 잠잠해지는 법을 가르쳐 주세요. 하나님 품에 안겨 다독임을 받으며 조용한 안식의 숨을 내쉬는 법을 가르치소서."

내 경우, 하나님과의 친밀한 관계는 내가 마음을 잠잠히 하고 걸음을 멈춰 서서 그분이 하나님임을 아는 순간 시작된다. 나는 쉴 때면 그분의 가슴에 바짝 안긴다. 그리고 숨을 크게 내쉰다. 나는 귀를 기울이고, 하나님은 성경을 통해 그리고 성령으로 내게 말씀하신다. 잠잠함 속에서 나는 하나님과의 친밀함을 발견하고 그분의 음성을 듣는다. 이따금씩 내가 잠잠히 있을 때 하나님은 나를 깊은 예배의 장소, 이른바 '영혼의 침묵'이라는 장소로 데려가신다. 나는 일기에 이렇게 적었다.

오늘, 거룩하신 분의 임재 안에 있을 때 그분은 내게 좀 더 깊이 있는 예배의 기쁨을 보여 주셨다. 그 기쁨을 말로 표현할 수 있을지 모르겠다. 그 기쁨을 모두 담기엔 말이라는 그릇이 너무 작다. 말로는 그 아름다움과 기쁨, 친밀함, 거룩함을 다 표현할 수 없지만, 그래도 해보는 수밖에.

언제나 그렇듯 나는 이렇게 기도했다. "주님, 나를 더 깊은 곳으로 데려가소서. 더 깊은 예배로 나를 데려가소서. 주님의 더 깊은 임재 속으로 나를 데려가소서." 그런데 주님이 정말 그렇게 해주셨다! 역대하를 읽는 중이었다. 거룩하신 분이 두 번이나 임재하셨는데, 그 영광이 얼마나 엄중한지 제사장들이 일을 제대로 할 수 없을 정도라고 했다.

놀라운 것은, 무릎 꿇고 예배드리던 내가 그 광경을 어렴풋이 경험했다는 것이다. 나는 놀라서 할 말을 잃었고, 하나님 앞에서 아무 말도 할 수 없었다. 움직일 수도, 말을 할 수도, 손을 들어 경배할 수도 없었다. 그 엄위함에, 그 거룩함에 완전히 압도당해 그저 최대한 몸을 엎드리고 있을 수밖에 없었다. 나는 그 침묵 속에, 하나님 임재의 구름 아래 그저 머물고 싶었다. 예배를 마친 뒤 일을 하려고 했지만 그럴 수 없었다. 그냥 서성거리면서 그 임재의 여운을 음미할 뿐. 그저 "사랑합니다, 사랑합니다. 사랑합니다"라고 가만히 읊조리면서.

하나님이 아름다운 방식으로 그분의 임재 안에서 내 영혼을 잠잠케 하셨을 때 나는 체험을 구하지 않았다. 내가 구한 것은 하나님이었다. 내 목적은 하나님께 영광과 감사와 찬양을 돌리는 것이었다. 하나님은 소중하고도 강력한 방식으로 자신을 내게 나타내셨다. 하나님을 체험하는 일을 허락받으면 우리는 기뻐하며 감사하지만, 그때 우리의 목적은 하나님을 찬양하고 하나님을 구하는 것이어야 한다. 그 체험을 통해 하나님이 우리에게 무엇을 주실까 계산해서는 안 된다.

시편 131편을 비롯해 다른 많은 말씀들을 통해 하나님은 잠잠히 있는 것과 하나님을 아는 것이 어떤 관계가 있는지 보여 주셨다. 잠잠함 가운데서 나는 하나님이 친히 말씀하시는 음성을 듣기 시작했다.

O. 할레스비(O. Hallesby)는 하나님의 음성을 듣기 위해 왜 잠잠함이 필요한지를 아주 잘 설명하고 있다. "잠잠함과 관련된 가장 큰 복은 영원의 소리를 들을 수 있다는 것이다. 영원한 분이 우리의 양심에 대고 말씀하실 때 그 음성을 들을 수 있다는 것이다."[8]

잠잠히 하나님을 안다는 것이 과연 당신에게는 무엇인가? 부디 시간을 내어 솔직하게 대답하기 바란다. 그럴 때 삶이 변화될 수 있기 때문이다. 내 경우는 확실히 그랬다!

어떻게 실천할 것인가

우리는 바깥 세상에서 들려오는 아우성과 내면의 혼돈을 멈춰 세우고 잠잠한 가운데 하나님께 예배드리는 법을 익힐 수 있다. 'still'이라는 단어로 오행시를 만들어 잠잠함을 체험하는 법을 정리해 보았다.

S 잠잠함을 구하라(Seek stillness)

T 일상에서 잠시 물러나라(Take a retreat)

I 기도 시간을 늘이라(Increase prayer)

L 바깥 세상의 소음을 차단하라(Let go of external clamor)

L 20분 예배 체험법을 익히라(Learn the Twenty-Minute Worship Experience)

1. 잠잠함을 구하라

잠잠함을 누릴 수 있는 시간은 저절로 생기지 않는다. 내 일상에 그런 적은 한 번도 없었고, 아마 당신도 마찬가지일 것이다. 잠잠한 시간은 일부러 만들어야 한다. 예수님도 홀로 잠잠히 있을 수 있는 시간이 그냥 생기는 게 아니라는 걸 아셨다. 그래서 그분도 잠잠히 있을 수 있는 시간을 내는 데 전념하셨다. 예수님의 내면은 이미 잠잠한 가운데 있었지만, 그분은 잠잠한 환경을 자주 찾아 나서셨다. 공생애를 시작하기 전 40일 동안 홀로 계셨고(마 4:1-11 참고), 제자들을 택하기 전에도 하룻밤을 아버지 하나님과 단 둘이 지내셨다(눅 6:12 참고). 잠잠한 시간을 갖는 것은 예수님의 규칙적인 습관이었다. 내 친구 미미도 규칙적으로 그런 시간을 갖고 있다. 미미의 말을 들어 보자.

어린 자녀 셋을 키우는 서른 살의 엄마로서 나는 예배하는 사람이 되기로 했습니다. 그러기 위해서는 마음의 울타리가 필요하다는 걸 깨달았지요. 그래서 예배할 장소를 집 안에 마련했습니다. 그 특별한 장소에서 내 영혼은 잠잠할 수 있었어요.

내가 하나님께 드릴 수 있는 것은 그분을 향한 갈망밖에 없다는 걸 곧 깨닫게 되었습니다. 그것은 하나님의 도움 없이는 예배조차 드릴 수 없음을 깨달으라는 계시였어요. 집안의 다른 곳에서 예배를 드릴라치면, 그곳에 쌓인 먼지가 눈에 띄고 그러면 정신이 산만해졌지요.

그래서 아예 월요일을 '예배 드리는 날'로 정했습니다. 월요일 아침에는 어떤 약속도 잡지 않았지요(예기치 못한 일이 생기면 다음 날 아침에 예배를 드렸어요). 아이들에게는 한동안 집중해서 놀 수 있는 놀잇거리를 준 뒤 아침 9시부터 예배를 드리기 시작했습니다. 월요일 예배 시간 동안 아이들이 몰두할 만한 놀잇거리를 일주일 내내 찾아다녔어요. 그 일조차 하나님께 드리는 일종의 선물이 되었지요.

내 목표는 두세 시간 동안 홀로 하나님과 함께하면서 그분을 앙모하는 것이었습니다. 처음에는 그렇게 오래 예배를 드릴 수 있을 만큼 하나님을 잘 알지 못했지만, 그래도 성경을 읽고, 하나님께 내 삶에 대해 말씀드리고, 내가 가진 것들을 드렸어요. 하나님이 나의 세계로 들어오실 수 있게 한 거죠. 그게 28년 전의 일입니다. 지금도 여전히 낮 시간에 예배를 드립니다만, 이제는 아이들이 다 자라고 떠나서 집 안은 늘 조용해요. 그래서 정한 시간 말고도 하루 종일 예배를 드리고 있지요.

어떻게 하면 미미처럼 조용한 시간과 공간을 마련할 수 있을까? 하루 중 잠깐 홀로 있을 수 있는 시간과 공간을 찾으면 된다.[9] 아침에 눈을 떴을 때의 조용한 시간은 어떤가? 아침에 마시는 김이 모락모락 피어오르는 커피 한 잔의 기쁨을 생각해 보라. 자리에 앉아 깊은 호흡을 한 뒤 주님께 사랑한다고 말씀드려라. 교통 체증으로 꽉 막힌 도로 한가운데서 잠깐 홀로 있는 시간을 즐길 수도 있다. 당신은 선택할 수 있다. 그 시간에 예배를 드리겠는가, 아니면 짜증만 내고 있겠는가? 차 안에 아이들이 타고 있다면 어린이용 예배 CD를 틀어놓고 아이들과 함께 예배를 드려라.

하루 중 잠깐 홀로 있을 수 있는 시간이 언제인지 알아차릴 수 있게 해달라고 하나님 아버지께 구하라. 가령, 아기에게 젖 먹이는 시간, 빨래 개는 시간, 혹은 아이들이 낮잠 자는 시간 등이 있다. 하나님이 당신의 눈을 열어 주셔서 예배할 수 있는 기회를 알게 해주실 것이다.

2. 일상에서 잠시 물러나라

지금까지 살아오면서 나는 하루라도 자유 시간이 생기면 여성들을 섬기는 데 그 시간을 사용했다. 그러나 하나님은 나의 이런 외향적 성격을 바꿔 놓으셨다. 한때 마르다였던 나는 이 글을 쓰고 있는 지금 기도원에서 오로지 하나님하고만 있다. 일상에서 물러나 기도하고 금식하는 이 시간은 내 영혼이 휴식을 즐기는 시간이다. 홀로 있는 사흘 동안 나는 잠잠함을 한껏 즐기고 있다.

나는 진정 사모하는 분을 예배하러 왔다. 지금까지 살아오면서 사흘 밤낮을 온전히 하나님하고만 함께한 적이 과연 있었나 싶다. 전화를 받을 일도 없고, 이메일을 확인할 일도 없다. 식사 준비를 하지 않아도 되고, 다른 사람들과 이야기를 나누지 않아도 된다. 오로지 하나님하고 나뿐이다.

그래도 이제 어느 정도 나이가 들고 형편이 되기에 사흘 동안 일상을 떠나도 될 만한 여유를 누리고 있다. 하지만 아이들 때문에 바쁜 젊은 엄마나 주당 40시간씩 일해야 하는 여성은 어떻게 일상을 떠나 예배드릴 시간을 낼 수 있을까?

내 친구 필리스와 달린은 아주 효과적인 방법을 알려 주었다. 먼저 필리스의 말을 들어 보자.

네 아이가 모두 어려서 늘 귀가 먹을 정도로 집 안이 시끄럽고 복잡하던 시절, 주님과 단 둘이 있는 시간을 마련한다는 것은 불가능해 보였어요. 다른 모든 사람에게는 시간을 낼 수 있었지만, 내가 사랑하는 주님과 함께하기 위해 일상을 떠나는 시간을 도대체 무슨 수로 낸다는 말이죠?

그때 주님은 가족이나 친구들과 함께할 계획을 세우는 것처럼 '하나님과 함께 일상을 탈출할' 일정을 세워야 한다는 마음을 주셨습니다. 그래서 한 달에 하루를 예배드리는 날로 정해 두었죠. 그날을 위해 아이들을 돌봐 줄 사람도 구해 놓고, 내가 없는 동안 아이들이 돌봐 주는 사람과 놀 수 있는 놀잇거리도 만들어 두었습니다. 그리고 나는 사랑하는 분과 함께 있기 위해 일상을 빠져나왔지요.

집 밖으로 나온 나는 카페에 들어가 여유롭게 커피 한 잔을 마시며 성경을 읽었습니다. 그런 다음 거리로 나와 산책을 하면서 주님과 대화를 나누었죠. 그렇게 네 시간 정도 아무에게도 방해받지 않는 동안 일상의 소란과 내면의 혼돈은 잠잠해졌습니다. 그분의 임재 안에서 나는 다시 기운을 찾고 새 힘을 얻으며 새로워졌지요.

이제 달린의 말을 들어 보자.

나는 자폐증과 지적 장애를 가진 우리 딸 앰버를 키우는 특별한 어려움을 안고 있습니다. 앰버는 십대로 접어들 무렵 정신 질환을 앓기 시작했는데 하루 24시간 내내 보호해 주어야 했죠. 내 삶은 소동과 혼돈의 연속이었어요. 나는 주님께 부르짖었습니다. "주님, 어디로 가야 잠잠한 곳을 찾을 수 있는지 알려 주세요."

주님은 도움을 청하는 내 부르짖음에 응답해 주셨어요. 이렇게 말씀하시는 것 같았죠. "사랑하는 자야, 멀리 떠나거라. 멀리 떠나서 나하고만 함께 있자." 그래서 나는 한 달에 한 번씩 멀리 떠나기 시작했습니다. 하루를 정해 그날 정오에서 다음 날 오후 3시경까지 집을 떠나 호텔이나 친구 집의 빈 방에 머물렀죠. 내게는 정말이지 소중한 시간이었습니다.…그분을 기준으로 나 자신을 재조정하는 시간이었으니까요. 잠이 부족할 때는 잠을 자기도 했지만, 그래도 예배를 드리고 성경을 읽을 시간은 충분했습니다.

나는 그 시간만큼은 포기하지 않았어요. 금식하지 않는 한 먹을 것까지 챙겨 갔지요. 그래야 밥 먹으러 나가느라 시간을 낭비하지 않고 집에 돌아가기 전까지 '지성소에 온전히 머물 수 있으니까요.

달린은 어떻게 27시간 동안 온갖 책임들에서 벗어날 수 있었을까? 그 시간에 달린의 남편이 집안일을 모두 맡아 주었기 때문이다. 달린은 이렇게 말한다. "세상 모든 남편들이 제 남편처럼 다정하지 않다는 건 압니다. 하지만 그 시간을 통해 아내이자 어머니로서 우리가 하는 일의 효율이 얼마나 높아지는지 알게 된다면 몇몇 남편들은 아마 다시 생각하게 될 걸요!" 처음부터 한 달에 한 번씩 시간을 낼 필요는 없다. 우선 일 년에 한 번씩으로 시작하라!

3. 기도 시간을 늘이라

기도의 조용한 속삭임을 즐기려면 잠잠함이 반드시 필요하다. 리처드 포스터(Richard Foster)는 외부의 시끄러운 외침과 내면의 소란스러움을 잠재우는 고요의 기도문을 썼다. 당신도 일주일 동안 매일 이 기도를 하지 않겠는가?

고요의 기도

오 주님, 제 마음이 시끄럽습니다. 바깥 세상이 조용해져도 내면의 아우성은 그치지 않습니다. 오히려 더 심해지는 것 같습니다. 제가 많은 일들로 분주할 때, 내면의 시끄러운 소리는 그저 멀리서 들리는 소음에 지나지 않습니다. 그러나 모든 일을 끝내고 조용히 있을 때, 그 소음은 저절로 커집니다. 크레센도로 점점 크게 울리는 장엄한 교향곡 같지는 않습니다. 그보다는 그릇들이 부딪치고 냄비끼리 부딪치면서 내는, 귀가 멀 듯한 소음입니다. 무엇보다 곤란한 것은, 내면에서 벌어지는 그 대혼란을 조용히 시키지 못한다는 무력감을 느낀다는 것입니다.

    사랑하는 주 예수님, 주님은 한때 바람과 파도에 평화를 명하셨지요. 제 마음에도 샬롬을 명해 주십시오. 조용히…인내하며…기다리겠습니다. 제 존재의 깊은 곳에 "잠잠하라, 고요하라"는 주님의 사랑의 명령을 받아들입니다. 아멘.[10]

하나님과의 교통을 방해하는 대적 가운데 하나는, 다른 일들로 소용돌이치며 미친 듯 분주하게 움직이는 마음이다. 내면에서 소란스러운 소리가 계속 들려올 때는 하나님의 음성을 듣기가 거의 불가능하다. '고요의 기도'를 하면서도 마음속으로 주님을 묵상하는 게 아니라 마트에 가서 사야 할 물건들의 목록을 떠올린다면 어떻겠는가?

- 공책 한 권을 옆에 갖다 놓고 정신을 산만하게 하는 생각이 떠오를 때마다 적어 두라.
- 그래도 집중이 안 되거든 시편이나 그 밖의 성경 말씀을 소리 내어 읽으라.
- 크게 소리 내어 경배하거나 기도하라.

4. 바깥 세상의 소음을 차단하라

나는 하나님을 만나는 비밀 장소에 가면 정신을 산만하게 할 만한 것은 뭐든 차단하기 위해 노력한다. 옥외의 예배 장소에서든 사무실에서든 무릎을 꿇고 앉아, 잠잠히 있는 법을 가르쳐 달라고 하나님께 구한다. 머리에 기도용 숄을 둘러서 빛을 차단하고 다른 생각이 드는 걸 막기도 한다. 이어폰으로 예배 음악을 들으면서 소음을 차단하고 하나님의 임재로 들어가기도 한다.

내 친구 베브와 킴에게 바깥 세상의 소음을 차단하는 그들만의 방법에 대해 물어봤다. 먼저 베브의 대답이다.

나는 뭘 귀로 들어서 배우는 사람이 아니고, 쉽게 산만해지는 스타일이에요. 그래서 소음이 들리면 곧 집중력을 잃고 말죠. 귀마개를 하면 쉽게 소음을 차단할 수 있다는 걸 알고 나서는, 특별 예배 장소인 서재에 들어가 아바 앞에 무릎을 꿇을 때는 품질 좋은 귀마개 한 쌍을 꼭 가지고 간답니다.

다음은 킴의 대답이다.

나는 병원에서 주당 서른두 시간씩 일을 해요. 네 살, 여섯 살, 여덟 살 난 아들 셋이 있지요. 내 생활은 온갖 소음의 연속이고, 정신적으로 충격적인 일들이 많아요. 피곤에 지쳐 퇴근했는데, 집 안에선 음악 소리가 쿵쾅거리고 개구쟁이 세 녀석이 온 집안을 뛰어다니는 광경을 보면, 애초에 잠잠함이란 게 있을까 하는 생각이 들죠. 집이나 직장에서 고요한 순간을 찾자면 일주일에 한 번 정도는 주님 앞에 잠잠히 있을 수 있겠지만, 그 시간도 아마 열 번 정도는 방해를 받을 거예요! 내면이라면 몰라도 외부 환경에서는 잠잠함이란 걸 바랄 수 없거든요.

아이들이 아주 어렸을 때, 고속도로를 달리는 자동차 뒷좌석에 앉아 녀석들이 고함을 질러대던 시절에 나는 특정 구역으로 들어가는 법을 배웠어요. 물론 그 '구역'은 내 마음속의 구역이지요. 나는 마음속에 전 인격이라는 상자 하나를 만들어요. 그 상자에는 오직 예수님만 들어오실 수 있었죠. 그 '구역' 안에 있을 때 나는 그리스도로 완전히 감싸이죠.

어떨 때는, 자동차 앞좌석과 뒷좌석 사이에 유리 칸막이가 있는 상상을 하기도 합니다. 아이들이 잘 보여서 안전을 확인할 수는 있지만 아이들이 내는 소음은 들리지 않는 거예요. 예배 음악을 틀어 놓으면 주변의 소음 속에서도 하나님께 집중하는 데 도움이 되었어요.

5. 20분 예배 체험법을 익히라

이제 내게 효과가 있었던 예배 체험법 한 가지를 소개하겠다. 나는 그 체험을 통해 잠잠함에 이르렀고 하나님의 임재에 들어갈 수 있었다. 당신의 영적 체험도 이 방법으로 변화되리라고 믿는다. 나는 이 방법을 '20분 예배 체험'이라 부른다. 내 친구 베키도 이 방법으로 하나님과 동행하는 삶에 대변혁을 일으켰다.

그녀의 말을 빌려 본다.

린다가 하나님을 경배하고 찬양하며 20분만 하나님하고 있어 보라고 도전했을 때, 그게 내게 어떤 영향을 끼칠지 전혀 몰랐어요.

첫날 아침, 나는 잔잔한 예배 음악을 틀어 놓고 무릎을 꿇고 성령님께 나의 교사가 되어 달라고 간구했어요. 나 혼자서는 할 수 없다는 걸 알았기 때문이죠. 하나님이 멀리 계신 것 같았지만, 그래도 내가 알고 있는 하나님의 성품에 대해 찬양하기 시작했어요.

하나님의 성품을 찬양하자 놀라운 일이 일어났어요. 하나님의 임재가 가까이 느껴지는 거예요. 저 멀리 계시던 하나님이 갑자기 찾아오신 게 아니었어요. 그보다는 깊은 잠에 빠져 있는 내 영혼을 하나님이 흔들어 깨워 그분의 임재를 누릴 수 있게 해주시는 것 같았어요. 상황은 달라진 게 없었어요. 내 앞에 놓인 시련도 여전했죠(나는 유방암을 앓고 있었고, 친정에도 일이 생겨 식구들이 모두 흩어진 상태였어요). 그런데 하나님의 영광 앞에서 그 문제들이 아무것도 아닌 것처럼 느껴졌어요.

어느새 20분이 흘렀지만 예배를 더 드리고 싶었죠. 그 뒤로 나는 날마다 예배를 이어 나갔어요. 예배 음악을 틀어 놓으니 찬양하는 데 도움이 되었어요. 때로는 산책을 하다가 하나님이 창조하신 세상의 아름다움을 보며 예배에 영감을 받기도 했어요. 어떤 날은 하나님의 임재 안에 무릎 꿇고 앉아 그냥 하염없이 울기만 할 때도 있었어요. 서러움을 하나님의 발밑에 다 쏟아 놓고는 그 거룩하심 앞에 경배를 드렸어요. 나라는 사람이 너무 연약하게 느껴지고 예배도 힘들게 여겨질 때는 주님 앞에 고개를 숙이고 앉아 성경 말씀으로 기도하면서, 그 말씀의 진리가 내 마음속에 살아 움직이게 해주시기를 구했어요.

매일 아침 그렇게 성실하게 예배를 드리면서 나는 달라지기 시작했어요. 성령님이 내 마음을 하나님과의 더 깊은 연합으로 이끄시기 시작했어요. 나는 하나님의 사랑을 더욱 강렬하게 체험했어요. 하나님의 음성을 더 분명히 듣기 시작했고, 그분의 목적을 좀 더 즉시 받아들이기 시작했어요. 점점 담대해지고 두려움이 사라졌어요. 린다가 한 도전 덕분에 내 안의 가장 깊은 갈망을 발견하게 되었어요. 잠잠히 예배를 드리면서요. 그리고 하나님의 임재에 이르렀지요.

이제 당신에게도 같은 도전을 던진다. 한 달 동안 매일 아침 20분 동안 하나님 앞에 무릎 꿇기 바란다. 꼭 이 방법을 따라야 하는 건 아니다. 자신에게 20분 예배가 적당한지, 아니면 현재 삶의 모든 여건에 비추어 볼 때 10분 예배가 적당한지 하나님께 묻기 바란다.

그 시간을 위해 몇 가지를 제안하겠다.

- 예배에 대해, 하나님 앞에 그저 잠잠히 있는 법에 대해 가르쳐 달라고 기도하라.
- '고요의 기도'를 하든지 혹은 자기만의 기도문을 만들라.
- 시편 131편으로 기도하면서 어떻게 하면 내 영혼이 잠잠해질 수 있는지 보여 달라고 하나님께 구하라.
- 이어폰이나 헤드셋으로 예배 음악을 들으면서 예배를 드리라. 함께 노래를 부르든지 아니면 당신의 노랫말로 하나님을 찬양하라.

이런 식으로 날마다 예배를 드리면 당신도 베키와 나처럼 잠잠함을 발견하게 될 것이고 삶이 변화될 것이다. 하나님과의 친밀함이 깊어지고 그분의 임재에 흠뻑 잠기기를 기도한다.

4장

다양한 방식의 예배

오라 우리가 굽혀 경배하며
우리를 지으신 여호와 앞에 무릎을 꿇자
그는 우리의 하나님이시요.
_ 시편 95:6-7

나와 함께 아름다운 역사의 고장 영국 케임브리지에 가 보자. 말끔하게 손질된 대학 구내 정원을 거닐면서, 자갈이 깔린 도로와 석조 건물을 보며 지금과 다른 시공간, 즉 첨단 기술 사회의 분주함과 정보 과부하가 없는 단순한 세상으로 돌아간 듯한 기분을 느껴 보라.

도시를 가로지르며 킹스 칼리지 언저리를 따라 굽이쳐 흐르는 템스 강을 보라. 위풍당당한 석조 성당의 숨 막히는 전경을 보라. 화려한 조각으로 장식된 6미터 높이의 문을 지나 성당 안으로 들어가면, 높은 천장과 거의 검정색으로 보이는 짙은 목재로 만든 벽이 보인다. 어두운 벽과 부드러운 촛불이 천상의 분위기를 자아내며 과거의 속삭임으로 나를 감싼다. 공기 중에는 거룩한 정적이 맴돈다.

남편과 나는 저녁기도회에 참석하기 위해 이곳 킹스 칼리지 예배당에 와 있다. 저녁기도회는 노래로 기도하는 시간이다. 주말을 제외한 매일 늦은 오후, 천상의 목소리를 자랑하는 킹스 칼리지 합창단이 시편곡이나 마리아 송가를 부른다. 촛불 아래 남편과 나란히 앉은 나는 무릎걸상에 무릎을 꿇고 앉아 기도하며 손을 펼쳐 든다.

우리 옆에는 아기 그리스도를 묘사한 루벤스의 장엄한 유화로 장식된 제단이 있다. 제단을 마주 보고 양 옆으로 회중석이 있고, 나는 제단이 아닌 다른 사람들을 마주 보고 앉아 있다. 은은한 경외감이 실내를 가득 채우고 있고, 나는 이곳에서 다른 예배자들과 함께하는 기쁨을 주신 하나님께 감사를 드린다. 거룩한 경외감으로 예배를 드린다.

독특한 예배를 경험했던 또 다른 장소로 가 보자. 그곳은 콜로라도 주 콜로라도 스프링스에 있는 세계기도센터인데, 강철과 유리로 이루어진 푸른 지붕의 원형 현대식 건물이다. 여러 나라를 대표하는 국기들이 건물을 빙 둘러 꽂혀 있다. 나는 수요일마다 각 교회에서 온 40명의 예배자들과 함께 이 현대식 건물에서 한 시간 동안 예배를 드린다.

이곳은 바닥에서 천장까지 유리로 만들어져서 파이크스 봉과 로키산맥이 다 내다보인다. 떡과 포도주가 놓인 성찬상이 오른쪽으로 자리잡고 있다. 사람들은 서두르지 않고 여유 있게 스스로 떡과 포도주를 나눈다. 테리 매카몬이라는 사람이 예배실 맨 앞에 놓인 키보드 앞에 서서 노래와 찬미로 살아 계신 하나님을 예배하자고 초청한다. 어떤 이들은 소리 높여 찬양을 부르며 두 손을 높이 든다. 또 어떤 이들은 통로에 무릎을 꿇고 앉아 하나님의 엄위하심을 묵상한다. 모두 다채로운 표현으로 거리낌 없이 하나님을 찬양한다.

내가 예배드린 또 다른 곳으로 가 볼 준비가 되었는가? 사람의 손이 아니라 건축의 거장이신 하나님이 지으신 눈부신 예배당으로 함께 가 보자. 산과 소나무, 하늘, 바위, 바람, 태양, 물로 지은 성소 말이다. 로키산맥 아래 있는 우리 집 뒤편의 이 광활한 배경 속에서 나는 '거룩한 하이킹'을 한다. 물병 하나, 충실한 애견, 예배 음악이 가득 들어 있는 아이팟을 챙겨 들고 라즈베리 산을 휘감아 도는 오솔길을 따라 오른 다음, 폭포가 있는 곳까지 하이킹을 한다.

하나님의 이 예배당에는 나 혼자뿐이다. 그렇게 혼자 걸으며 예배하고, 사랑하는 아버지와 함께 걸으며 이야기를 나눈다. 숲 속에 무릎 꿇기 좋은 곳이 있으면 걷는 중에도 마음으로 무릎을 꿇는다. 하나님의 창조 세계에 오직 하나님과 단 둘이 있는 기쁨을 주신 것에 대해 감사한다. 거룩한 광채 속에서 예배를 드린다.

이제 우리 집 2층에 있는 특별한 방으로 함께 가보자. 2층 서재엔 사랑하는 친구가 에콰도르에서 나를 위해 가져온 무릎 의자가 마련되어 있다. 이 방에서 나는 하나님의 말씀을 연구하고, 글을 쓰고, 이메일 답장도 쓰고, 전화 통화도 한다. 그러나 가끔 전화기와 컴퓨터를 끄고 예배 음악을 틀어 놓고 하나님 앞에 무릎을 꿇으면 이 방은 서재 역할을 잠시 중단하고 개인 성소가 된다.

한밤중이든, 오후든 하나님 아버지와 단 둘이 있는 이때가 하루 중 가장 중요한 시간이 된다. 나는 하나님의 임재에 잠긴다. 하나님을 찬미한다. 그리고 그분의 음성을 듣는다. "주님, 말씀하소서. 종이 듣겠나이다." 무릎 꿇고 예배드린 후에는 성경 말씀을 공부하고, 방금 공부하거나 외운 말씀으로 거룩하신 분을 찬양한다. 개인 성소에서 하나님과 함께하는 기쁨을 주셔서 얼마나 감사한지 모른다. 나는 거룩한 평화 가운데 예배를 드린다.

마지막으로 이야기하고 싶은 나의 예배 체험은, 어떤 장소가 아니라 사람에 대한 것이다. 그 사람은 바로 내가 1장에서 이야기했던 친구 로레인 핀투스다. 로레인과 나는 자주 함께 예배를 드린다. 거룩한 산책을 함께할 때도 있고, 서재에 놓인 소파 옆에 함께 무릎 꿇고 앉아 예배드릴 때도 있다. 강연 때문에 함께 여행을 하며 숙소를 같이 쓸 때도 있다. 어디를 가든 우리는 CD 플레이어에 찬송가 두세 곡을 재생시키고 하나님 앞에 무릎을 꿇는다. 사랑하는 분께 찬양을 올려드린 후 나름의 고백으로 하나님께 경배한다. 하나님의 성품을 묵상하며 고백하고, 그분이 이루신 일에 감사드리기도 한다. 기도는 예배 중에 자연스럽게 흘러나온다. 친구와 함께 보좌 앞에 나아가 높으신 주님을 보게 하시는 하나님께 얼마나 감사한지 모른다. 나는 거룩한 교제 가운데 예배드린다.

예배에 대해 눈을 뜨기 전에는 예배란 주일에 예배당에서만 드리는 것으로 생각했다. 하지만 이제는 우리가 어디에 있든, 혼자 있든 다른 사람과 함께 있든 예배드릴 수 있음을 알고 있다. 나는 각각 다른 장소에서 각각 다른 사람들과 더불어 주님과 함께하는 달콤한 시간을 보내 왔다. 그 시간에 하나님의 생명과 임재가 샘솟듯 솟구쳐 나를 압도하는 것을 체험했다. 외적 환경도 중요하지만, 하나님의 음성과 임재에 대한 예민한 감수성이야말로 실제로 그 어떤 장소보다 훨씬 중요하다.

예배에 대한 지식과 경험을 넓히는 데 도움이 된 몇 가지 진리가 있는데, 그중에서도 예수님이 예배 행위에 대해 가르치신 진리, 다윗이 몸으로 드리는 예배에 대해 가르친 진리가 특히 도움이 되었다.

- 기도는 예배에서 흘러나온다.
- 하나님은 영이시므로 영과 진리로 예배 받으신다.
- 몸은 찬양의 도구가 되어야 한다.

이 세 가지 진리가 나의 예배 생활에 끼친 영향을 알려 주고 싶다.

예배와 기도는 함께 흐른다는 것을 깨닫다

제자들이 기도를 가르쳐 달라고 청하자 예수님은 그들에게 주기도문을 주셨다.

하늘에 계신 우리 아버지여

이름이 거룩히 여김을 받으시오며

나라이 임하시오며 뜻이 하늘에서 이루어진 것같이

땅에서도 이루어지이다

오늘 우리에게 일용할 양식을 주시옵고

우리가 우리에게 죄 지은 자를 사하여 준 것같이

우리 죄를 사하여 주시옵고

우리를 시험에 들게 하지 마시옵고

다만 악에서 구하시옵소서

나라와 권세와 영광이 아버지께 영원히 있사옵나이다 아멘

(마 6:9-13).

우리는 흔히 예배 때 이 아름다운 기도문을 암송하지만, 이는 기도의 한 방식이기도 하다. "너희는 이렇게 기도하라"는 예수님의 말씀은 '이 방식에 따라 기도하라'는 의미다. 어떤 방식인가? 예배로 기도를 시작하고 예배로 기도를 마치는 방식이다.

기도의 본질은 예배다! 주기도문을 이루고 있는 68개 단어(KJV 성경에서) 중 36개 단어가 예배와 관련된 단어라는 사실을 알면 깜짝 놀랄 것이다. 무언가를 달라고 요청하는 말보다 예배와 관련된 단어가 더 많은 것, 이것이 바로 주님이 가르치신 기도의 방식이다.

이 유명한 기도문을 꼼꼼히 살펴보면, 처음 세 문장은 하나님의 영광과 관련이 있고, 다음 세 문장은 우리의 유익과 관련이 있다는 것을 알 수 있다. 앤드류 머레이(Andrew Murray)는 우리의 기도 방식이 이와 반대일 때가 많다는 점을 지적한다.

여기엔 충격적인 사실이 있다. 기도할 때 우리는 보통 우리의 필요를 먼저 하나님께 아뢰고, 그 다음에 하나님과 그분의 유익에 속한 일들을 생각하지만, 주님은 이 순서를 뒤바꾸신다. '이름' '나라' '뜻'이 먼저 나오고, 우리에게 뭔가를 주시고 인도하시고 구해 달라는 말이 나중에 나온다. 여기엔 우리의 생각 이상으로 중요한 교훈이 담겨 있다. 진정한 예배에서는 하늘 아버지가 첫째이자 모든 것이 되어야 한다는 것이다.[1]

지금까지 그리스도인으로 살아오는 동안, 기도는 하나님을 향한 헌신의 고리에서 가장 약한 부분일 때가 많았다. 기도를 하기는 했지만 나를 기도의 용사로 부르는 사람은 아무도 없었다. 그러나 하나님이 나를 종에서 예배자로 변화시키시자 나는 기도의 여인이 되었다. 예배 때마다 기도가 자연스럽게 흘러나오기 시작했으니 말이다. 예수님의 방식은 곧 나의 방식이 되었다.

나는 주기도문 그대로 기도하기도 하지만, 대개는 상황에 맞게 고쳐 '방식에 따라' 기도한다. 예를 들면 이런 식이다.

나의 아버지! 아, 주님이 나의 아버지라니 얼마나 놀라운지요.

그 말을 듣는 게 참 좋습니다.

주님의 이름은 거룩하고, 지극히 거룩합니다.

주님의 나라가 여기 이 세상에 임하기를 바랍니다.

그리고 주님의 뜻이 세상에서,

또한 나의 작은 세상에서 이루어지기를 갈망합니다.

오늘 제 뜻을 주님 뜻에 내려놓습니다.

은혜로우신 주님, 오늘 제게 필요한 것을 주시기를 구합니다.

또 무엇이든 주님을 잊게 만들 만한 것에서

저를 멀리 이끄시기를 구합니다.

악한 자로부터 지켜 주시고 저를 건져 주소서.

오, 나의 주님! 나라와 모든 권세와 영광이

영원히 주님의 것입니다.

나의 아버지여, 그렇게 되게 해주소서.

당신도 하나님 아버지 앞에 무릎 꿇고 앉아, 삶 속에서 예배와 기도가 함께 흐르게 해달라고 청하라. 이제 나의 예배 체험을 확장시켜 준 두 번째 원칙을 설명하겠다.

영과 진리로 예배하는 법을 배우다

예배에 관한 가장 통렬한 논쟁은, 여러 번 결혼한 적이 있는 사마리아 여인과 예수님이 야곱의 우물가에서 벌인 논쟁이다(요 4:1-42 참고). 이 여인은 적절한 예배 방법을 찾고 있었으나 두 가지 선택안이 있을 뿐이었다. 즉 사마리아식으로 예배할 것이냐, 아니면 유대식으로 예배할 것이냐 하는 것이었다. 사마리아식은 열광적인 이단의 예배였다. 이들에게는 '영'(spirit)은 있었지만 '진리'(truth)가 없었다. 유대식의 예배는 삭막하고 생명 없는 정통 방식의 예배였다. 이들에게는 '진리'는 있었지만 '영'이 없었다.[2] 그런데 이 여인과의 만남에서 예수님은 두 방식 모두 적합하지 않다며 전혀 다른 예배 모델을 보여 주신다.

예수님은 여인에게 이렇게 말씀하신다.

아버지께 참되게 예배하는 자들은 영과 진리로 예배할 때가 오나니 곧 이때라 아버지께서는 자기에게 이렇게 예배하는 자들을 찾으시느니라 하나님은 영이시니 예배하는 자가 영과 진리로 예배할지니라(요 4:23-24).

이 말씀에는 몇 가지 중요한 개념이 등장한다.

첫째, 예수님은 우리가 하나님 아버지를 예배해야 한다고 말씀하신다. 이 말에 여인은 깜짝 놀랐다. 그 당시의 성경인 구약에서는 하나님을 아버지라 칭하지 않았기 때문이다. 하나님을 그렇게 친숙한 눈높이에서 본다는 것은 그 여인에게 낯선 사고방식이었다.

둘째, 예수님은 아버지께서 예배자를 찾으신다는 사실을 보여 주신다. 이 역시 사마리아 여인에게는 놀라운 개념이었다. 아쉬울 게 전혀 없는 하나님이 예배자를 찾으신다니.

셋째, 예수님은 하나님이 영이시므로 우리가 영과 진리로 예배해야 한다고 말씀하신다. 예수님은 "영과 진리로 예배하라고 강력하게 주장하기는 하겠지만, 사실 이는 너와 네 감정에 달린 일이다"라고 말씀하지 않으셨다. 예수님은 영과 진리로 예배하라고 우리에게 명령하셨다.[3] 이 두 가지는 예배에 없어서는 안 될 요소다. 이것은 자주 언급되는 말씀이기는 하지만 그 개념을 설명하는 이들은 드물다. 이 말씀의 의미를 탐구해보자.

진리로 예배함

진리로 예배한다는 것은 올바르게 예배드린다는 의미다. 이는 사람의 손으로 만든 신을 예배하는 것과 정반대 개념이다. 이는 참 하나님께 영광을 돌리되 깨어 있는 지성으로, 하나님이 어떤 분인지 아는 진리로, 충만한 지성으로 영광을 돌리는 것이다. 진리로 예배하기 위해서는 하나님의 말씀을 알아야 하고 진실해야 한다.

1. 하나님의 말씀을 알아야 한다

나는 거룩하신 하나님에 관한 진리를 알고, 그 지식을 바탕으로 예배드린다. 하나님이 어떤 분인지에 따라 나의 예배 방식이 결정된다. 하나님에 관한 나의 지식이 나의 예배를 규정한다. 하나님이 놀라우신 분인 걸 모른다면 어떻게 "당신은 놀라우신 분입니다, 나의 주님"이라고 말할 수 있겠는가? 성경에 하나님이 만사를 주장하신다고 쓰여 있는 것을 모른다면 어떻게 "당신은 주권적인 하나님이요, 내가 믿고 의지하는 분입니다"라고 찬양할 수 있겠는가? 그러므로 진리로 예배드리기 위해서는 무엇보다 먼저 마음과 생각을 성경 말씀으로 가득 채워야 한다.

평소에 성경 말씀을 외워 두는 게 얼마나 큰 힘이 되는지 몇 년 전 중국에 갔을 때 생생하게 체험했다. 남편과 내가 자그마한 방 한 칸짜리 집의 오래된 나무 의자에 앉아 한 목회자 부부와 함께 차를 마시던 광경이 지금도 눈에 선하다.

문화 혁명 당시 21년간 투옥 생활을 한 그 목회자에게 나는 영혼에 자양분을 공급받을 성경책 한 권 없이 어떻게 그 긴 투옥 생활을 견뎌 냈느냐고 물었다. 그때 그가 했던 대답을 나는 영원히 잊지 못할 것이다. "성경 말씀의 상당 부분이 제 머리와 가슴에 저장되어 있었거든요. 에베소서, 골로새서, 빌립보서, 시편…." 그의 입에서 그가 외우고 있는 성경의 각 권들이 줄줄이 이어졌다. 나는 창피해서 쥐구멍에라도 숨고 싶은 심정이었다.

2. 진실한 마음으로 예배드려야 한다

진리로 예배드리는 사람은 진실함, 성실함, 마음의 정결함으로 주님께 나아온다. 진실하다는 것은 '가면을 쓰지 않았다'는 뜻이다. 고대에 왕이 주최하는 대규모 가면무도회에서는 밀랍으로 만든 가면을 썼다. 그래서 진실하다는 것은 '밀랍 가면이 없다'는 것을 의미하게 되었다. 사업상 계약을 맺을 때 흔히 "진심입니까?"(Are you sincere?)라고 묻는데, 밀랍 가면 뒤에 뭔가 숨기고 있지 않느냐는 뜻이다.[4]

하나님은 우리 마음과 생각의 깊은 곳을 보신다(시 7:9 참고). 하나님이 우리 각 사람에게 이렇게 물으시는 광경이 상상된다. "경배의 찬양을 부를 때, 고개를 숙이거나 무릎을 꿇거나 손을 들어 내게 영광 돌릴 때, 너는 진심으로 그렇게 하느냐? 너의 예배는 진실하고 진정성이 있느냐? 밀랍 가면 뒤에 뭔가 숨기고 있지는 않느냐?"

영으로 예배함

영으로 예배한다는 것은 영적으로 예배드린다는 것이다. 이는 외적 의식이나 의례로만 예배드리는 것과는 반대 개념이다. 애정이 넘치는 마음으로 하나님께 영광 돌리는 것은 예배가 지닌 열정적인 측면이다.

1. 영적 예배는 영혼에서 흘러나온다

예수님은 우리가 영으로 아버지께 예배드려야 한다고 말씀하시는데, 여기서 사용된 헬라어는 예수님이 인간의 영혼, 즉 내면의 인격을 언급하심을 지적하고 있다.[5] 모든 사람에게는 영혼이 있다. 이것이 인간이라는 존재의 본질이요, 그 사람의 생명 자체다. 사랑하는 사람이 세상을 떠났을 때 체온이 채 식지 않은 그 시신 옆에 앉아 있어 본 적이 있는가? 혹은 장례식에서 그 사람의 관 옆에 서 있어 본 적이 있는가? 비록 시신은 당신 옆에 있지만, 그 사람, 곧 그 사람의 영혼은 분명 거기에 없다. 대신 몸만, 영혼이 깃들어 살던 껍질만 있을 뿐이다.

예수님은 예배 때 우리의 영혼, 즉 실체가 없고 손으로 만져지지도 않지만 엄연히 우리 존재의 일부를 이루는 영혼이 영적 아버지께로 다가가 그분을 만져야 한다고 말씀하신다. 우리는 영혼 대 영혼으로 아버지와 교통한다. "주와 합하는 자는 한 영이니라"(고전 6:17). 워치만 니의 말에 따르면, "하나님은 영이시므로 우리는 영혼으로 하나님을 예배해야 한다."[6]

영으로 예배한다는 것은 영적으로 예배드린다는 뜻이다. 우리의 생각과 말과 행동이 영적이어야 한다. 나의 경우, 이는 내 마음을 감찰해 주실 것을 하나님께 계속 요청한다는 뜻이다. 시편 19편 12-14절이나 시편 139편 23-24절처럼 말이다. "자기 허물을 능히 깨달을 자 누구리요 나를 숨은 허물에서 벗어나게 하소서 또 주의 종에게 고의로 죄를 짓지 말게 하사 그 죄가 나를 주장하지 못하게 하소서 그리하면 내가 정직하여 큰 죄과에서 벗어나겠나이다 나의 반석이시요 나의 구속자이신 여호와여 내 입의 말과 마음의 묵상이 주님 앞에 열납되기를 원하나 이다"(시 19:12-14). "하나님이여 나를 살피사 내 마음을 아시며 나를 시험하사 내 뜻을 아옵소서 내게 무슨 악한 행위가 있나 보시고 나를 영원한 길로 인도하소서"(시 139:23-24).

2. 영적 예배에는 성령님이 반드시 계셔야 한다

사람이라면 누구나 영혼이 있지만, 사람이라고 해서 누구나 성령을 소유하지는 않는다. 이는 중요한 구별점이다. 요한복음 4장 4-26절에서 예수님이 우물가의 여인에게 설명하신 것처럼, 성령을 떠나서는 영과 진리로 충만한 예배를 하나님께 드릴 수 없기 때문이다. 예수님과 여인은 겉으로는 물에 대한 피상적인 대화를 나누고 있지만 그 이면에는 보다 의미 깊은 흐름이 있었다. 이 점을 부각시켜 예수님과 여인 사이에 오간 대화를 재구성해 보겠다.

여인이 말한다. "목이 마릅니다."

이 말이 예수님께는 이렇게 들린다. "친밀한 관계를 갈망합니다."

여인이 말한다. "남편이 넷이나 있었지만, 이들은 제 갈증을 채워 주지 못했습니다."

예수님이 말씀하신다. "나는 너에게 특별한 물, 네 안에서 언제까지나 샘솟아서 다시는 목마르지 않게 할 생명수를 줄 수 있다. 이것은 영적인 물이다.…이 물은 하나님에게서 나오는 물…하나님 자체다."

여인은 말한다. "저는 사마리아인으로서 이런 식으로 하나님을 예배합니다."

예수님이 대답하신다. "나는 너에게 새로운 예배 방식, 너의 갈급한 영혼을 채워 줄 예배 방식을 가르쳐 줄 수 있다."

그림을 보는 듯 아름답고 생생하게 이어지는 말 속에 감춰져 있기는 하지만 예수님의 말씀은 이런 뜻이다. '사마리아 여인이 예수님을 마시면 성령님이 그 여인 안에 내주하신다는 것이다.' 이것이 바로 예배가 우리 내면에서 비롯되는 이유다. 예배드릴 때 성령의 생수가 우리 영혼을 가득 채우면, 이는 끊임없이 솟아나는 샘이 되어 하나님의 마음을 기쁘시게 하고 그 과정에서 우리에게 복이 되는 찬양의 강을 이루어 낸다. 예수님이 우물가의 여인에게 주신 바로 그 생수를 오늘날 당신과 나도 마실 수 있다!

창의력이 뛰어난 내 친구 케이시에게 예배 때 우리 영혼과 성령이 연합하는 것을 어떻게 생각하느냐고 물었더니 그 대답이 걸작이었다. "그건 막대사탕 같은 거예요." 무슨 얘긴지 좀 더 설명해 달라고 하자 케이시는 다음과 같은 이메일을 보내왔다.

막대사탕이 자꾸 생각나는 이유가 몇 가지 있어요. 나에겐 영혼이 있어요. 하나님께서 은혜로운 선물로 주신 영혼 말이에요. 예배드릴 때 내 영혼은 성령과 연합하지요.…내 영혼이 성령과 한데 엮이는 거예요. 빨간 사탕과 흰 사탕처럼 내 영혼과 성령은 별개의 존재이지만, 한데 엮이면서 분리될 수 없는 하나의 견고한 힘 곧 막대사탕이 되는 거예요. 막대사탕은 빨간색과 흰색의 나선이 없으면 진정한 막대사탕일 수 없잖아요. 마찬가지로 내 영혼과 성령 둘 중 하나만 없어도 나는 하나님의 완전한 자녀일 수 없어요. 예배는 이 둘을 한데 엮는 역할을 하는 게 아닐까요?

하나님은 영이시다. 그래서 우리는 영과 진리로 하나님을 예배해야 한다. 하나님은 영적 모험을 권유하는 성령의 속삭임을 따를 예배자를 찾으신다.

몸으로 예배드리는 법을 배우다

10년 전 나는 매달 시편을 통독하기 시작했다. 이 찬양 시들을 읽고 또 읽자니 다윗과 시편 기자들을 통해 계시된 예배가 내가 체험한 예배와는 다르다는 걸 알게 되었다. 다윗은 하나님의 임재를 갈급해했다. 광야에 숨어 지낼 때도 그는 예배하는 무리들 틈에 끼고 싶어서 고통스러워했다. 그의 힘의 근원은 야훼를 예배하는 것이었다. 다윗은 대개 소리 높여, 열광적으로, 몸짓을 사용하여 찬양했다. 절하고 손뼉 치고 두 손 높이 들어 찬양함으로써 예배를 표현했다. 무릎을 꿇고, 엎드리며, 소리 높이 외치고, 춤추었다. 내가 예배드리는 모습과는 딴판이었다.

그리스도인들 중에는 자기 감정을 두려워하는 이들이 있다. 내가 바로 그런 사람이었다. 생각으로는 하나님을 믿고 의지할 수 있었지만 감정으로는 그렇게 하지 못했다. 하지만 시편을 읽고 기도함에 따라 하나님은 내가 몸으로 예배하도록 이끄셨다. 정확히 시편 어느 구절에서 "네가 자유롭게 예배하면, 더 큰 기쁨을 경험하게 될 것"이라는 말씀을 들었는지 짚을 순 없지만, 그 일이 바로 내게 일어났다. 몸으로 자유롭게 예배를 표현하게 되자 나는 더 큰 기쁨으로 충만해졌다.

그렇다고 해서 당신의 예배 방식도 바꿔야 한다는 뜻은 아니다. 다만 내 경험을 나누면서, 당신도 시편을 읽고 자신에게 적합한 예배 방식을 알려 달라고 하나님께 청할 것을 제안할 뿐이다. 하나님의 말씀은 예배자인 우리에게 크나큰 자유를 준다. 우리의 안내자는 전통이 아니라 바로 하나님의 말씀이다. 이 사실을 다음의 이메일만큼 아름답게 설명한 글을 본 적이 없다. 제목은 '조니가 춤추는 걸 보았어요'다.

지난 토요일 밤, '하나님을 갈망하라' 집회에서 조니 에릭슨 타다의 강연을 듣는 영광을 누렸습니다. 알다시피 조니는 38년 전 다이빙 사고로 사지가 마비된 사람이지요. 조니의 메시지도 훌륭하고 설득력이 있었지만, 예배가 시작되면서 그 어떤 메시지보다 더 인상적인 광경을 보았습니다. 조니가 춤을 추었습니다.

조니는 경주장을 달리는 카레이싱 선수처럼 능숙하게 휠체어를 조종했습니다. 음악이 시작되자마자 '춤'을 추기 시작했지요. 사지마비 환자의 능력 안에서 최선을 다해 춤을 추었습니다. 조니는 손과 어깨를 충분히 움직일 수 있고 힘도 있었기 때문에 휠체어 제어장치를 잡을 수 있었고, 다른 사람 도움 없이도 이동할 수 있었습니다. 갑자기 휠체어가 음악에 맞춰 움직이기 시작했습니다. 앞으로 나왔다가 뒤로 가고, 다시 앞으로 나왔다가 뒤로 갔지요. 부드럽게, 그러나 분명한 열정으로, 그녀는 오른쪽으로 돌았다가 왼쪽으로, 그리고 다시 오른쪽으로 돌았습니다.

그렇게 앞으로 갔다 뒤로 갔다, 오른쪽으로 갔다 왼쪽으로 갔다 하더니 갑자기 뱅뱅 돌기 시작했습니다. 물론 팔다리를 쓸 수 없는 사람이 맴돌 수 있는 만큼이었지요. 처음에는 시계 방향으로, 다음엔 시계 반대 방향으로. 이따금씩 움직임이 중단되는 건 뒤틀린 두 손을, 마비 상태에서 허락되는 한 가장 높이 들어 올리기 위해서였지요. 그다지 높이 들지는 못했지만 그게 대수겠습니까!

그런 조니를 보면서 나는 왜 시체마냥 뻣뻣이 서 있을 때가 많은지 자문하지 않을 수 없었습니다. 나는 몸으로 하나님을 찬미하고 높일 수 있는 영광스러운 선물과 특권을 갖고 있는데…무릎을 꿇을 수도 있고, 하늘을 향해 손을 들 수도 있고, 엎드릴 수도 있고, 손뼉을 칠 수도 있고, 물론 오른쪽 왼쪽으로 왔다 갔다 하는 춤을 출 수도 있는데 말이지요.

조니에 대해, 조니가 섬기는 하나님에 대해 생각하며 집으로 돌아왔습니다. 하나님은 도대체 어떤 분이기에 인간의 관점에서 볼 때 그분을 미워

할 이유밖에 없는 사람에게 그런 자유와 기쁨을 주실 수 있는 걸까요? 하나님은 도대체 어떤 특질과 성품과 속성과 아름다움과 영광을 지닌 분이기에 지난 38년 동안 휠체어에 앉아 살 수밖에 없었던 한 여인이 찬양과 감사를 돌리며 그 앞에서 '춤'을 추기에 합당한 분으로 여길 수 있단 말인가요? 와! 하나님은 바로 그런 분입니다!

나의 예배 방식에 영향을 끼친 세 가지 사실을 살펴보았으니, 이제 예수님이 설명하신 예배를 드리는 데 도움이 될 만한 실제적인 방법을 몇 가지 소개하겠다.

어떻게 실천할 것인가

1. 때론 상상력이 필요하다

그리스도인들 중에는 예배드릴 때나 기도할 때 상상력을 활용하는 것에 이의를 제기하는 이들이 있다. 하지만 『나의 발을 사슴과 같게 하사』(Hinds' Feet on High Places)를 쓴 한나 허나드(Hannah Hurnard)의 생각은 다르다.

> 상상력이 지닌 가장 고상하고 영광스러우며 복된 기능은 눈에 보이지 않는 천상의 일들을 눈앞의 현실로 만들어 주는 것이다.…경건의 시간을 가

질 때마다, 기도할 때마다 나는 주 예수님께서 친히 내 가까이 임재해 계신다고 상상하며, 얼굴을 맞대고 이야기하듯 그분과 이야기 나누는 상상을 한다. 그러면 자연스럽고 소박하게 예수님과 대화하기가 수월해진다. 정말 그분을 만나게 되는 날에도 아마 그렇게 할 것 같다.[8]

한나 허나드와 마찬가지로 나도 상상력이라는 선물을 주신 것에 대해 하나님께 감사드린다. 하나님 앞에 경배할 때 흔히 나는 높이 들린 보좌에 앉아 계신 하나님을 상상한다. 내 친구들 중에도 예배 때 상상력을 활용하는 이들이 있다. 무릎 꿇고 예배드릴 때 하나님의 보좌 아래에 자신이 무릎 꿇고 있는 모습을 그려 본다든지, 동산에서 주님 앞에 엎드려 그분의 발을 붙들고 있는 자기 모습을 상상한다든지, 목자 되신 주님의 품에 안긴 어린 양을 떠올려 보는 것이다. 그리스도를 왕이요 유다의 사자로 상상해 보는 친구도 있다.

2. 나만의 예배 공간을 찾으라

예수님은 "너는 기도할 때에 네 골방에 들어가 문을 닫고 은밀한 중에 계신 네 아버지께 기도하라 은밀한 중에 보시는 네 아버지께서 갚으시리라"(마 6:6)고 가르치셨다. 이 같은 원칙이 예배에도 적용된다. 당신의 '골방'이 어디든 그곳에서 날마다 주님을 만나 둘만의 교제를 나누라.

내 마음에 예배 처소로 느껴지는 몇 군데가 있다. 우리 집 뒤편 바위에 숨겨진 기도 의자에 올라갈 때 내 마음은 예배하고 기도할 준비를 갖춘다. 왜인가? 그 기도 의자에 앉을 때마다 기도하고 예배하기 때문이다. 거룩한 하이킹 때도 마찬가지다. 그 오솔길에 아예 '예배'라고 쓰여 있는 것 같다. 그 길을 갈 때마다 예배를 드리기 때문이다. 서재에 있는 소파를 볼 때도 예배가 떠오른다. 한밤중에 그 소파에서 무릎을 꿇기 때문이다. 이 소파는 예배 중에 흘리는 고뇌의 눈물뿐 아니라 말로 다할 수 없는 기쁨의 눈물과 관련된 이야기를 들려준다. 이 소파는 하나님을 만나는 나의 피난처다.

한 젊은 엄마는 자신만의 예배 처소는 집에 있는 큰 벽장이라고 했다. 예배 음악이 흘러나오는 이어폰을 꽂고 그 벽장 속으로 숨어들어 가 무릎을 꿇는 것이다. 또 어떤 여성은 아이들이 쿵쿵거리는 소리를 피해 창고로 뛰어들어 가 상자들 사이에 앉아 예배를 드린다고 한다. 벽장이나 다용도실도 성소가 될 수 있다.

갈 때마다 예배가 떠오르는 당신만의 특별한 공간이 있는가? 그곳이 어디인지 하나님께 묻고 당장 찾아보라. 하나님은 분명히 그런 곳을 예비해 두셨다.

3. 영혼을 일깨우는 음악을 들으며 예배를 드리라

시편은 하나님을 찬양하는 노래를 부르라고 예배자들에게 권한다. "할렐루야 내 영혼아 여호와를 찬양하라 나의 생전에 여호와를 찬양하며 나의 평생에 내 하나님을 찬송하리로다"(146:1-2). 시편 150편은 호흡 있는 이들은 모두 주님을 찬양하라고 말한다. 크고 생동감 있는 음악, 나팔 소리와 제금 울리는 소리가 들려오지 않는가?

음악은 일상을 차단하고 나를 천상으로 들어 올리는 최고의 도구다. 다윗은 수금을 챙겨 가지고 다녔다. 강연 차 여행을 떠날 때 내가 짐 가방 속에 가장 먼저 챙겨 넣는 것은 아이팟과 작은 스피커다. 어느 곳에 묵든 나는 그곳을 예배하는 성소로 바꾼다. 예배 음악을 틀어 놓고 무릎을 꿇고 앉아 마음을 잠잠히 한다. 노래 가사로 주님께 경배드린다. 성령님이 이끄시는 곳 어디든지 간다. 경배와 기도가 그 예배에서 흘러나온다. 음악은 하나님의 보좌로 내 영혼을 데려가고, 하나님이 임재하시는 기쁨을 내 마음에 가득 채운다.

하나님은 우리 영혼을 일깨워 그분의 임재로 들어가게 해주는 현대의 시편 기자들을 우리에게 허락하셨다. 하지만 어느 한 곡이 모든 이들의 마음에 똑같이 감동을 주지는 않을 것이다. 특별히 자기 영혼에 울림을 주는 곡을 찾아보라.

예배란 한마디로, 놀랄 만큼 멋진 우리 하나님에 대한 모든 것이다. 이제 당신도 보다 다양한 예배를 경험하려는 소원을 품게 되었기를 기도한다. 당신만의 예배로 하나님 앞에 무릎을 꿇고 "거룩하다, 거룩하다, 거룩하다!"고 선포할 수 있게 되기를 바란다.

다음 장에서는 삶으로 드리는 예배, 즉 내 삶 자체를 하나님 앞에 내려놓고 거룩하고 거룩하고 거룩한 삶을 사는 것에 대해 살펴볼 것이다.

2부
예배를 행하라

5장
나의 삶을 드립니다

오라 우리가 굽혀 경배하며
여호와 앞에 우리의 삶을 예배로 드리자.
_ 시편 95:6, 저자 의역

여기 사도 바울이 있다. 그는 피곤하다. 손도 아프다. 간밤에 하나님의 영광스러운 자비에 대해 날이 새도록 글을 쓴 터다. 언젠가 로마서의 첫 열 개 장이 될 그 글을 다시 읽어 보면서 그는 하나님에 대한 사랑으로 가슴이 벅차올랐다. 깃털 펜을 탁자에 내려놓고 주님 앞에 고개를 숙이고 낮은 목소리로 짧게 탄식한다. "오!"

그냥 "오!"였다. 이 짧은 한마디는 아주 많은 것을 선포한다. 거룩하신 분을 우리가 실제로 뵐 때, 다른 말은 필요 없다. 인간의 어떤 언어로도 하나님의 엄위를 선포할 수 없기 때문이다. 그냥 "오" 한마디면 족하다.

(오,) 깊도다 하나님의 지혜와 지식의 풍성함이여,

그의 판단은 헤아리지 못할 것이며 그의 길은 찾지 못할 것이로다
누가 주의 마음을 알았느냐 누가 그의 모사가 되었느냐
누가 주께 먼저 드려서 갚으심을 받겠느냐
이는 만물이 주에게서 나오고 주로 말미암고 주에게로 돌아감이라
그에게 영광이 세세에 있을지어다 아멘(롬 11:33-36).

성경을 펼쳐서 찾아보라. '오!'라는 감탄사가 보이는가?(영어성경에서 33절은 '오!'라는 감탄사로 시작된다—편집자) 바울은 하나님의 존재에 그저 '오!' 하고 탄복할 뿐이다. 그분의 풍성한 지혜. 넋 놓게 만드는 지식. 우리와는 완전히 다른 그분. 인간이 되신 하나님은 어떤 말로도 설명이 불가능하고 어떤 지식으로도 다 이해할 수 없다.

바울이 할 수 있는 일이란 그저 그 앞에 몸을 굽혀 경배하는 것뿐이다. 하나님 앞에 경배하는 것은 만물이 그분에게서 비롯되었고, 그분이 주신 바 되었기 때문이다. 하나님은 생명 자체이고, 생명이 곧 하나님이다.

바울이 천천히 일어서서 하늘을 향해 두 손을 들고 "그에게 영광이 세세에 있을지어다, 아멘"이라고 선포하는 광경이 눈에 선하다. 그는 자신만의 언어로 이렇게 노래한다. "하나님, 당신은 얼마나 크신 분인지요!" 그리고 깃털 펜을 다시 집어 들고 생각에 잠긴다. "예수 그리스도가 만물을 주셨는데 무엇으로 보답할 수 있을까? 내겐 드릴 만한 것이 없

는데. 내가 세상 모든 재물을 가졌다 해도 그분에게 드리기엔 충분치 않을 테고, 내 모든 은사와 섬김과 시간을 바친다 해도 충분치 않을 텐데. 그럼 무엇을 드릴 수 있을까?"

그때 바울은 눈이 열려 보기 시작한다. "아…내 삶, 바로 그거야. 내 삶을 드리면 되겠구나. 모든 것을 예배로 그분 앞에 드려야겠어. 좋아, 바로 그거야!" 그러면서 다시 글을 쓰기 시작할 때 그의 펜 끝에서 신약성경에서 가장 많이 인용되는 구절 하나가 탄생한다.

그러므로 형제들아 내가 하나님의 모든 자비하심으로 너희를 권하노니 너희 몸을 하나님이 기뻐하시는 거룩한 산 제물로 드리라 이는 너희가 드릴 영적 예배니라(롬 12:1).

메시지 성경은 이 구절을 이렇게 멋지게 번역해 놓았다. "그러므로 나는 이제 여러분이 이렇게 살기를 바랍니다. 하나님께서 여러분을 도우실 것입니다. 여러분의 매일의 삶, 일상의 삶-자고 먹고 일하고 노는 모든 삶-을 하나님께 헌물로 드리십시오." 바울이 "하나님께 바칠 게 있어! 바로 내 삶이야"라고 외치는 것 같지 않은가?

내 어드림의 기쁨을 발견하다

하나님께 자기 삶을 내어드리는 것은 아주 사적인 일이다. 그래서 이제, 중요한 한 가지를 요구할 작정이다. 지금 당신 앞에 커다란 '정지' 신호가 보이는 광경을 상상해 보라. 그것은 잠시 멈추어 자기 삶에 대해 깊이 살피고, 듣고, 생각해 보라는 신호다. 왜 사람들은 자기 삶에 대해 생각해 보지 않는 것일까? 진정으로 말이다. 어떤 여성이 적절히 표현한 것처럼 "내 삶에 대해 생각해 보기엔 오늘 할 일이 너무 많기" 때문인가? 그래도 생각해 봐야 한다. 시편 39편에서 말하다시피 인생은 짧다.

여호와여 나의 종말과 연한이 언제까지인지 알게 하사
내가 나의 연약함을 알게 하소서
주께서 나의 날을 한 뼘 길이만큼 되게 하시매
나의 일생이 주 앞에는 없는 것 같사오니
그가 든든히 서 있는 때에도 진실로 모두가 허사뿐이니이다(4-5절).

잠시 멈춰 생각해 보라. 자기 인생에 대해 깊이 생각해 본 게 도대체 언제인가? B.C.(아이들이 태어나기 전, Before Children)였나 B.J.(직장에 다니기 전, Before Job)였나? 독일 철학자 괴테는 "가장 중요한 일이 가장 하찮은 일에 좌우되어서는 안 된다"고 말했다. 당신에게 가장 중요한 일은 무엇인가? 지금까지 많은 질문들을 던졌지만, 이제 대단히 중요한 질문을 하나 하겠다.

당신의 삶을 하나님께 100퍼센트 드렸는가?

솔직하게 대답하기 바란다. 나는 지금 "예수님이 당신의 구주이신가?"라고 묻는 게 아니다. 그것은 전혀 다른 질문이다. 당신은 그리스도인이요 그분과 함께 영원히 살 것을 믿는 사람이면서도 자신을 하나님께 전적으로 드리지 않은 사람일 수도 있다. 로레인의 경우가 바로 그러했다. 그녀의 말을 직접 들어 보자.

> 그 당시 난 그리스도인이 된 지 15년째였고, 하나님과 가끔씩 달콤하고도 깊은 교제를 누리고 있었어요. 그런 중에도 불안감 같은 게 내 삶 깊숙이 스며들 때가 많다는 걸 부인할 수 없었죠. 도저히 이해할 수 없었어요. 예수님은 모든 지식을 능가하는 평강을 주겠다고 약속하셨는데 왜 내게는 그 평강이 없었던 걸까요?
>
> 하나님은 두 가지 사건을 통해 그 답을 알려 주셨어요. 첫 번째 사건은 어느 날 아침 성경을 읽고 있을 때 일어났어요. 요한복음 14장 9절에서 예수님은 빌립과 더불어 논쟁을 벌이시는데, 이때 빌립이 다소 어리석은 말을 하지요. 예수님은 이렇게 응답하셨어요. "내가 이렇게 오래 너희와 함께

있으되 네가 나를 알지 못하느냐?" 이 구절은 예수님이 "로레인, 너는 그렇게 오랫동안 나와 동행하고선 아직도 나를 모르느냐?"라고 묻는 것처럼 제 마음을 찔렀지요. 물론 나는 예수님에 대해 많은 걸 알고 있었어요. 하지만 정말, 정말로 예수님을 알았던 것일까요? 예수님과 나의 관계에는 뭔가가 빠져 있었어요.

몇 주 뒤, 어떤 책을 읽고 있었는데 저자가 이렇게 묻더군요. "당신은 주님께 100퍼센트 헌신했는가?" 나만큼 교회에 오래 다녔고 오랫동안 말씀에 전념해 온 사람이라면 주님께 100퍼센트 헌신한 게 확실하지 않나요? 그래서 나는 그 질문을 그냥 넘기려고 했어요.

하지만 성령님께서 붙들고 놓아 주시지 않는 바람에 더 이상 진도를 나갈 수가 없었죠. 그 질문이 자꾸 내 영혼에 울려 퍼졌어요. "너는 주님께 100퍼센트 헌신하고 있느냐?" 나는 책을 한쪽으로 밀어 놓고 가능한 솔직하게 그 질문에 대답할 수밖에 없었어요. "네, 예수님, 당신은 나의 주님이십니다.…거의요. 당신은 98퍼센트 나의 주님이십니다."

난 그분께 98퍼센트 정도는 헌신했지만, 살짝 유보하고 있는 부분이 있었어요. 그 부분은 하나님께서 뭔가 너무 힘든 일을 요구하실 경우 빠져나가기 위한 구실 같은 거였죠. 예를 들어 암을 견뎌 내라고 하신다든지, 가진 걸 모두 팔아 에이즈가 창궐하는 지역으로 이사 가서 복음을 전하라고 하신다든지 하는 경우 말이죠. 하나님께서 그런 걸 요구하실 경우 "싫어요"라고 말할 수 있는 것은, 나의 나머지 2퍼센트 상자 안에 그 대답이 들어 있기 때문이었죠.

그 상자에는 나의 가장 극심한 두려움과 의심, 하나님께서 만족스럽게 대답해 주시지 않은 의문 등이 담겨 있었어요. 이를테면 "사랑의 하나님이라면 왜 제가 겨우 일곱 살이었을 때 제 아버지를 데려가신 거죠? 당신이 그렇게 힘 있는 분이라면 왜 제 사촌이 자살하는 걸 막지 못하신 거죠? 그리고 친구가 기적적으로 임신했을 때 우리가 그렇게 기쁘게 당신을 찬양했는데 왜 아이가 사산된 거죠?" 등과 같은 의문 말이에요.

그 자그마한 상자 안에 내가 얼마나 많은 두려움과 분노를 쑤셔 넣어 두었는지 알게 되는 게 무서웠어요. 그래서 고집스럽게 주장했어요. "하나님, 저는 당신을 섬깁니다. 당신께 기도도 합니다. 당신을 사랑하고 따르기 위해 최선을 다합니다. 그러면 충분하지 않나요? 모든 걸 드려야 하나요? 두려움과 의심, 그리고 풀리지 않는 의문까지 모두요?" 그 즉시 한 가지 생각이 떠올랐습니다. '나는 너를 위해 모든 것을 주었다.'

난 그 말에 반박할 수 없었어요. 그분은 나를 위해 모든 걸 다 주셨어요. 심지어 자기 생명까지도. 그런데 나는? 즉시 나는 고개를 숙이고 기도했어요. "하나님, 이 2퍼센트를 붙들고 있는 게 넌더리가 납니다. 이것 때문에 제가 비참해집니다. 이것까지 당신께 드리겠습니다, 주님. 제 삶은 이제 주님 것이고, 아무것도 남겨 놓지 않겠습니다. 저를 주님 뜻대로 하세요."

그러자 편안함이 물밀듯 밀려왔어요. 내 모든 불안이 그 2퍼센트 상자 안에 담겨 있었는데…이제 그 상자가 사라진 거죠. 오, 하나님께 온전히 순복할 때 찾아온 달콤한 평안, 하나님과의 씨름에서 해방된 그 기쁨! 오늘까지 나는 내 삶을 온전히 그분께 내어드린 것을 단 한 번도 후회한 적이 없어요.

로레인은 모든 것을 주님께 내어드리는 기쁨을 발견했다. 월터 윌슨(Walter Wilson) 박사도 마찬가지였다.

한 선교사가 이 자애로운 의사이자 목회자에게 물었다. "목사님에게 성령님은 어떤 분입니까?" 윌슨 박사는 이렇게 대답했다. "성령님은 신격(神格)의 한 위(位)이고…교사이자 안내자이며, 성삼위의 세 번째 위격이시지요."

선교사는 집요하게 또 물었다. "목사님에게 성령님은 어떤 분입니까?"

"솔직하게 말해 성령님은 제게 아무 존재도 아닙니다. 저는 성령과 그 어떤 접촉도 없고, 그 어떤 인격적 관계도 맺지 못하고 있습니다. 성령 없이도 아주 잘 지내고 있고요." 자기 입으로 그런 말을 한다는 게 매우 슬펐지만 그건 사실이었다.

이때 선교사가 한 말에 윌슨 박사는 두려움에 빠졌다. "그건 비록 목사님의 수고와 노력이 클지라도 목사님의 삶에 아무 열매가 없기 때문입니다. 성령님을 인격적으로 알기 위해 노력한다면 성령님께서 목사님의 삶을 변화시켜 주실 것입니다."

성령님을 인격적으로 안다는 게 무슨 뜻인지 깨달으려 애쓰던 중, 월슨 박사는 한 성공회 사제가 로마서 12장 1절 말씀을 주제로 전하는 메시지를 들었다. 그것은 사람이 어떻게 자기 몸을 산 제물로 드리는지, 그리고 이 제사가 어떻게 예배 행위가 되는지에 관한 설교였다. 사제는 이렇게 말했다.

여러분들도 눈치채셨는지 모르지만, 이 구절은 우리 몸을 누구에게 드려야 하는지 말하고 있지 않습니다. 몸을 바치라고 우리에게 요구하시는 분은 주 예수님이 아닙니다. 예수님에게는 예수님의 몸이 있습니다. 이걸 요구하시는 분은 성부 하나님도 아닙니다. 하나님은 그분의 보좌에 머물러 계십니다. 예수님도 하나님도 아닌 다른 분이 몸 없이 이 세상에 오셨습니다.
 하나님은 예수님에게 몸을 마련해 주신 것처럼 그분에게도 몸을 만들어 주실 수 있었습니다. 하지만 그렇게 하지 않으셨습니다. 하나님은 여러분의 몸을 성령님께 드릴 수 있는 특권과 영광을 주십니다. 성령님이 우리 몸을 이 세상에서 자기 처소로 삼으실 수 있도록 말입니다.[1]

윌슨 박사는 집으로 돌아가 서재 바닥에 무릎을 꿇고 하나님의 임재 앞에 엎드렸다. 그는 성령님께 자신을 내어드리겠다고 기도했다.

주님, 그리스도인으로 살아오는 동안 줄곧 주님을 홀대했습니다. 주님을 종처럼 대했습니다. 필요할 때만 주님을 불렀습니다. 어떤 일을 시작하려고 할 때 주님을 손짓해 불러서 제 일을 도와 달라고 했습니다. 저는 주님을 그저 말 잘 듣는 종으로만 이용하려고 했습니다. 이제 더 이상은 그렇게 하지 않으려 합니다.

제 몸을 주님께 드립니다. 머리에서 발끝까지 모두 주님께 바칩니다. 손, 팔다리, 눈과 입, 머리 등 모든 것을 주님께 드리오니 제 몸 안에서 주님이 원하시는 삶을 사시옵소서. 이 몸을 아프리카로 보내셔도 좋고 암에 걸려 병상에 눕게 하셔도 좋습니다. 눈을 멀게 하셔도 되고 주님의 메시지를 손에 들려 티베트로 보내셔도 됩니다. 이 몸을 에스키모인들에게 데려가셔도 좋고, 폐렴에 걸리게 하여 병원으로 보내셔도 좋습니다. 이제부터 이 몸은 주님의 몸입니다. 주님 뜻대로 하옵소서.

감사합니다, 나의 주님. 주님이 이 몸을 받으신 걸로 믿습니다. 로마서 12장 1절에서 이 몸을 "하나님이 기뻐하"신다고 하셨으니 말입니다. 저를 받아주심을 다시 한 번 감사드립니다. 주님과 저는 이제 서로에게 속해 있습니다.[2]

월터 윌슨 박사는 내어드림의 기쁨을 발견했다. F. B. 메이어(Meyer)도 마찬가지였다.

F. B. 메이어는 주님께 크게 쓰임받은 사람이었다. 내가 가장 좋아하는 책들 중에도 그의 저서가 몇 권 있다. 그는 영국의 유명 운동선수인 C. T. 스터드(Studd)가 왜 스포츠계를 떠나 중국내지선교회 소속 선교

사로 중국에 가게 되었는지 설명하는 간증을 들었다. 스터드의 유명한 선언 "예수 그리스도가 하나님이고 나를 위해 죽으셨다면, 그분을 위해 내가 어떤 희생을 한다 해도 결코 대단하다고 할 수 없을 것"이라는 말이 메이어의 가슴을 파고들었다.

F. B. 메이어는 C. T. 스터드를 찾아가 말했다. "당신에게는 제게 없는 뭔가가 있는 게 분명합니다. 저는 그게 필요합니다. 그게 뭘까요?"

"모든 걸 예수 그리스도께 드렸습니까?" C. T. 스터드가 물었다.

F. B. 메이어는 잠시 생각하더니 이렇게 대답했다. "네, 드렸습니다." 하지만 그의 내면에서 이런 음성이 나직히 들려오고 있었다. "아니야, 넌 다 드리지 않았어."

이 대화 후에 F. B. 메이어의 심중은 매우 복잡해졌다. 일단 집으로 돌아온 그는 무릎을 꿇고 기도하기 시작했다. 기도하는 중에 주님께서 찾아와 이렇게 말씀하시는 것 같았다. "메이어, 나는 네 마음을 열 수 있는 모든 열쇠를 원한다."

"모든 열쇠라고요?"

"그렇다, 메이어. 나는 모든 열쇠를 원한다."

메이어는 열쇠고리를 가져와서 주님께 넘겨드렸다. 하지만 주님을 속일 수는 없는 법, 그 고리에는 열쇠 하나가 빠져 있었다. 주님은 열쇠의 개수를 세어 보고 이렇게 말씀하시는 것 같았다. "열쇠 하나가 빠졌구나. 모든 것의 주인이 아니라면 나는 그 무엇의 주인도 아니다." 주님은 그렇게 말씀하시고 방을 나가셨다.

"주님, 가지 마세요! 왜 가시는 겁니까?"

"모든 것의 주인이 아니라면 나는 그 무엇의 주인도 아니다."

"하지만 주님, 그건 아주 작은 열쇠에 지나지 않아요. 제 마음속의 아주 작은 열쇠라고요."

"모든 것의 주인이 아니라면 나는 그 무엇의 주인도 아니다."

절망에 빠진 F. B. 메이어는 마지막 열쇠까지 주님께 바쳤다. 이 일은 그에게 닥친 인생의 위기였다. 그는 제단 하나를 쌓고 자신을 그 위에 놓았다. 그는 모든 열쇠를 다 바쳐야 했다.[3]

어떻게 실천할 것인가

로레인이 어떻게 마지막 2퍼센트를 포기했는지, 윌슨 박사가 어떻게 성령님께 무릎을 꿇었는지, F. B. 메이어가 어떻게 자기 인생의 모든 열쇠를 주님께 드렸는지 살펴보았다. 당신은 어떤가? 이제 하나님은 당신도 자기 삶에 대해 생각하기를 바라신다. 당신은 하나님께 모든 열쇠를 드렸는가? 나이가 몇 살이든, 그리스도인이 된 지 몇 년째이든 그건 중요하지 않다. 로레인이 마지막 2퍼센트를 드린 게 서른두 살 때였다. 어떤 사람들은 40대, 50대, 심지어 내 또래가 되어서 자기 삶을 드린 경우도 있다.

자신이 하나님께 100퍼센트 헌신하고 있는지, 기도하는 심정으로 곰

곰이 따져 보면서 다음 기도문을 읽기 바란다.[4]

주 예수님, 당신께 드립니다.

나의 전 존재

내가 가진 모든 것을

내가 행하는 모든 일을

내가 당하는 모든 고통을

당신께 드립니다.

이제와 영원히.

종이를 한 장 가져와 아래와 같은 표를 만들라. 자신의 전 존재, 자신의 모든 소유, 자신의 모든 행동, 자신의 모든 고통에 대해 깊이 생각해 보는 데 도움이 될 것이다. 각 항목에 무엇을 적어 넣든, 그것들은 모두 하나님 앞에 산 제사로 드려야 할 것들이다.

나의 전 존재	나의 모든 소유물	나의 모든 행동	나의 모든 고통

이번 주 중에 오직 주님과 함께 이 목록에 대해 생각하고 기도하는 시간을 가지라. 목록을 다 작성한 다음, 하나님께 이렇게 말씀드리라. "주님, 제게 말씀하시고 저를 인도하소서. 제 '삶'이 진실로 어떤 상태인지 알아야 합니다. 그래야 주님께서 주님의 제단에 무얼 올려놓기를 요구하시는지 알 수 있기 때문입니다."

기억하라. 하나님 아버지는 당신을 깊이 사랑하신다. 그분은 당신이 자신을, 즉 당신이 받는 유혹, 당신의 기질, 당신의 기분과 감정, 당신의 모든 내적·외적 경험 등을 보호하고 지켜 주시는 하나님의 손길 아래 넘기길 원하신다. 하나님은 당신이 그 모든 것을 하나님 앞에 내려놓기를 바라신다.

하나님은 당신을 만드셨고, 영원한 사랑으로 사랑하신다. 하나님은 당신을 잘 아시며, 당신이 하나님을 믿고 의지하며 자신을 100퍼센트 하나님께 내어드리기를 기다리신다. 윌슨 박사나 로레인처럼 내어드림의 기도를 드려도 좋다. 아니면 새찬송가 213장 '나의 생명 드리니'와 같은 찬송으로 기도해도 좋다. 아니면 이렇게 기도할 수도 있다. "주님, 제가 여기 있습니다. 저를 주님께 드립니다. 제 삶을 스스로 어떻게 해보려고, 제가 옳다고 생각하는 대로 만들어 보려고 애썼지만, 비참하게도 실패하고 말았습니다. 이제 모든 걸 주님께 맡깁니다. 저의 전 존재, 제가 가진 모든 것, 제가 행하는 모든 일, 제가 당하는 모든 아픔을 다 드립니다. 온전히 저를 주장하소서. 주님이 원하시는 모습으로 저를 빚으소서."

나의 생명 드리니

나의 생명 드리니 거룩하게 하시고
삶의 모든 순간이 찬양되게 하소서.
나의 손을 드리니 주님 사랑 인도하심 따르며
나의 발을 드리니 주 위해 민첩하게 하소서.
나의 음성 드리니 나의 왕만 노래하게 하소서.
나의 입술 드리니 주 말씀 가득하게 하소서.
나의 재물 주 앞에 아낌없이 드립니다.
내 힘과 지식도 드리니 주 뜻대로 쓰소서.
나의 뜻을 드리니 주 뜻 되게 하시고
나의 마음 드리니 주 보좌 삼으소서.
내 안에 귀한 사랑 주 발 앞에 드리니
나를 받으소서. 언제까지나 주께 드려지길 원합니다.
_ 프란시스 R. 해버걸(Frances R. Havergal)

일단 자기 삶을 100퍼센트 주님께 바치고 나면 그때부터 흥미진진한 삶이 시작된다. 로레인이나 윌슨 박사, F. B. 메이어처럼 당신도 하나님이 창조하실 때 의도하셨던 모습 그대로 빚어져 가는 엄청난 모험에 합류하게 된다. 새롭게 빚어져 가는 당신의 모습은 당신이 하나님께 드리는 선물이다. 정말 경이로운 사실 아닌가?

이 사실에 사도 바울도 감격했다. 그는 자신도 하나님께 드릴 게 있다는 사실을 깨닫고 크게 기뻐했다. 바로 자신의 삶 말이다. 하나님께 자기 삶을 제물로 드리기로 결단했을 때 그는 하나의 예배로 자기 삶 전체를 하나님께 바쳤다. 그런 다음 하나님께 순종하여 날마다 예배를 실천했다. 우리 또한 이렇게 우리 아버지에 대한 사랑을 증거할 수 있다.

순종이 사랑을 나타낸다

사랑을 주제로 하는 성경 말씀들은 대개 순종으로 결론을 맺는다. 예수님이 제자들과의 마지막 식사 때 하신 말씀도 마찬가지다. 예수님이 그날 하신 말씀에 귀 기울여 보자.

- "나의 계명을 지키는 자라야 나를 사랑하는 자니."
- "사람이 나를 사랑하면 내 말을 지키리니."
- "나를 사랑하지 아니하는 자는 내 말을 지키지 아니하나니."
- "내가 아버지의 계명을 지켜 그의 사랑 안에 거하는 것같이 너희도 내 계명을 지키면 내 사랑 안에 거하리라"(요 14:21, 23, 24, 15:10).

이 말씀은 순종이 하나님과 맺은 사랑의 관계에서 흘러나온다는 사실을 아름답게 묘사하고 있다. 이러한 순종이 놀라운 것은, 지극히 관계 중심적인 순종이기 때문이다. 예수님의 가르침에서 '순종'은 관계를 나타내는 용어다. 순종은 인격적인 관계에서 비롯되며, 오직 사랑이 동기가 된다.[5] 순종은 하나님에 대한 사랑의 화답이다. 내가 하나님께 순종하기를 바라는 것은 하나님을 사랑하기 때문이다.

삶으로 드리는 예배를 실천하면서 나는 아버지 품 안에 있는 젖먹이 아기에게서 볼 수 있는 깊은 내적 순종에 대해서 알아 가고 있다. 나는 그분께 예배하고 그분의 무릎으로 기어 올라가 그분의 가슴에 기대어 심장 박동 소리를 듣는다. 나는 그분께 꼭 붙어 있고 싶다. 내 삶을 그분께 순복시키고 싶다. 나는 모든 규칙, 모든 행위, 무엇 무엇을 반드시 해야 한다는 고정관념을 초월해 내가 사랑하는 분을 기쁘시게 해드리고 싶다.

순종할 때 나는 하나님과 그분의 임재를 경험하며 더 많은 지식을 알아 가기에 기쁨으로 충만해진다. 알다시피 깊이 사랑하는 사람이 옆에 있으면 그 존재만으로도 기분이 들뜨고 눈부신 평안함과 행복감에 싸인다. 그러므로 하나님을 지극히 사랑하는 사람은 하나님의 임재를 의식하고 공중에 뜬 듯한 황홀한 기쁨에 잠긴다. A. W. 토저가 지적한 것처럼, "그리스도와의 의식적 교제는 믿음, 사랑, 순종으로 이루어진다."[6]

물론 내가 사랑한다고 말씀드릴 때 주님은 기뻐하신다. 하지만 주님은 그 말에 진정성이 있다면 하나님의 명령에 순종함으로써 그 사랑을 구현해 보여야 한다는 점을 분명히 하셨다. 사랑을 바탕으로 하는 순종은 의무적인 순종과 크게 다르다. 서글픈 것은, '순종'하면 먼저 '의무'를 떠올리는 사람들이 많다는 것이다. '순종하다'(obey)라고 번역된 헬라어는 '휴파코에'(hupakoe)다. 이 말은 '밑에서'라는 뜻을 지닌 '휴포'(hupo)와 '듣다'라는 뜻을 지닌 '아코우오'(akouo)라는 말이 합쳐진 아주 재미있는 단어다.7 그러므로 예수님께 순종함으로써 그분에 대한 사랑을 나타내 보이고자 한다면, '밑에서 듣는다'는 게 무엇을 말하는지 그 의미를 실천하는 삶을 살아야 한다.

내 머리 위로 안전하게 매달려 있는 커다랗고 평평한 바위를 상상하면 사랑의 순종을 실천하는 법을 깨닫는 데 도움이 된다. 바위 아랫면은 빛으로 가득하다. 위를 올려다보면 머리 위로 빛이 천장처럼 펼쳐져 있다. 바위 윗면에는 하나님이 앉아 계신다. 그리고 밑에 있는 나를 부르신다. 하나님은 아래로 몸을 숙여 나를 안심시키고 지도하고 가르침을 주신다.

나는 '밑에서 듣는다.' 그분의 사랑, 그분의 보호하심, 그분의 권위 밑에서 말이다. 나는 하나님이 그 바위 밑에 나를 위해 예비해 두신 모든 것을 누리면서 아무 거리낌 없이 활동하며 살아갈 수도 있고, 반면에 빛을 떠나 바위 가장자리로 다니며 어둠의 그늘 속으로 들어가는 선택을 할 수도 있다. 나는 어둠 속에서 살며 행할 수도 있지만, 그렇게 하는 건 더 이상 하나님 밑에 있는 게 아니다. 어둠의 권세자 사탄 밑에 있는 것이다. 회색 지대는 없다. 하나님의 말씀을 빛이신 그분 밑에서 들으며 순종하든지, 아니면 불순종의 어둠 가운데 있든지 둘 중 하나다. '밑에서 듣는' 순종으로 내 사랑을 증명하고자 한다면 바위 밑의 영역, 빛에 감싸여 있는 영역, 나를 부르시는 분 밑에 머물러야 한다.

순종하는 상태에서는 하나님이 내게 요구하시는 것에 귀 기울인다. 나는 "네"라고 대답한다. 순종한다. 순종에는 순복하는 마음으로 하나님의 말씀에 귀 기울이고 그 말씀과 음성을 따르는 것도 포함된다. 듣는 사람은 그 말씀을 이해할 것이고 순종으로 응답할 것이다. 그러나 할 일 많고 분주하며 광포한 세상에서 우리가 어떻게 '밑에서 듣는' 자세를 유지할 수 있을까? 삶의 모든 영역을 산 제사로 하나님께 바침으로써, 그리고 순종을 통해 예배를 드림으로써 그렇게 할 수 있다.

100퍼센트 내어드릴 때 일어나는 일들

우리 삶을 하나님 앞에 드리고 순종으로 사랑을 증명하면 하나님이 몇 가지 영광스러운 약속을 이루어 주신다.

하나님은 정직한 자와 친하시다
하나님은 그분을 경외하는 이들에게 자신의 비밀을 드러내 보이신다.

여호와의 (달콤하고 만족스러운 교제의) 친밀하심이 그를 경외하는(존경하며 예배하는) 자에게 있음이여 그 언약(과 깊고 내밀한 의미)을 그들에게 보이시리로다(시 25:14).

주님께서 그분의 비밀을 내게 드러내 보이시는 걸 지켜보는 건 크나큰 기쁨이다. 하나님은 그분을 사랑하는 사람들에게 '사랑의 메시지'를 자주 드러내 보여 주신다. 내가 상담했던 여성 중에 트레이시가 있다. 당시 트레이시는 아주 비극적인 상황에 처해 있었다. 그녀를 위해 기도하면서 나는 적어도 두 번 이상 그녀에게 이런 말을 해주었다. "하나님은 당신을 용감하고 담대한 자라고 부르십니다. 그리고 당신의 선택을 아주 기뻐하십니다."

내가 트레이시를 두 번째로 용감하고 담대한 자라고 말했을 때, 트레이시가 기도 중간에 갑자기 내게 말했다. "트레이시라는 이름의 뜻을 아세요?" 그녀가 무슨 말을 하는 건지 알아들을 수 없었던 나는 "아니요"라고 대답했다. 그러자 트레이시는 흐느끼며 자기 이름이 '용감하고 담대하다'는 뜻이라고 알려 주었다. 그리고 지금까지 끔찍한 시련 가운데서도 자기 이름대로 살아가게 해달라고 구체적으로 기도해 왔다고 말했다. 그날, 나를 통해 말씀하시고, 또 상처 입고 아파하는 당신의 딸에게 희망을 부어 주신 거룩한 하나님을 얼마나 찬양했는지 모른다.

또 한번은, 상담하던 한 여성에게 이런 말을 해준 적이 있었다. "타라,

동성애에 빠져 있어요?" 타라는 깜짝 놀란 얼굴로 "어떻게 아셨어요?"라고 답했다. 나는 몰랐지만 하나님은 알고 계셨다고 대답했다. 이 일로 인해 타라는 하나님이 자신을 사랑하시며 일거수일투족을 다 알고 계신다는 걸 알게 되었다. 이에 충격을 받은 그녀는 그날부터 '하나님의 길을 행하는 타라'가 되기로 약속했다.

소중한 여인 타라가 치유의 길로 들어설 수 있도록 하기 위해 내게 비밀을 보여 주신 하나님께 감사의 마음을 금할 수 없었다. 우주를 다스리시는 하나님이 내게 그분의 비밀을 보여 주신다는 것은 얼마나 큰 특권인가! 하나님의 '친한 친구'라 불린다는 건 얼마나 큰 기쁨인가! 그뿐만이 아니다.

하나님이 자신을 계시하신다

"나의 계명을 지키는 자라야 나를 사랑하는 자니 나를 사랑하는 자는 내 아버지께 사랑을 받을 것이요 나도 그를 사랑하여 그에게 나를 나타내리라"(요 14:21). '나타낸다'(disclose)는 말은 '명백하게 하다, 드러내 보이다'는 뜻이다. 확대역 성경에서는 이 구절을 이렇게 옮긴다. "내가 그에게 나를 분명히 보일 것이며 그에게 내가 현실이 되게 하리라."

나는 이 말씀의 진리를 알게 되었다. 예배자로 변해 가면서 예배 가운데 하나님의 임재가 숨겨져 있다는 걸 알고 놀랐다는 말을 앞에서 했는데, 그 후 순종하는 마음이 자라 가면서 하나님의 임재를 체험했고,

하나님의 임재는 나의 기쁨이 되었다(12장에서 이 부분에 대해 좀 더 자세히 살펴보고, 하나님이 내게 구체적으로 어떻게 자신을 계시하시는지 이야기하겠다).

하나님의 임재를 알고 싶은가? 하나님이 그분 자신을 계시해 주시기를 갈망하는가? 그렇다면 하나님의 계명에 순종함으로써 그분에 대한 사랑을 구체화하라. 그러면 하나님이 그분 자신을 당신에게 계시하실 것이다.

우리 삶이 고양된다

우리 삶을 산 제사로 제단에 드리면, 우리는 거룩한 기대(예배 행위)를 품은 채 거룩한 순종의 상태(삶으로 드리는 예배)로 옮겨 가게 된다. 우리가 드리는 예배가 참 예배라면, 그 예배는 거룩한 순종으로 이어지기 마련이다. 주 예수님은 나를 위해 모든 것을 주셨다. 그 보답으로 내 삶을 바치는 것 말고 내가 무엇을 할 수 있겠는가? 내 삶의 모든 영역을 크신 하나님이자 왕 되신 분 앞에 바치는 것 말고 뭐가 또 있겠는가? 나는 예배로 내 삶을 주 앞에 바친다. 그러면 내 삶은 "거룩하다, 거룩하다, 거룩하다!"라고 선포한다.

예배하는 삶을 살 때, 내가 하는 모든 말이 예배요 내가 하는 모든 일이 예배가 된다. 하나님의 시간표 앞에 무릎 꿇을 때마다 나는 예배를 드린다. 고통 중에서 예배드릴 때마다 나는 내 아버지를 높인다. 이런 일들을 할 때, 내 삶을 달리 보기 시작한다. 내 행동 하나하나를 하나님께 영광 돌릴 기회로 보기 때문에 내 삶은 더욱 고귀한 목적을 갖게 된다. 내 행동 하나하나가 모두 예배 행위이기에 내 삶은 아름다워진다.

다음 장에서는 삶의 각 부분들을 어떻게 하나님께 드릴지 알아볼 것이다. 이 부분의 글을 쓰면서 친구 샌디에게 원고를 보내 읽어 달라고 부탁했다. 그러자 이런 답장이 왔다.

새로 나올 책의 원고를 읽으면서 내게도 큰 변화가 생기는 것을 느낍니다. 예수님을 예배할 수 있다는 것, 내 일, 내 계획, 내 말, 내 고통 등 삶의 모든 부분을 그분 앞에 내려놓을 수 있다는 것이야말로 그분을 사모하는 내 마음을 표현하는 길이군요. 전에는 인생을 그런 관점으로 바라보지 못했는데 지금은 그런 삶을 지극히 갈망합니다. 그런 삶은 모든 일에 기쁨을 주지요. 언어 생활에서부터 막다른 곳에 선 것 같은 직장 일에 이르기까지 모든 일에 말입니다.

이 세상에서 내가 어떤 위치에 있는지 아직까지도 확신이 없지만(내 나이가 쉰인데), 여섯 살 때부터 그저 예수님 사랑하기를 원하며 살았습니다.… 그런데 이제는 온 삶으로 그분을 사랑할 수 있게 되었습니다.

이제 한 장을 더 넘겨, 나의 말을 예배로 하나님 앞에 드리는 법에 대해 알아보자.

6장
나의 말을 드립니다

오라 우리가 굽혀 경배하며
여호와 앞에 우리의 말을 예배로 드리자.
_ 시편 95:6, 저자 의역

오래된 공동묘지를 거닐다가 걸음을 멈추어 사랑하는 사람을 추도하는 묘비명을 읽어 본 적이 있는가? 영국의 한 전원 지역에 자리한 공동묘지의 바람 부는 언덕에 올라가면, 칙칙한 회색빛 묘비를 볼 수 있다. 그 기묘한 묘석에는 허리를 굽혀 자세히 들여다보아야 겨우 보이는 묘비명이 새겨져 있다. 그 내용은 아래와 같다.

이 돌과 흙덩어리 밑에 애러벨라 영이 누워 있으니
5월 24일 비로소 입을 다물기 시작했다.[1]

어머니에게 이런 '사랑의 조사'(弔辭)를 남긴다는 게 상상이 되는가? 아내에게는? 친구에게는? 말에 관한 한 우리는 그 어떤 변화도 허락하고 싶어 하지 않는다. 자기 입을 잘 제어한다는 건 정말 힘든 일 가운데 하나다. 팜보는 자기 입을 단속하는 데 49년이 걸렸다.

단순하고 무식한 사람 팜보가 어느 날 철학자 소크라테스를 찾아와 가르침을 청했다. 소크라테스는 팜보에게 시편 39편을 보여 주며 읽어 보라고 했다. 팜보는 "나의 행위를 조심하여 내 혀로 범죄하지 아니하리니"라는 1절 말씀을 읽고는, 먼저 이 말씀에 대해 배우고 오겠다며 책을 덮고 가 버렸다.

몇 달이 흘렀지만, 여전히 팜보는 말을 조심해야 한다는 이 1절 말씀을 붙잡고 씨름하고 있었다. 소크라테스는 이제 다음 구절로 진도를 나가자고 했다. 하지만 팜보는 아직 첫 번째 구절의 교훈을 깨우치지 못했다고 했다. 49년 후에도 그는 똑같은 대답뿐이었다.[2] 팜보는 배운 게 없었을지는 몰라도 지혜 혹은 지각이 없지는 않았다.

하나님은 우리의 말을 보신다

성경 말씀을 펼치면, 말에 관해 내 양심에 찔리는 구절들이 수없이 많이 나온다.

칼로 찌름같이 내 말이 다른 사람을 찌를 수 있거니와(잠 12:18, 저자 의역).

내 말이 죽음을 초래할 수도 있나니(잠 18:21, 저자 의역).

이 구절은 우리의 말이 주변 사람들에게 끼칠 수 있는 정서적, 영적 피해에 대해 말하고 있다. 아내가 아이들 앞에서 남편을 무시하는 말로 남편의 심장을 '찌르면' 그것은 아버지에 대한 아이들의 존경심을 죽이는 행위이고, 엄마가 아이를 비꼬고 비판하는 말을 하면 그것은 아이의 기쁨을 죽이는 행위다. 이 구절에는 또 다른 정경도 묘사되어 있다.

경솔한 말은 검처럼 찌르거니와 지혜로운 자의 혀는 *치유*에 이르게 하느니라(잠 12:18, NIV, 이탤릭은 저자 강조).

죽고 사는 것이 혀의 힘에 달렸나니(잠 18:21).

이 얼마나 대조적인가? 상처 대 치유, 죽음 대 생명. 두 구절 모두 후반절에서부터 희망의 기미가 느껴진다. 우리의 말은 생명을 주는 지혜와 격려와 축복이라는 치유제로 충만할 수 있다. 우리가 말로 하나님을 찬미하고 이웃을 축복할 때, 그 말은 아버지께 드리는 예배의 달콤한 향기가 된다.

다나는 한 남자의 아내이자 아이들의 어머니로서 생명과 치유를 주는 말을 하고 싶었지만 뜻대로 되지 않을 때가 많았다. 그녀는 자기 입에서 나온 말들로 인해 자신을 책망할 때가 많았다. 다나는 좀 더 잘해 보려고 애를 썼다. 잘 해보자고, 잘 해보자고 여러 번 결단했지만 아무 소용이 없었다. 남편을 향해 자꾸 분노에 찬 말, 비꼬는 말, 상냥하지 못한 말이 쏟아져 나왔다.

제가 말을 험하게 한다는 건 알고 있었어요. 하지만 제어가 안 됐지요. 성경 공부를 하며 회개하고 말의 영향력에 대한 책도 읽어 봤지만, 결과는 똑같았어요. 그러던 어느 날, 제 마음 깊은 곳에서 변화가 시작되었어요. 이제는 잠자리에 들 때마다 하루를 돌아보고 제가 했던 말들을 다시 생각해 보면서 주님 앞에 엎드린답니다.

지난 몇 주 동안 제 말이 얼마나 고집스러운지 지켜보았어요. 그 말들은 도무지 하나님 앞에 엎드리려 하지 않더군요. 그 고집스런 말들은 내가 남편을 향해 내뱉어온 '설교조의 말들', 그래서 남편을 성나게 만든 말들이었다는 걸 깨달았어요.…제가 하는 말이 옳을 때도 있어요. 하지만 제 말이 하나님을 향한 예배가 되어야 한다면, '설교조의 말'까지도 하나님 앞에 내려놓아야 하는 거죠.

무엇이 다나의 언어 생활을 바꿔놓았는가? 다나는 어떻게 해서 자신의 말을 '하나님께 드리는 예배의 한 방식'으로 보게 되었는가? 그 변화는 어느 날 다나와 내가 우리 집 거실에서 대화를 나누고 있을 때 시작되었다. 다나가 내게 "요즘 무슨 공부하세요?"라고 묻기에 하나님이 야고보서와 에베소서를 통해 말에 관한 교훈을 주고 계시다고 대답했다. 바로 그때 하나님이 진리로 다나의 마음을 찌르셨다. 다나는 하나님이 자신의 언어 생활을 어떻게 보고 계시는지 깨닫게 되자 그 말들을 예배로 하나님 앞에 내려놓겠다는 마음을 갖게 되었다.

우리의 언어 생활에 대해 성경이 뭐라고 말하는지 좀 더 알아보자.

말로 하나님을 찬미할 수 있다

하나님은 그분에게 영광이 되도록 세상을 창조하셨다. 세상 만물은 하나님께 기쁘게 외쳐야 한다. 파도는 손 들고, 산들은 엎드리며, 나무는 손뼉을 친다. 그분이 지으신 세상의 모든 것이 그분의 이름에 깃든 영광을 노래하고 그 찬양을 영화롭게 한다(시 66편 참고).

얼마 전 알래스카에 강연을 하러 갔는데, 그때 묵었던 방 창문으로 매킨리 산의 위용이 한눈에 보였다. 6천 미터가 넘는 높이를 자랑하는 이 산은 주변을 에워싼 작은 열네 개 산 위로 우뚝 솟아 있다. 어느 날 나는 아침 일찍 일어나 산책하며 예배를 드렸다. 그 장엄한 풍경을 보며 머릿속에 떠오른 생각은, 온 피조 세계가 함께 연주하는 찬양 교향곡을 감상하고 매킨리 산이 거룩한 하나님 앞에 예배하는 광경을 본다면 얼마나 영광스러울까 하는 것뿐이었다.

모든 피조 세계가 예배를 드리지만 하나님의 특별한 창조물인 인간만이 말로 하나님을 예배할 수 있다. 당신과 나는 큰 특권, 즉 언어라는 선물을 받았다. 하나님이 주신 다른 많은 선물들에 대해서도 마찬가지지만 우리는 이 선물의 아름다움을 깨닫지 못하다가 없어진 다음에야 비로소 알아차리는 경우가 많다.

내 남동생 톰은 대학 시절 축구를 하다가 부상을 당해 6개월 동안 말을 하지 못했다. 의사는 여섯 달 동안 가능한 한 말을 해서는 안 된다고 했다. 그런 상황에서는 누구라도 성대를 써서 의사를 표현하고 싶어 미칠 지경이 될 것이다. 그런데 소리칠 수 있고 속삭일 수 있고 웃을 수 있고 말로 사랑할 수 있으면서도 이 영광스러운 선물을 경솔하게 취급하는 이들이 참으로 많다.

말로 다른 사람을 저주할 수 있다

야고보서는 우리가 혀를 제어할 수 없다고 묘사하고 있다.

> 여러 종류의 짐승과 새와 벌레와 바다의 생물은 다 사람이 길들일 수 있고 길들여 왔거니와 혀는 능히 길들일 사람이 없나니 쉬지 아니하는 악이요 죽이는 독이 가득한 것이라(3:7-8).

에덴동산에서는 사자, 호랑이, 곰은 물론 혀도 길들여져서 유순했다. 그러나 죄가 세상에 들어오자 혀는 다른 짐승들과 마찬가지로 사나운 피조물이 되었다. 오늘날엔 전문 조련사들이 거친 짐승들을 제압하지만, 혀라고 하는 사나운 피조물은 그 누구도 길들이지 못한다. 무엇보다도 비극적인 사실은, 하나님을 예배할 수 있도록 언어라는 선물을 받은 우리가 이 선물을 하나님과 그분의 형상으로 지음받은 이들을 저주하는 데 사용한다는 것이다.

> 이것으로 우리가 주 아버지를 찬송하고 또 이것으로 하나님의 형상대로 지음을 받은 사람을 저주하나니 한 입에서 찬송과 저주가 나오는도다 내 형제들아 이것이 마땅하지 아니하니라(약 3:9-10).

우리는 말이라는 선물로 하나님을 찬미하다가 다음 순간 돌아서서 남편과 자녀들을, 그리고 하나님의 형상으로 창조된 다른 사람들을 저주한다. 이것은 심각한 일이다. 남을 저주한다는 것은 결과적으로 하나님을 저주하는 것이요 조금 전에 하나님을 찬미했던 것을 다 지워 없애는 행동이기 때문이다.[3]

야고보가 사용한 '저주'라는 말은 단순히 악담하고 욕하는 것보다 훨씬 더 많은 의미를 담고 있다. 이웃 사람이나 자녀나 남편 혹은 그 누구든 하나님의 형상으로 창조된 사람에게 불친절한 말을 한다면 그 말이 다 저주로 간주된다.[4] 예배 때 하나님을 찬양하는 노래를 부르고는 예배를 마치고 차에 올라서 남편이나 아이들에게 불친절한 말을 쏟아 놓은 적이 얼마나 많은지! 경건하게 무릎 꿇고 개인 예배를 드린 후 일어나자마자 가족들에게 날카로운 말을 퍼부은 적은 또 얼마나 많은지!

그런 내 모습은 달팽이와 비슷한 면이 있다. 이 재미있는 생물체의 혀에 이빨이 달려 있다는 걸 아는가? 현미경으로 관찰해 보면 작은 달팽이 한 마리의 혀에 3만 개의 이빨이 있다고 한다. 달팽이는 평소에는 이빨이 달린 예리한 혀를 리본처럼 돌돌 말고 있다가 필요한 경우엔 내밀어 아무리 거친 잎사귀라도 비교적 쉽게 갉아먹는다고 한다.[5] 창조적인 우리 하나님이 달팽이에게 이빨이 달린 혀를 주신 것은, 배로 기어 다니는 이 생물이 외부로부터 자기를 보호해 살아남으려면 이런 이빨이 꼭 필요하기 때문이다. 우리가 말이라는 특권을 부여받은 것은 그 말로 하나님을 영화롭게 하도록 하기 위해서인데 서글프게도 달팽이처럼 그 말에 이가 달려 있는 사람들이 있다.

당신의 말은 더럽고 썩은 내 나는 쓰레기일 수 있다

무릇 더러운 말은 너희 입 밖에도 내지 말고 오직 덕을 세우는 데 소용되는 대로 선한 말을 하여 듣는 자들에게 은혜를 끼치게 하라 하나님의 성령을 근심하게 하지 말라 그 안에서 너희가 구원의 날까지 인 치심을 받았느니라(엡 4:29-30).

이 말씀만 일상생활에서 실천해도 우리네 가정에 어떤 변화가 일어날지 상상이 되는가? NLT(*The New Living Translation*) 성경은 29절을 이렇게 번역한다. "더럽거나 사나운 말은 쓰지 말라. 오직 선하고 유익한 말을 하여 듣는 사람에게 위로가 되게 하라." 메시지 성경은 또 이렇게 번역한다. "여러분의 말하는 습관을 살피십시오. 여러분의 입에서 불쾌하고 더러운 말이 나오지 않게 하십시오. 도움이 되는 말만 하고, 여러분의 말 한마디 한마디가 선물이 되게 하십시오."

'불쾌하다' 또는 '더럽다'는 아주 적절한 표현이다. 헬라어 '사프로스(*sapros*)는 말 그대로 '더럽고 썩은 내 나는 쓰레기'를 뜻하기 때문이다. 썩은 과일과 마찬가지로 '썩은 내 나는' 말도 주변을 썩게 만든다. 하지만 도대체 어떤 종류의 말을 '더럽고 썩은 내 나는' 말로 분류할 수 있을까? 지저분하고 외설스런 말만 거기에 해당되는 것일까? 그 대답은 29절 하반절에서 찾을 수 있다. 쓰레기 같은 말의 반대는 덕을 세우고 격려를 해주는 말이다.

'덕을 세운다'는 단어는 '건물의 형태를 갖춰 나간다, 구조를 강화한다'는 뜻이므로, 덕을 세우는 말은 듣는 이에게 힘을 북돋아 주는 말이라 할 수 있다. 그것은 상대방을 판단하는 말이 아니라 은혜를 끼치는 말이다. 그 순간 상대방에게 필요한 것을 채워 주는 말이다.

말로 남편이나 아이나 동료에게 사랑을 표현하지 않고 강의를 한다면, 혹은 아무리 옳은 의견이라 할지라도 친구에게 내 의견을 강요한다면 하나님은 내 말을 '더럽다'고 하신다. 험담, 비꼬는 말, 불친절한 말, 화내는 말, 비방하는 말, 거친 말 등은 모두 더러운 말이다. 내 말이 상대방에게 정서적 죽음을 초래할 수도 있다는 것을 깨닫던 날, 정신이 번쩍 들었다.

그런데 30절에서는 내 말이 훨씬 더 무시무시한 결과를 낳을 수 있다고 말한다. "하나님을 슬프게 하지 마십시오. 그분의 마음을 아프게 하지 마십시오"(메시지성경). "하나님의 성령께 슬픔을 안기지 말라"(NLT). 우리가 어떻게 성령님을 슬프게 한다는 것일까? 말로 슬프게 한다. 오늘 당신의 입에서 나온 말 때문에 성령님이 슬퍼하시는 모습을 상상할 수 있는가? 나는 상상이 된다. 그래서 겁이 난다. 나는 친구를 슬프게 만들고 싶지도 않지만, 내 안에 거하사 진리로 인도하시고 아버지를 내게 계시해 주는 위로자이자 모사이신 성령은 더더욱 슬프게 하고 싶지 않다.

내 말 속에 있는 죄의 습관

우리 누구나 죄악 된 행동 습관을 가지고 있는 것처럼, 우리 말에도 죄의 습관이 있음을 나는 깨달아 가고 있다. 어떤 이는 빈정대고, 어떤 이는 비판하며, 또 어떤 이는 부정적인 말을 하는 습관이 있다. 나는 하지 말아야 할 때 말하는 잘못된 습관이 있다. "입을 지키는 자는 자기의 생명을 보전하나 입술을 크게 벌리는 자에게는 멸망이 오느니라"(잠 13:3).

"말을 아끼는 자는 지식이 있고"(잠 17:27). 그래도 내 입은 자꾸 열리고, 거기서 말이 쏟아져 나온다.

2000년 8월 7일, 나는 일기에 다음과 같이 썼다.

나는 하나님 아버지 앞에 무릎을 꿇고 "오 나의 하나님, 입 밖에 내지 않는 말들로 주님을 높이게 하소서"라고 기도하기 시작했다. 그렇게 기도하면서 나 자신도 놀랐다. 입술의 말로 하나님을 찬양하게 해달라는 기도는 많이 했지만, 입 밖에 내지 않기로 한 말들로 하나님께 영광을 돌리게 해달라는 기도는 처음이었기 때문이다. 하지만 이 기도를 묵상하면서 나는 지혜로운 말을 선택하여 하나님께 영광을 돌릴 수 있는 것과 마찬가지로 마음속에서 하고 싶은 말이 끓어오를 때 오히려 침묵함으로써 하나님을 영화롭게 할 수 있다는 것을 알게 되었다.

내 입술의 문에 파수꾼을 세우고 남편이나 다 자란 자녀들에게 충고(내가 보기에 옳고 꼭 필요하다고 생각되는 충고)를 하지 않을 때 나는 내 아버지를 예배한다. 내 말을 지혜의 저울에 달아 보고 침묵을 지킬 때 하나님은 아주 기뻐하신다. 예배를 행하는 것보다는 말을 하는 게 훨씬 더 쉽다. 말이 터져 나오려는 순간, 하나님이 정하신 때를 기다릴 때, 내 말은 하나님 앞에 예배로 드려진다.

"이 말을 해야 할까요?"라고 물을 때, 하나님이 "여호와께서 너희를 위하여 싸우시리니 너희는 가만히 있을지니라"(출 14:14)는 메시지를 주시는 경우가 많다. 문제는, 말을 할 때 내가 정서적으로 만족감을 느낀다는 것이다. 궁극적으로 볼 때 내가 자꾸 섣불리 말을 하게 되는 이유는, 상황이 답보 상태에 있기 때문이다. 하나님이 일하고 계시다는 건 알고 있다. 하지만 하나님은 때로 아주 느리시며, 하나님의 타이밍이 나의 타이밍과 맞물리지 않을 때도 있다. 그럴 때면 나는 직접 뛰어들어 '하나님을 돕고' 싶은 유혹을 받는다.

그래서 날마다 내가 입 밖에 낸 말, 입 밖에 내지 않은 말을 주님 앞에 내려놓고 "아버지, 제가 할 말을 일러 주실 뿐 아니라 말하지 않아야 할 때가 언제인지도 일러 주옵소서. 말로 주님을 높여드리기를 갈망하나이다"라고 말씀드린다. 말로 하나님을 높이는 법을 알게 될 때, 그 말들은 사람들에게 활기를 주고 아픔을 치유해 줄 것이다.

격려하는 말의 힘

유명한 저술가이자 강연가 래리 크랩(Larry Crabb)은 청년 시절, 말 더듬는 버릇이 있어 자신감이 없었다고 한다. 어느 날 교회 목사님이 교인들에게 소리를 내어 기도하라고 권했다. 래리도 그렇게 하고 싶었으나 크게 소리를 내어 기도한다고 생각하자 갑자기 공포가 엄습해 왔다. 그러던 중 남성들만 모이는 어느 모임에 갔다가 입을 열어 기도했는데, 그 기도란 게 말도 안 될 뿐더러 더듬기까지 했다. 부끄러워 어쩔 줄 모르던 그는 아무도 안 볼 때 몰래 예배당을 빠져나가야겠다고 마음먹었다.

막 문가에 이르렀는데 누군가 그의 어깨를 잡았다. "래리 크랩, 하나님께서 자네 인생을 어떻게 빚어 가시든 나는 100퍼센트 자네 편이라는 걸 알아주었으면 좋겠네." 래리 크랩은 오랜 세월이 지난 지금까지도 그날 일만 생각하면 눈물이 난다고 했다. 누군가가 그를 믿어 주었다! 누군가가 그를 따뜻하게 보듬어 흐트러진 영혼에 소망과 격려의 말을 해주었던 것이다.[6]

성경은 우리에게 서로 권면하고 덕을 세워 주는 사람이 되라고 명령한다(살전 5:11, 히 10:24-25 참고). '권면하다'라고 번역된 헬라어는 '파라칼레오'(*parakaleo*)다. 예수님은 자신이 떠나면서 다른 '보혜사', 즉 성령을 보내 주겠다고 말씀하셨다.

'보혜사'(*paraclete*)라는 말은 '함께' 혹은 '~와 나란히'라는 뜻의 '*para*'와 '부름'을 뜻하는 '*klete*'라는 두 개의 헬라어 단어에서 파생되었다. 두 단어를 합치면, 예수님이 우리에게 성령을 보내사 함께 있게 하시고, 고통 가득한 삶을 사는 동안 우리의 격려자로 동행하게 하시겠다는 의미가 된다![7]

하나님은 우리가 사랑하는 이에게 위로와 격려를 주는 사람이 될 수 있다고 말씀하신다. 우리는 남편, 아이, 어머니, 혹은 친구와 나란히 걸으며 그의 걸음에 힘을 실어 줄 수 있다. 누군가를 말로 격려하는 것은 그의 인생 여정에 동참하여, 온갖 장애를 만나 지치고 피곤할 때도 걸음을 재촉할 수 있도록 힘이 되는 말을 해준다는 의미이기도 하다.

우리 아이들이 모두 십대 청소년이던 시절, 나는 아이들에게 격려의 말을 해주기 위해 몇몇 친구들과 더불어 말에 관한 성경공부를 하기로 했다. 한번은, 남편과 자녀들에게 하루에 한 번씩 긍정적인 말을 해주는 것이 그 주의 과제였다. 별로 힘들 것 같지 않았다. 하지만 현실은 그렇지 않았다. 그 다음 주 모임 때 한 자매가 말했다. "남편과 아이를 칭찬해 주는 말이 왜 그리 낯설게 들리던지요. 그런 말을 별로 해본 적이 없기 때문이라는 걸 알았죠."

또 어떤 자매는 이렇게 말했다. "제 입은 자동으로 부정적인 말을 하고, 늘 이래라 저래라 하고, 생각도 해보지 않고 그저 말만 한다는 걸 깨달았어요."

잠이 안 오던 어느 날 밤, 나는 '격려하다'(encourage)라는 영어 단어를 사전에서 찾아보았다. 이 단어의 어근은 '용기'(courage)다. 그리고 'en'이라는 접두어는 '~에 넣다'는 뜻이다. 남편이 누군가에게 상처를 입고도 그 사람을 사랑으로 대하는 것을 보면서 "당신의 그런 모습이 얼마나 존경스러운지 모른다"고 말한다면 그것은 남편에게 용기를 불어넣어 주는 행동이다.

내친 김에 'dis'라는 접두어도 찾아보았다. 이 말은 '~에서 분리시키다'라는 뜻이다. 그러므로 내가 남편을 낙담케 하는(discouraging) 말을 한다면 그것은 남편이 경건한 남자가 되는 데 꼭 필요한 용기에서 그를 분리시키는 행동이 된다.

누군가의 덕을 세워 주기 위해 격려의 말을 해야 하는데 그 말이 쉽게 입에서 나오지 않는다면 그건 꼭 익숙하지 않은 외국어를 사용하는 듯한 기분이 될 수도 있다. 그래도 계속 노력하라. 격려의 말은 자녀들과 친구들에게 새로운 에너지를 주기 때문이다.

어느 날 케이트의 집에 갔는데 케이트가 서류철을 하나 꺼내더니 내가 그녀에게 보냈던 편지와 카드들을 쏟아놓았다. 나는 깜짝 놀라 말문이 막혔다. 케이트의 사랑스러운 딸이 고등학교 3학년의 몸으로 임신했을 때 나는 이 친구에게 적어도 일주일에 한 번씩은 편지를 써 보내겠다고 하나님 앞에 약속한 적이 있었다.

이 친구가 그 편지들을 이렇게 모아 놓을 줄은 상상조차 하지 못했다. 번거롭게 왜 편지들을 모아 놓았느냐고 묻자 케이트는 이렇게 말했다. "린다, 이 격려의 편지들 덕분에 나는 낙담에 빠지지 않을 수 있었어요. 이 편지들을 읽을 때마다 하나님을 바라볼 수 있었어요. 그때 난 하나님을 의지하고 싶었지만 그게 너무 힘들었거든요."

격려는 말로 할 수도 있고 편지나 이메일 혹은 급히 휘갈겨 쓴 쪽지를 통해 전할 수도 있다. 바쁜 아침에 남편이 남겨 놓은 쪽지 한 장이 아내의 하루를 바꿔 놓는 경우도 있다. 남편의 말이 아내에게 얼마나 격려가 되었는지 아내의 말을 직접 들어 보자.

갓 태어난 우리 아기 자크의 기저귀를 또 갈아 주어야 했죠. 오늘 같은 날이 천 번은 계속된 것만 같은 느낌이었어요. 정말 지치고 우울했죠. 그런데 기저귀를 갈려고 아기를 누였는데 기저귀 꾸러미에 쪽지 한 장이 붙어 있는 게 눈에 띄었어요. "자크가 고마워하고 있어. 나도 마찬가지고." 그런 쪽지를 남길 사람은 세상에 단 한 사람뿐이죠. 남편이요. 집안을 둘러보았더니 곳곳에 쪽지들이 붙어 있었어요. 세탁기에는 이런 메모가 있었죠. "우리 마음의 짐, 그리고 지저분한 몸의 짐을 덜어 주어서 고마워." 가스렌지 옆에는 또 이런 쪽지가 있었어요. "맛있는 음식을 해줘서 고마워."

격려는 아내와 남편과 자녀와 친구들의 마음을 움직여 비록 사는 게 힘들지라도 꿋꿋이 견뎌 나갈 수 있게 해준다. 남편의 마흔여덟 번째 생일날, 우리 아이들은 편지 한 장을 액자에 넣어 선물했다. 10년도 더 지난 지금, 그 편지는 여전히 남편의 책상 위 한 자리를 차지하고 있다. 편지의 제목은 '아빠가 대단한 48가지 이유'다. 그 이유 중에는 재미있는 게 많았다. 예를 들어 "아빠는 대단하다. 헤어스타일이 진짜 멋지기 때문이다!" 사실 헤어스타일이랄 것도 없다. 머리숱이 얼마 없으니 말이다! 반면에 진지한 것도 많았다. "아빠는 대단하다. 자녀들이 그리스도를 위해 살기를 바라시기 때문이다!"

이 격려의 말들이 아빠에게 얼마나 큰 소망을 주었는지 나는 생생히 기억한다. 특히 이 편지를 쓴 녀석 중 하나가 그리스도를 따르는 문제로 힘겨워하던 시절엔 더욱 그랬다. 남편은 그 후로도 여러 번 생일을 맞았지만, 이 액자 편지는 여전히 그의 책상을 아름답게 장식하고 있다.

이제 당신 차례다. 당신도 사랑하는 사람들에게 축복과 격려의 말을 해줄 때가 되었다.

어떻게 실천할 것인가

1. 자신의 언어생활에 대해 하나님과 솔직한 대화를 나누라. 야고보서 3장 7-10절과 에베소서 4장 29-30절을 주님 앞에서 크게 소리 내어 읽고 나서 느낀 점에 대해 주님께 말씀드리라. 말로 다른 사람을 축복하고 격려하는 법을 가르쳐 달라고 아버지께 청하라.

2. 이번 주에 말씀 한 구절을 외우라. 야고보서 3장 9-10절이나 에베소서 4장 29-30절 가운데 하나를 고르라. 하나님이 그 진리를 가슴속에 아로새겨 주시기를 청하라.

3. 이번 주 하루에 한 번씩 남편과 아이들(결혼하지 않은 사람은 직장 동료, 친구)을 격려하는 말을 한마디씩 해주겠다고 하나님 앞에서 소원하라. 가능하다면 친구와 함께 연습해 보라. 그래야 서로 책임감 있는 자세로 해나갈 수 있다.

4. 잠언 12장 18절과 18장 21절 말씀을 어린아이라면 어떻게 이해할지 그 아이의 입장에서 다시 써 보라.

칼로 찌름같이 함부로 말하는 자가 있거니와 지혜로운 자의 혀는 양약과 같으니라(잠 12:18).

죽고 사는 것이 혀의 힘에 달렸나니 혀를 쓰기 좋아하는 자는 혀의 열매를 먹으리라(잠 18:21).

이 두 구절을 간단하게 의역해 보고 아이들과 의견을 나누라. 우리 가족은 어떤 식으로 다른 이에게 생명과 치유를 안겨 주는 말을 연습할 수 있겠는지 함께 이야기해 보라.

5. 에베소서 4장 29-30절을 읽고 내가 하는 말 속에는 어떤 죄의 습관이 감춰져 있는지 보여 달라고 하나님께 구하라. 빈정거리는 말, 비판하는 말, 부정적인 말, 혹은 거짓말을 하지는 않는가? 말을 너무 많이 하지는 않는가? 자기 죄의 습관에 대해 하나님께 기도하면서 변화될 수 있게 힘과 능력과 열정을 달라고 청하라.

6. 혀의 온도를 점검하라. 인도에서 선교사로 사역한 에이미 카마이클

은 말을 하기 전에 자신에게 다음과 같은 세 가지 질문을 했다고 한다. '친절한 말인가?' '진실한 말인가?' '꼭 필요한 말인가?' 단순하지만 깊은 의미가 담긴 이 세 가지 질문 덕분에 그녀는 말로 하나님을 영화롭게 할 수 있었다.[8]

입에서 나오는 말 한마디 한마디를 하나님께 내려놓으며, 말을 할 때마다 자신에게 이 세 가지 질문을 한다면 과연 무엇이 얼마나 달라질지 상상해 보라. 우리의 가정은 서로 평화롭게 자기 생각을 나누는 안식처가 될 것이며, 식구들은 행복해질 것이고, 우리는 자신과 화평하게 될 것이다.

하나님 앞에 말을 드리겠는가?

말의 위력에 대해 연구하면서 나는 성령과 우리가 하는 말 사이에, 긍정적이든 부정적이든 밀접한 관계가 있다는 것을 알고 깜짝 놀랐다. "썩은 냄새 나는 쓰레기 같은 말로 성령을 근심케 하고 슬퍼하게 하지 말라"(엡 4:29-30, 저자 의역). "오직 성령으로 충만함을 받으라 시와 찬송과 신령한 노래들로 서로 화답하며 너희의 마음으로 주께 노래하며 찬송하며"(엡 5:18-19).

성령 충만을 선택할 때 우리는 생명을 주는 말로 사람들을 격려하게 될 것이다. 우리 안에 거하며 살아 계신 하나님의 성령을 기쁘시게 할 것이다. 이 생각을 하면 나는 가슴이 뛰는데, 당신도 그런가? 내 입에서 나오는 말은 말 그대로 하나님을 기쁘시게 할 수 있다!

하지만 우리의 말을 예배로 하나님 앞에 내려놓는 것이 쉬운 일은 아니다. 이 행위는 하나의 제사다. 하나님 앞에 바치는 행위다.

한 젊은 엄마가 아기를 안고 사우스 웨일즈의 언덕을 넘다가 예기치 못한 거센 눈보라를 만났다. 휘몰아치는 눈보라가 언덕을 온통 뒤덮었다. 시커먼 안개 때문에 한낮이 밤처럼 컴컴해지자 젊은 엄마는 도저히 목적지까지 갈 수 없다는 것을 깨달았다. 엄마는 자기가 입고 있던 옷을 하나씩 하나씩 벗어서 어린 아들을 포근히 감싸기 시작했다. 처음에는 모자와 장갑과 스카프를, 그 다음엔 스웨터와 두툼한 코트를 벗었다.

바람과 추위에 지칠 대로 지친 젊은 엄마는 결국 쓰러지고 말았다. 일어나서 계속 걸으려 했지만 그럴 수 없었다. 그 와중에도 엄마는 안간힘을 다해 아기를 끌어안고 자기 체온으로 보호해 주었다. 눈보라가 그치자 사람들이 두 모자를 찾아 나섰다.

엄마는 눈더미 아래 묻힌 채 발견되었지만, 얼어붙은 그녀의 시신을 들어 올리자 아기 울음소리가 희미하게 들렸다. 아기를 감싸고 있는 옷가지들을 하나하나 걷어 내자 놀랍고 기쁘게도 아기가 살아 있었다. 그것도 아무 탈 없이! 이 엄마는 사랑하는 아들을 위해 자기 생명을 내준 것이다. 후에 그 아기 데이비드 로이드 조지는 대영제국의 수상이 되었고 영국의 위대한 정치가 중 한 사람이 되었다.[9]

어머니라면 대부분 자기 아이를 위해 그렇게 할 것이다. 자기 옷을 벗어 아이를 따뜻하게 감싸 추위를 막아 줄 것이다. 가장 소중한 것을 위해서는 자기 생명까지 바칠 것이다.

이번 주에 말로 생명을 주는 연습을 해보지 않겠는가? 하나님은 당신에게 말이라는 영광스러운 선물을 주셨고, 당신은 날마다 다음 중 하나를 선택할 수 있다.

- 축복할 것인가, 저주할 것인가?
- 격려할 것인가, 낙심케 할 것인가?

아버지 앞에 무릎을 꿇고 "당신은 거룩하고, 귀하며, 신실하십니다"라고 말할 때, 우리는 하나님을 축복하게 된다. 이는 하나의 예배 행위다. 내 입에서 나오는 말로 남편과 자녀와 손자들, 친구와 동료들에게 격려를 쏟아부을 때, 우리는 곧 그들을 축복하는 것이다. 이 역시 크신 하나님께 드리는 예배다. 나의 말을 하나님 앞에 무릎 꿇리는 것은 평생 계속될 여정이다. 오늘 이런 기도를 시작하지 않겠는가?

오, 하나님, 하나님을 간절히 바랍니다.
거룩하신 하나님, 저의 말로 사람들에게
생명과 치유와 격려를 주길 갈망합니다.

갈 길이 멉니다. 제게 성령의 능력을 부어 주소서.

주님이 필요합니다. 오, 주님, 저를 격려해 주소서.

그래야 저도 주님께 받은 격려를

다른 이들에게 부어 줄 수 있습니다.

제 입에서 나오는 말이 당신께 드리는

예배가 되게 하소서, 나의 하나님.

7장
나의 태도를 드립니다

**오라 우리가 굽혀 경배하며
여호와 앞에 우리의 태도를 예배로 드리자.**
_ 시편 95:6, 저자 의역

그날 나는 들떠 있었다. 집과 사무실 혹은 주방에 붙들려 있지 않아도 되는 날, 친구들과 함께 외출하여 점심을 먹고 수요예배에 함께 참석하기로 한 날이었다. 바로 그때 일이 벌어졌다. 우리 집 거실에 놓인 거대한 크리스마스 트리가 위험스레 근들거리더니 그만 바닥에 쓰러지고 만 것이다. 내 행복한 기분도 나무와 함께 급락했다. 조금 전에 트리가 기울어진 것을 보고는 남편에게 출근하기 전에 한번 살펴보라고 부탁했건만, 남편은 원래 한 가지 일에 몰두하면 다른 건 신경을 못 쓰는 사람인지라 컴퓨터 작업에 빠져 있다가 트리는 까맣게 잊고 그냥 출근해 버렸다. 홍콩에서 가져온, 값을 따질 수 없을 만큼 소중한 이 장식품은 결국 바닥에 쓰러져 흩어져 버렸다.

나는 몹시 화가 났다. 남편에게 최면을 걸어 버린 컴퓨터에 화가 났고, 남편이 그냥 출근해 버려서 결국 내가 그 커다란 트리를 일으켜 세워 소파와 벽 사이에 균형을 맞춰 세워 놓아야 한다는 사실에 화가 났다. 부서진 장식물들을 내가 다 치워야 한다는 사실에 화가 났다. 컴퓨터 작업에 빠져 현실 생활에 신경을 쓰지 못한 남편에게 화가 났다.

나는 바닥에 흩어진 장식물들을 쓸어 담으면서 기도했고, 청소기를 돌리면서 기도했고, 차를 몰고 고속도로를 달리면서도 기도했지만 아무리 해도 화가 가라앉지 않았다. 설상가상으로 세계기도센터 방향의 출구조차 막혀 있었다. 치밀어 오르는 분노가 급기야 입으로 터져 나왔다. "막혔잖아! 이럴 수가. 지각하겠어." 이제 나는 고속도로 출구에도 화를 내고 있었다. 그 순간 성령님이 나를 깨우치셨고 결국 나는 이렇게 기도했다. "오, 하나님, 용서하소서. 이렇게 투덜거리는 태도는 주님이 기뻐하지 않으실 테지요. 이 사람 저 사람을 탓하고 이것저것을 탓했지만, 문제는 바로 제 마음입니다. 저의 태도로 주님을 예배하기 갈망합니다."

우리 중에는 자신에게 절대 양보할 수 없는 '투덜댈 권리'가 있다고 생각하는 이들이 많다. 만사에 감사하라는 가르침을 받으면서 늘 투덜대는 태도로 살아가는 그리스도인 여성들이 너무 많다. 자신이 어떤 선택을 하고 있는지 깊이 생각하지 않는다.

'태도'라는 말을 한번 정의해 보자. "태도란 삶의 상황에 대한 정신적·정서적 반응이다."[1] '프로네오'(phroneo)라는 헬라어는 이러한 정의를 더욱 확장시킨다. 이 단어는 '~에게 마음을 주다,[2] 마음을 정하다, 사고 방식'[3] 등을 의미한다. 이것은 단순히 사고력의 활동뿐만 아니라 의지의 움직임까지 표현하는 단어다. 이는 관심인 동시에 결단이다. 그러므로 이 단어의 의미는 '누군가 혹은 무언가의 편이 되다'[4]라는 개념으로까지 확장된다.

척 스윈돌(Chuck Swindoll)의 말에 따르면, 우리는 '의지를 움직여' 감사와 '한편'이 되어야 한다. 그는 이렇게 말한다.

삶에 대한 우리의 태도가 지닌 엄청난 영향력은, 어떤 말로도 제대로 표현할 수 없다. 살아갈수록 삶이란 우리에게 일어나는 일 10퍼센트와 그 일을 대하는 우리의 태도 90퍼센트로 이뤄진다는 것을 확신하게 된다. 이 말이 충격일지 모르겠지만, 나는 내가 하루하루 내리는 중요한 결정 하나하나가 곧 내가 선택하는 태도라고 믿는다.[5]

감사하는 태도

감사는 성경의 주요 주제다. 성전 예배에 참여했던 레위인들은 매일 아침마다 서서 여호와께 감사하고 찬양해야 했다(대상 1장 참고). 시편은 하나님께 감사하라고 35번 이상 권면하고 있으며, 바울은 신약성경 서신서에서 18번이나 하나님께 감사를 표현하고 있다. 성경에는 감사에 대한 언급이 140번이 넘게 나온다. 첫 장에서부터 끝 장에 이르기까지 성경은 우리에게 감사하라고 말하고 있다. "감사하는 사람들이 되라. 감사를 너희 존재의 한 부분으로 삼아 감사하는 마음이 넘치게 하라"(골 2:7, 저자 의역).

"그러므로 너희가 그리스도 예수를 주로 받았으니 그 안에서 행하되 그 안에 뿌리를 박으며 세움을 받아 교훈을 받은 대로 믿음에 굳게 서서 감사함을 넘치게 하라"(골 2:6-7).

그리스도인인 우리는 믿음으로 살아야 하고 감사가 넘쳐야 한다. 이것이 바로 그리스도인의 삶을 나타내는 인증 마크다. 어떤 성경 교사는 우리의 감사 수준이 신앙의 수준과 직접적인 관련이 있다고까지 말했다.[6] 성경이 우리에게 감사하라고 명령하고 있기는 하지만, 우리가 감사하는 태도를 추구해야 하는 또 다른 이유가 있다. 감사는 곧 하나님의 임재로 들어가는 방법이기도 하다.

> 감사함으로 그의 문에 들어가며
> 찬송함으로 그의 궁정에 들어가서
> 그에게 감사하며 그의 이름을 송축할지어다(시 100:4).

한 가지 질문을 하고 싶다. 아이들에게 같은 말을 하고 또 하는 이유가 무엇인가? 아이들이 귀담아듣지 않는다고 생각하기 때문이다. "네"

라고 대답하면서 고개를 끄덕이기는 하지만 엄마의 말이 아이들 마음에 깊이 스며들지 않는다는 걸 알기에, 아이들이 엄마를 쳐다보면서 "엄마, 알았어요. 알았다고요" 할 때까지 똑같은 말을 하고 또 하는 것이다.

하나님이 시편 100편에서 똑같은 말씀을 두 번이나 하시는 것도 어린아이처럼 우리가 그분의 말씀을 늘 명심하지 않기 때문이다. 하나님은 "감사하라"고 두 번 말씀하신다. "찬양으로 충만하라"는 말씀도 두 번 하신다. 우리가 감사하는 마음으로 하나님의 임재로 들어가 흘러넘치도록 감사하는 것이 하나님께는 아주 중요한 일이다. 우리는 그런 태도로 하나님께 나아가고 있는가?

안타깝게도 감사하는 태도가 아니라 투덜거리는 태도로 하나님께 나아가는 이들이 많다.

투덜거리는 태도

이것이 이스라엘의 문제였다. 하나님은 방금 이들을 공포스러운 애굽 군대에게서 초자연적으로 구해 내심으로써 그분의 엄청난 능력을 드러내 보이셨다. 하나님은 홍해를 갈라 이스라엘 백성이 무사히 걸어서 건널 수 있게 해주셨다. 이런 식으로 하나님의 능력을 체험한다는 게 과연 어떤 기분일지 상상이나 할 수 있겠는가?

양 옆으로 바닷물이 고층 빌딩처럼 치솟아 있었지만, 전능하신 하나님의 오른손이 그 물의 벽을 지탱해 이들에게 덮치지 않게 하셨다. 그렇게 홍해를 건너 단단한 땅에 서게 된 그들은 높이 치솟아 오른 바닷물이 폭포수처럼 떨어져 중무장한 애굽 군대를 몰살시키는 것을 지켜보았다.

감사가 넘친 미리암과 여인들이 소고를 들고 춤을 추었고, 이스라엘 자손들은 영광스러운 구원의 노래를 불렀다.

> 내가 여호와를 찬송하리니 그는 높고 영화로우심이요 말과 그 탄 자를 바다에 던지셨음이로다 여호와는 나의 힘이요 노래시며…여호와여 신 중에 주와 같은 자가 누구니이까 주와 같이 거룩함으로 영광스러우며 찬송할 만한 위엄이 있으며 기이한 일을 행하는 자 누구니이까(출 15:1, 11).

그런데 주님 앞에서 그 기적적 구원의 역사를 기뻐하던 이스라엘 백성이 겨우 3일이 지나자 불평하기 시작했다는 게 믿어지는가? 단 3일 만에 말이다! 그들은 목이 마르다고 투덜거렸다(15:24 참고). 배가 고프다고 투덜거렸다(16:2-3 참고). 모세에 대해서도 투덜거렸다. 그들을 애굽에서 인도해 내어 무사히 홍해를 건널 수 있게 해준 사람을 말이다(17:3 참고). 하지만 모세는 그들의 불평이 자신을 향한 것이라기보다 하나님을 향한 것이라고 말했다(16:8 참고).

이스라엘 백성이 하나님의 놀라운 구원을 체험하고도 이렇게 불평하고 칭얼거렸다는 말씀을 읽고 이런 생각이 들었다. '어떻게 그렇게 쉽게 잊을 수 있지? 하나님께서 믿을 수 없는 능력을 보여 주셨잖아? 홍해를 가른 하나님이신데 광야에서 유대인 200만 명이 마실 물 정도 마련해 주시지 못할까 봐?'

하지만 내 모습도 이스라엘 백성을 많이 닮았다. 시련이 닥쳐 정서적 굶주림과 갈증을 겪을 때면 나 역시 하나님이 그 갈증과 굶주림을 채워 주신다는 것을 잊고 감사하는 태도에서 불평하는 태도로 변하곤 한다.

모든 사람이 그렇게 불평하고 칭얼거리는가? 아니다. 엘리자베스 엘리엇은 자신이 사역하고 있는 남미 아우카 인디언 아이들은 절대 투덜거리거나 불평하지 않는다는 사실을 알고 크게 놀랐다. 이 아이들이 불평하지 않는 것은, 불평하는 걸 배운 적이 없었기 때문이다. 그들은 부모가 투덜거리는 것을 한 번도 본 적이 없는 것이다.

우리 아이들은 내게서 무엇을 배우는지 궁금하다. 당신의 아이들은 당신에게서 무엇을 배우는가? 당신의 집 주방 식탁 위에 두 개의 바구니가 있다고 해보자. 하나는 불평 바구니이고, 다른 하나는 감사 바구니라고 할 때, 하루가 저물 때쯤 어느 바구니가 가득 차 있겠는가? 크리스마스 트리가 흔들거리던 날, 우리 주방에서는 불평 바구니가 가득 차 흘러넘쳤을 것이다. 하지만 그건 내가 원하는 내 모습이 아니다. 당신도 자신이 이런 모습이길 원하지 않을 것이다.

투덜거리는 것, 불평하는 것은 둘 다 어떤 일에 대해 상대방을 탓하는 요소를 갖고 있다. 불평하는 것은 곧 누군가를 책망하거나 비난하는 것이다. 많은 경우 그 대상은 바로 하나님이다. 이스라엘 백성처럼 말이다. 투덜거릴 때 우리는 마음속으로, 혹은 말로 하나님을 비난한다. 반면에 감사에는 늘 마음속으로, 혹은 말로 하나님을 찬양한다는 의미가 담겨 있다.

인생에는 늘 뭔가 투덜거릴 만한 일이 있기 마련이다. 다음과 같은 머피의 법칙 사례에 잘 나타나 있다시피 말이다. 보기에는 쉬워 보여도 세상에 정말 쉬운 일은 없다. 모든 일은 생각보다 시간이 더 많이 걸린다. 잘못될 만한 일은 잘못되기 마련이다.

- 식빵의 양면 중 땅콩 잼을 바른 쪽이 카펫 바닥으로 떨어질 확률은 카펫의 가격과 비례한다.
- 어떤 물건 하나를 사기 위해 얼마나 오래, 얼마나 열심히 애를 썼든, 그것을 사고 나면 꼭 어디선가 그 물건을 더 싸게 팔고 있다.
- 언제나 옆 차선의 차가 내 차보다 더 빨리 달린다.
- 큰 문제 안에는 언제나 일련의 작은 문제들이 모습을 내미려고 몸부림치고 있다.
- 두 집 건너에 쓰레기 수거차가 온 것을 보고 나서야 쓰레기 봉투를 안 가지고 나온 것이 기억난다.[7]

살다 보면 꼭 뭐가 투덜댈 만한 일이 생긴다. 그런 세상을 살면서 감사하는 태도를 가질 것인가 아니면 불평하는 태도를 가질 것인가? 19세기의 고전 작가 한나 W. 스미스(Hannah W. Smith)가 감사와 불평에 대해 했던 말을 생각해 보자. "감사하는 영혼은 모든 일에서 위로를 찾고, 불평하는 영혼은 그 무엇에서도 위로를 찾지 못한다."

이제 하나님이 우리의 마음에 대해 뭐라고 말씀하시는지 생각해 보자. 이것이 더 중요하다. 하나님은 우리가 어떤 태도를 갖기 원하실까?

하나님이 주신 은택을 기억하는 마음

예수님 당시 사회에서 가장 불쌍한 사람 축에 속하는 열 명의 남자들이 예수님을 찾아와 치유해 달라고 청했다. 그들은 모든 사람이 두려워하는 병을 앓고 있었다. 바로 문둥병 말이다. 문둥병자들은 사회에서 버림받은 사람들로 가족에게도 소외당한 이들이었다.

이들은 동굴 같은 곳에 숨어 지내면서 기괴하게 일그러진 몰골을 누더기로 둘둘 말아 가리고 다녔다. 문둥병자들의 육체적, 정서적 참상은 말로 다 할 수 없을 정도였다. 누가복음 17장 11-19절에서 이 열 명의 문둥병자들과 관련된 가슴 아픈 이야기를 볼 수 있다.

예수님께서 마을을 지나시는데 열 명의 불쌍한 남자들이 멀리 서서 예수님을 향해 소리를 질렀다. "예수 선생님이여, 우리를 불쌍히 여기소서!" 예수님께서는 그들이 당하고 있는 깊은 육체적, 정서적 고통을 보시고 "가서 제사장들에게 너희 몸을 보이라"고 하셨다. 제사장에게 가는 도중에 그들의 문둥병이 깨끗이 나음을 받았다. 그중 한 사람이 자기가 다 나은 것을 보고 예수님께 돌아와 "하나님을 찬양합니다!"라고 외쳤다. 그는 예수님의 발아래 엎드려 예수님께서 하신 일에 (거듭거듭) 감사를 드렸다. 이 사람은 사마리아인이었다. 예수님께서는 "내가 열 사람을 고쳐 주지 않았느냐? 다른 아홉 사람은 어디 있느냐? 이 이방인 외에는 하나님께 영광을 돌리러 돌아온 자가 없느냐?"고 하셨다(저자 의역).

이 이야기에서 얻을 수 있는 교훈은 무엇인가? 예수님이 병을 치유해 주신다는 것이다! 그리고 원하는 것을 얻고도 아홉 명의 문둥병자처럼 그것을 자기 공로로 여기며 하나님께 감사드리는 것을 잊고 그냥 자기 갈 길을 가기 쉽다는 것이다. 제리 브리지스(Jerry Bridges)는 우리의 태도에 대해 이렇게 말한다.

우리는 우리 삶에 하나님께서 개입해 주시기를 기도해 놓고는 그 결과에 대해 하나님께 감사드리기보다는 그저 우리끼리 기뻐하기에 바쁘다. 몇 년 전 미국의 달 탐사선에 심각한 문제가 발생했을 때, 당국은 우주인들이 안전하게 귀환할 수 있도록 기도해 달라고 국민들에게 부탁했다. 그런데 우주인들이 무사히 지구로 돌아오자 모두 미국 우주 산업의 기술적 성취와 역량 덕분이라며 기뻐했다. 공개적으로 하나님께 감사하거나 그분께 공로를 돌리는 이는 없었다.[8]

열 명의 문둥병자 이야기는 감사를 잊고 사는 우리의 성향뿐만 아니라 또 한 가지 중요한 사실을 드러내 보여 준다. 즉 예수님은 감사를 하나님께 영광 돌리는 것과 똑같이 보신다는 점이다. 예수님께 감사는 정말 중요한 일이었다!

나라면 과연 돌아와서 예수님께 거듭거듭 감사를 드렸을까 아니면 그냥 잊고 제 갈 길을 갔을까 생각해 본다. 당신은 어떤가? "내 영혼아 여호와를 송축하며 그의 모든 은택을 잊지 말지어다"(시 103:2).

찬양의 제사를 드리는 마음

감사를 잊지 않는 것도 어렵지만, 희생이 요구될 때는 감사를 드리기가 더 어렵다. 하지만 이것이 바로 하나님이 우리에게 요구하시는 것이다.

그러므로 우리는 예수로 말미암아 항상 찬송의 제사를 하나님께 드리자 이는 그 이름을 증언하는[그 이름에 감사를 드리는(KJV, NASB)] 입술의 열매니라(히 13:15).

이 구절을 읽을 때면 특히 세 단어가 두드러진다.

첫째, '항상.' 이는 반복을 의미한다. 감사하고 싶은 기분일 때나 그렇지 않을 때나 늘 감사하는 것이다.

둘째, '제사.' 제사를 드릴 때는 제물을 태워서 바친다. 다시 말해 제사에는 아픔이 따른다.

셋째, '감사를 드리다.' 나를 아프게 하는 일, 결코 즐겁지 않은 일에 대해서도 거듭거듭 하나님께 감사드려야 한다.

사실 나는 이렇게 하지 못한다. 하지만 이 구절에서 우리가 눈여겨보아야 할 또 다른 말, 이 구절에서 가장 중요한 말이 있으니 바로 '예수로 말미암아'라는 말이다. 예수로 말미암아, 오직 예수로 말미암아 나는 찬송의 제사를 하나님께 항상 드릴 수 있다.

나는 매튜 헨리의 주석을 아주 좋아한다. 무엇보다 마음에 드는 것은 하나님에 대한 그의 마음이다. 어느 날 강도를 당한 뒤에 그는 이렇게 썼다. "감사하자. 그 이유는 첫째, 전에 한 번도 강도당한 적이 없기 때문이다. 둘째, 그들이 내 지갑은 빼앗아 갔지만 내 생명을 앗아 가지는 않았기 때문이다. 셋째, 그들이 비록 내가 가진 돈을 다 가져갔지만 액수가 그다지 많지 않기 때문이다. 넷째, 내가 강도를 당한 것이지 강도짓을 한 게 아니기 때문이다."[9]

이 소중한 감사의 태도는 내가 하나님께 과연 얼마나 찬송의 제사를 드려야 하는지 잘 설명해 준다.

시편 기자 다윗은 늘 훌륭한 본을 보여 준다. 그는 이렇게 말했다. "내가 노래로 하나님의 이름을 찬송하며 감사함으로 하나님을 위대하시다 하리니"(시 69:30). "내가 주께 감사제를 드리고"(시 116:17). 다윗은 감사하기로 단호하게 결단하고 있다.

"내가 노래로 하나님의 이름을 찬송할 것이다."

"감사함으로 하나님을 위대하시다 할 것이다."

"내가 주께 감사제를 드릴 것이다."

다윗은 일상에서 감사가 생활화된 결단력 있는 사람이었다. 그게 그렇게 쉬운 일이었을 리는 없다. 그는 목숨을 잃을까 두려워 동굴에 숨은 적도 많았지만, 그럼에도 그의 입에서는 감사가 흘러나왔다.

중요한 건 바로 이것이다. 나는 하나님을 찬양하고 싶지 않을 때가 많다. 불평하며 투덜거리는 게 더 쉽고 자연스럽기 때문이다. 그러나 그러한 나의 성향을 죽일 때, 칭얼대고 싶은 충동을 억제할 때 나는 찬송의 제사를 드릴 수 있다. 그렇게 타고난 성향을 죽인 뒤에는 나의 내면 깊은 곳에 파묻혀 있는 찬양의 보화를 캐내야 한다. 그러려면 엄청난 훈련과 감정적 에너지가 필요하다.

최근에 하나님은 내 삶 속에 아주 힘든 상황을 허락하셨다. 가까운 사람 하나가 내게 깊은 상처를 주었고, 그래서 내 마음은 그 사람을 향한 부정적이고 나쁜 생각으로 가득 찼다. 내 마음은 칭얼거림과 불평이라는 기어를 넣고 원격으로 달리는 자동차 위에 앉아 있는 것 같았다.

그래서 나는 부르짖었다. "하나님, 기어를 변속하는 법을 알려 주세요. 꼼짝달싹할 수가 없어요. 이런 상황이 정말 싫어요." 하나님은 내가 이미 알고 있는 것, 수년 동안 실천해 왔고 다른 이들에게 가르치기까지 했던 방법을 가만히 일러주셨다.

"린다, 감사하는 마음이 바로 그 구덩이에서 빠져나오는 길이란다. 너를 돕는 자이며 너의 위로자인 성령이 너를 위해 기어를 변속할 테지만, 너도 네 역할을 해야 한다. 너는 내게 감사했느냐? 긍정적으로 보이는 게 없다는 걸 잘 알지만, 그래도 감사의 제사를 바치지 않겠니?"

그래서 나는 이미 알고 있으면서도 행하지 않았던 것을 하기 시작했다. 매일 아침 잠자리에서 일어나기 전, 침대에 누운 채로 빌립보서 4장 8절을 묵상했다.

끝으로 형제들아 무엇에든지 참되며 무엇에든지 경건하며 무엇에든지 옳으며 무엇에든지 정결하며 무엇에든지 사랑받을 만하며 무엇에든지 칭찬받을 만하며 무슨 덕이 있든지 무슨 기림이 있든지 이것들을 생각하라.

그런 다음 내 안에 계신 성령님과 대화를 나누며 격려해 달라고 요청했다. "주님, 제게 상처를 준 이 사람과 관련하여 긍정적인 일들이 떠오르게 해주세요. 오늘 저는 이 사람의 뛰어나고 훌륭한 점들만 생각하겠습니다."

저녁에 잠자리에 들기 전에도 성령님과 이런 대화를 나누었다. "긍정적인 일들을 떠올려 주셔야 해요, 나의 소중한 위로자 성령님." 그러자 성부, 성자, 성령께서 내 태도의 기어를 바꿔 주셨다. 나는 마음속에 일어나는 모든 일, 힘든 상황과 관련된 모든 일, 그리고 인생 만사에 대해서 하나님께 감사하기 시작했다.

항상 감사의 제사를 드린다는 건 정말 힘든 일이다. 하지만 그렇게 해야 거룩한 하나님이 기뻐하시고, 감사의 태도가 내 마음을 가득 채우게 된다. 범사에 감사할 때도 마찬가지다.

범사에 감사하는 마음

모두가 공감하겠지만, 성경의 각 절에는 실천하기 어려우면서도 흥미로운 구절들이 많다. 예를 들면 이렇다.

> 범사에 우리 주 예수 그리스도의 이름으로 항상 아버지 하나님께 감사하며(엡 5:20).

> 모든 일을 원망과 시비가 없이 하라 이는 너희가 흠이 없고 순전하여 어그러지고 거스르는 세대 가운데서 하나님의 흠 없는 자녀로 세상에서 그들 가운데 빛들로 나타내며(빌 2:14-15).

빌립보서의 앞부분 말씀을 잠깐 생각해 보라. 불평하는 태도가 아니라 감사하는 태도를 가지면, 그 모습을 지켜보는 주변 사람들이 흠잡을 것을 전혀 찾지 못할 것이라 말하고 있다. 뒤이어 말하기를, 감사하는 마음으로 살면 그 삶이 이 어둔 세상에 밝은 빛을 안겨 줄 것이라고 한다. 그러나 불평하지 않고 모든 일에 감사하며 살기란 얼마나 힘든지!

코리 텐 붐은 집단 수용소에서 벌어지는 끔찍하고 소름 끼치는 일에 대해 하나님께 감사하고 싶지 않았다. 코리와 그녀의 언니 벳시는 독일에서 가장 악명 높은 포로수용소인 라벤스브루크로 이제 막 이송되었다. 막사로 들어간 두 사람에게 금세 벼룩이 들끓었다.

그들은 그날 아침에 읽은 성경 말씀을 기억했다. "항상 기뻐하라 쉬지 말고 기도하라 범사에 감사하라 이것이 그리스도 예수 안에서 너희를 향하신 하나님의 뜻이니라"(살전 5:16-18). 벳시는 새로운 곳에서 만나는 모든 세세한 일들에 대해 하나님께 감사하자고 코리에게 말했다.

처음에 코리는 벼룩에 대해 하나님께 감사하기를 단호하게 거부했다. 하지만 벳시가 계속 설득하자 코리는 마침내 성가시고 소름 끼치는 벼룩에 대해 하나님께 감사했다. 그 수용소에서 지내는 동안 놀랍게도 두 자매는 간수들의 제지를 받지 않고 공공연히 성경공부와 기도 모임을 가질 수 있었다. 몇 달이 지나서야 두 사람은 간수들이 자신들의 막사에 들어오지 않으려 했던 이유를 알게 되었다. 바로 벼룩 때문이었다![10]

하나님은 우리에게 벼룩을 주시는 목적을 알려 줄 때도 있고 알려 주지 않을 때도 있다. 이번 주에 섀넌과 함께 기도를 했는데, 기도 중에 섀넌은 딸이 요즘 너무 반항적인 태도를 보여 속상하다면서 울었다. "맥케나가 요즘 하나님을 멀리하고 있는데 그것에 대해서는 감사할 수가 없어요. 성경에서는 범사에 감사하라고 했지만…이런 일 가운데도 하나님이 계시는 걸까요?" 섀넌은 그렇게 물었다.

나는 친구와 함께 울었다. 우리는 이 큰 걱정거리에 대해 함께 기도했다. 섀넌의 소중한 딸 맥케나를 품을 수 있을 만큼 강하신 오직 한 분, 하나님 앞에 그 딸을 들어 올려 그분 발치에 내려놓았다. 그리고 나는 섀넌이 이렇게 기도하는 것을 들었다. "나의 주님, 왜 이런 일에 대해서까지 감사해야 하는지 잘 이해가 안 되지만, 그래도 이 가슴 아픈 일을 통해 주님께서 선을 이루실 것을 믿습니다. 주님께 감사의 제사를 드립니다. 마음이 아픕니다, 주님. 이것을 저의 예배로 받아 주소서."

나는 전능하신 하나님이 두 손을 내밀어 이 상처받은 어머니의 예배를 기쁘게 받으시는 광경을 그려 보았다. 섀넌의 감사하는 태도는 그럴 만한 자격이 있는 분께 드리는 찬양의 제사였다.

나는 나의 태도로 하나님께 예배드리고 싶다. 당신도 그런가? 불평하고 칭얼거리며 투덜대는 태도를 버리고 감사하는 태도를 보일 수 있는 방법 몇 가지를 알아보자.

어떻게 실천할 것인가

어떻게 자기 마음과 뜻을 움직여 불평하는 태도에서 감사하는 태도로 바뀌게 되었는지에 대해 한 여성이 다음과 같이 말했다.

- 시편을 읽으면 늘 감사하는 마음이 된다. 어떤 때는 한 시편을 서너 번쯤 읽어야 시편 기자의 감사에 고개를 끄덕이게 된다.
- 혼자 차를 타고 갈 때 나는 불평이 멈춰질 때까지 그리스도의 소중한 약속들을 큰 소리로 외친다.
- 자꾸 기분이 가라앉고 우울한 감정에 빠져들 때면 뭔가 남에게 줄 것을 찾는다. 이런저런 물건들을 구세군에 한가득 기증하는 것이든, 누군가에게 격려 메일을 보내는 것이든 말이다.

어떻게 해야 감사하는 마음을 키울 수 있는지 몇 가지 제안을 해보겠다.

1. 감사 목록을 만들거나 감사 일기를 쓰라

매주 하루씩 감사의 날을 정해 놓고 지키라. 추수감사절처럼 칠면조 고기나 장식품 등을 준비할 필요는 없고 그냥 하나님께 무엇을 감사해야 할지 조용히 묵상하는 날로 삼으면 된다. 감사 일기를 길게 쓰지 않아도 된다. 한 장이면 족하다. 마음을 편안히 하고 감사 목록을 만들거나 감사 일기를 쓰라. 무조건 쓰라.

내가 카슨 시에서 강연할 때 만났던 여성 메리 앤은 다음과 같은 감사 목록을 만들었다. 앤의 남편은 1년 전 이라크 전쟁에서 전사했다.

하나님, 감사드립니다.

- 그리스도의 은혜와 자비와 사랑으로 이 통곡의 골짜기를 지날 수 있게 해주셔서 감사합니다.
- 제 짐을 대신 짊어 주셔서 감사합니다.
- 능력과 평강으로 위로해 주셔서 감사합니다.
- 영혼의 동반자였던 남편과 4년 반에 걸쳐 인생의 모험과 사랑을 나누고 친밀히 교제하게 해주셔서 감사합니다.
- 하나님을 사랑하는 마음을 지닌 이 멋진 사람을 사랑할 책임을 주셔서 감사합니다.
- 남편의 죽음을 통해, 그리고 저의 슬픔과 가슴 아픔을 통해 하나님께 영광돌릴 수 있게 해주셔서 감사합니다.
- 저를 위해 주님의 생명을 주시고 저와 함께 살고 계셔서 감사합니다. 남편 찰리가 지금 그렇게 하고 있는 것처럼 말입니다.
- 주님의 약속을 이뤄 주시고 거듭거듭 저를 안심시켜 주셔서 감사합니다.
- 누군가를 사랑하는 감정, 누군가에게 사랑받고 있는 감정을 느낄

수 있게 해주셔서 감사합니다.

- 저를 사랑하시고, 제가 가야 할 길이 혼자 가기에 너무 멀어 보일 때도 절대 저를 포기하지 않으셔서 감사합니다.

메리 앤의 감사가 주님의 마음을 기쁘시게 할 것이 분명하다! 당신이 감사할 때도 마찬가지다.

2. 상자 두 개를 준비해서 받은 복을 헤아려 보라

하나는 검은 색, 하나는 금색 종이로 싸서 매일 볼 수 있는 곳에 두라. 다음 이야기를 날마다 읽고, 검은 색 상자와 금색 상자를 볼 때마다 내가 받은 복을 헤아려 볼 수 있게 해달라고 하나님께 구하라.

내 손에는 하나님께서 쥐어 주신 두 개의 상자가 있다네.

"네 모든 슬픔은 검은 색 상자에, 네 모든 기쁨은 금색 상자에 넣어라"고 하나님은 말씀하셨지.

나는 그 말씀을 마음에 두었고, 두 개의 상자에 나의 기쁨과 나의 슬픔을 쌓아 두었지. 금색 상자는 날마다 더 묵직해졌지만 검은 색 상자는 처음과 다름없이 가벼웠다네. 호기심이 생긴 나는 그 이유를 알아보려 검은 색 상자를 열었지. 그리고 보았다네, 상자 밑에 구멍이 뚫려 있는 것을. 내 슬픔은 그 구멍으로 새어 나간 것을.

나는 그 구멍을 하나님께 보여드리며 물었다네. "제 슬픔이 어디로 갔는지 궁금합니다."

하나님은 빙긋이 웃으며 말씀하셨지. "내 아이야, 너의 슬픔은 여기 나와 함께 있단다."

나는 또 물었다네. 왜 내게 상자를 주셨는지, 왜 금색 상자와 구멍 뚫린 검은 색 상자를 주셨는지.

"내 아이야, 금색 상자는 네가 받은 복을 헤아려 보게 하려는 것이고, 검은 색 상자는 슬픔을 놓아 보내게 하려는 것이란다."

3. 신호를 만들라

기특한 내 며느리 데어드르는 세 아들 핀이 네 살, 로넌이 두 살, 에이던이 생후 6개월이었을 때 주방에 다음과 같이 아주 특별한 글을 적어 놓고, 아이들에게 중요한 게 무엇인지 늘 자기 자신에게 일깨웠다. 데어드르가 얼마나 자주 감사를 드리는지 눈여겨보라(데어드르는 주방 싱크대 위에 감사 바구니를 놓아 두었다).

언제나 사랑으로 대꾸하기. 로넌에게 책 읽어 주기…핀에게 놀 공간 마련해 주기. 뽀뽀하고 껴안아 주기. 심호흡하기. 마음을 편안히 갖고 즐겁게 지내기. 아이들을 가능한 한 자주 밖에 데리고 나가기…일관성 있게 대하기…찬양, 찬양, 찬양. 날마다 감사하기. 창의성과 상상력 북돋아 주기. 아이들을 안전하게 지켜 주고 방해하지 않기. 아이들을 놀리지 않기. 아이들에게 더 큰 기쁨 안겨 주기. 인생은 둥글다는 것을 알려 주기! 감사하기, 더욱 감사하기.

기억할 것: 시간은 흘러가고 있다는 것. 아이들이 언제까지 이렇게 어린 아이로 있지 않다는 것…지금의 아이들 모습을 즐길 것!

4. 선물을 하나 포장해 침대 옆에 두고 매일 아침저녁으로 그것을 보라

하나님이 오늘 내게 주실 선물에 감사하고 그 감사로 마음을 가득 채우고, 잠자리에 들 때면 그날 하루를 돌아보며 오늘 하나님이 주신 선물에 감사하기 위해서다. "이날은 여호와께서 정하신 것이라 이날에 우리가 즐거워하고 기뻐하리로다"(시 118:24).

5. '감사의 방아쇠'를 허락해 달라고 하나님께 청하라.

로레인은 기차 건널목에서 기차가 지나가기를 기다릴 때마다(로레인은 기찻길 옆에 살기 때문에 이런 경우가 자주 있다) 그 시간을 하나님께 감사하는 시간으로 활용한다고 한다. 지나가는 기차는 로레인에게 '감사의 방아쇠'다. 나는 고속도로에서 운전을 하면서 엘리스가 다니는 교회를 지나갈 때마다 그녀를 생각하며 하나님께 감사를 드린다. 알렉사는 아이들이 다니는 학교 앞을 하루에도 몇 번씩 지나다니는데, 그때마다 아이들과 관련해 뭔가 긍정적인 일을 떠올리면서 하나님께 감사한다고 한다.

이런 일들을 실천할 때 감사하는 마음이 점점 더 자랄 것이다.

감사하는 마음이 자라 가다

하나님 아버지는 감사하는 태도라는 예배를 요구하신다. 투덜거리고픈 유혹에 넘어가지 않고 대신 감사의 제사를 드릴 때, 온 우주의 하나님께서 기뻐하신다. 당신에게는 어떤 유익이 생기는가? 은혜 안에서 자라게 된다. 바울이 "감사가 넘친다"고 했던 바로 그 멋진 단계를 향해 자라가게 된다. 당신이 아는 사람 중에 진정으로 감사하는 마음을 가졌던 여성이 있는가? 그런 사람이 있길 바란다. 그런 여성은 주변 모든 이들은 물론이고 하나님께도 기쁨일 것이다.

내 경우, 눈을 감으면 늘 감사가 넘치는 나이든 한 여인이 보인다. 그 여인에게는 주변 사람들을 다 감염시키는 아름다운 미소가 있다. 그 여인은 생명수가 흐르는 강에서 능력을 길어 올리고, 자신감 넘치는 친밀감으로 나지막이 주님과 대화를 나눈다. 참으로 매력적인 모습이다. 그 여인에게 감사가 넘치는 것은 범사에 감사하는 습관을 키워 왔기 때문이다. 감사가 본성의 일부가 된 것이다. 그 여인의 감사하는 마음은 오랜 세월 동안 하나님과 동행한 것에서 온 부산물이다. 그 여인의 모습이 바로 내가 원하는 모습이다.

당신은 어떤 사람이 되고 싶은가? 자신의 태도를 돌아보면서 다방면에서 한번 검토해 보지 않겠는가? 그중엔 별로 유쾌하지 않은 모습도 있을 것이고, 그다지 향기롭지 못한 부분도 있을 것이다.

그래도 계속 둘러보라. 타고난 태도 그 이상을 보기 바란다. 하나님이 보시는 시각으로 보기 바란다. 당신의 태도는 예배가 될 수 있다! 투덜거리고 불평하는 부정적인 태도는 하나님 앞에 변화를 받아 온 우주의 주님께 순종하는 태도로 변모될 수 있다. 놀라운 일이다.

이제 새로워진 자기 모습을 상상해 보라. 감사의 바구니를 팔에 걸고 하나님의 보좌가 있는 계단을 걸어 올라가는 모습을 그려 보라. 거룩하신 하나님이 미소를 지으며 이렇게 말씀하신다. "내 딸아, 감사의 예물을 가져왔구나. 참으로 마음에 든다! 바구니 안에 무엇이 들었는지 보여 다오."

당신은 감사 제목이 적힌 목록을 바구니에서 꺼내 펼쳐 든다. 그리고 감사 제목이 얼마나 늘어났는지 보고 깜짝 놀란다. 지금도 감사 제목은 늘어나고 있고, 당신도 성장하고 있다. 감사가 존재의 한 부분이 되어 가고 있는 것이다!

8장
나의 일을 드립니다

오라 우리가 굽혀 경배하며
여호와 앞에 우리의 일을 예배로 드리자.
_ 시편 95:6, 저자 의역

컴퓨터 때문에 너무 속상해서 다 집어 치우고 고함을 지르며 다시는 글을 쓰지 않겠노라고 맹세라도 하고 싶은 심정이다. 다섯 시간이나 작업을 했는데 아무래도 그동안 쓴 글이 다 날아간 것 같다. 컴퓨터가 싫다. 두 번 다시 보고 싶지 않다. 미숙한 사람, 그리스도인답지 않은 사람으로 보일 염려만 없다면 컴퓨터를 들어서 창 밖으로 던져 버리고 싶다.

누구나 컴퓨터를 창 밖으로 던져 버리고 싶은 날이 있다. 일이 잘 안 풀리는 나머지 비명을 지르며 씩씩대고 한숨을 쉬며 고함을 지르고 코를 훌쩍이며 울고 싶은 그런 날 말이다. '일'이라는 단어만 들어도 기분이 나빠지기 시작한다. 다른 여성들은 일에 대해 뭐라고 말하는지 들어 보자.

켈리

병원에서 스트레스를 받으며 하루 근무를 마치고 집으로 돌아오니 세 살 된 아들 녀석이 소리를 지르며 떼를 쓰고 있었다. 그렇잖아도 하루 종일 비명이라도 지르고 싶은 심정이었던 나는 방으로 들어가 문을 닫고 녀석에게 고함을 질렀다. 서글픈 사실은, 그러자 기분이 좋아졌다는 것이다.

제나

국제 비즈니스 전공으로 석사 학위를 받은 내가 겨우 구한 직장이 옷가게 점원이다.

브리태니

아이가 토해 놓은 것을 한 번 더 치우다가는 내가 토할 것 같다. 세상 모든 사람을 향해서 말이다. 엄마 노릇은 내가 취업하고 싶었던 일이 절대 아니다.

태미

내 일은 영업직이다. 스트레스를 많이 받지만 남편이 실업 상태이기 때문에 나는 이 일을 해야 한다. 일이란 왜 이리 고통스러울까?

케일리

특선 요리를 준비하고 싶지 않다. 손님 방을 꾸미고 싶지도 않다. 손님 접대에 지쳤다. 팝콘 한 봉지, 다이어트 콜라 한 잔을 들고 조용한 곳에서 혼자 좋은 책이나 한 권 읽었으면 좋겠다. 제발, 하나님, 일 좀 안 하게 해주세요.

나처럼 너무 많은 일들로 인해 머리 꼭대기까지 스트레스를 받고 있는 사람이라면, 이 여성들이 한 말에 공감할 것이다. 일이란 지루하고 힘들 뿐만 아니라 사람을 지치고 좌절하게 만들며 낙담케 한다. 그러나 사실 일 자체가 문제는 아니다. 문제는 일을 보는 우리의 관점이다. 최근에 어느 항공 승무원에게서 이 사실을 생생하게 보았다.

더 높은 차원에서 보라

멍한 눈으로 1번 출구 옆에 앉아 비행기 탑승 시간을 기다리고 있었다. 오전 6시였다. 나의 앞뒤와 양 옆에도 좀비처럼 퀭한 눈으로 '내가 무엇을 위해 이 이른 아침부터 공항에 나와 있는 것일까'라고 생각하는 듯한 비행기 통근자들이 구부정하게 의자에 파묻혀 있었다. 새벽 4시에 맞춰 놓은 알람 소리에 잠을 깬 뒤 나도 여러 번 그 질문을 했다.

그때 갑자기 생기발랄한 웃음소리가 들렸다. '아침 여섯 시부터 누가 저렇게 웃는 걸까?'라고 생각하며 고개를 들어 보니 웃음소리의 주인공인 듯한 여승무원이 보안 구역을 지나가고 있었다. 그녀가 뿜어내는 온기가 마주치는 사람들을 하나하나 감동시키고 있었다. 비행기에 오른 뒤 이 자상한 천사는 온몸이 마비된 상태로 태어났다는 한 남자 승객의 좌석 팔걸이에 앉아 그의 인생사를 다 들어 주었다.

베아라는 이름을 가진 그 승무원은 미소를 띤 채 통로를 오가며 도움이 필요한 사람들을 도왔다. 그리고 어디서 난 건지 장미꽃을 한 송이씩 나누어 주었다. 장미꽃이 어디서 났느냐고 묻자 그녀는 "저도 누구한테 받은 건데요, 승객분들한테 나눠드리고 싶어서요"라고 말했다.

이 이야기를 듣고 베아의 인생이 평탄한가보다 하고 생각하는 이들이 있을지 모르겠다. 하지만 그렇지 않았다. 그녀의 인생은 오히려 '가련한 인생'이라고 할 수 있다. 베아와 이야기를 나누면서 그녀가 싱글맘이며 아들이 교도소에서 출소한 지 얼마 안 되었다는 사실을 알게 되었다.

항공 승무원들 중에는 그냥 몸으로만 승객을 섬기는 이들도 있다. 하지만 베아는 그렇지 않았다. 그녀는 주 예수님을 사랑한다고 했다. 그리고 자신은 마음으로 승객들을 섬기며, 그것은 자기 마음이 창조주 하나님께 속해 있기 때문이라고 했다. 베아에게는 일이 곧 예배였다.

그녀는 일을 보다 높은 차원에서 바라보고 있었다. 내게 필요한 것이 바로 그것이다. 당신에게도 그것이 필요하다. 베아는 평범하지 않은 삶을 살고 있는 평범한 여성이다. 수세기 전의 그리스도인들이 알고 있었던 것을 그녀도 깨우쳐 알고 있었다.

라보라레 에스트 오라레, 오라레 에스트 라보라레
(Laborare est orare, orare est laborare)

한때 일터마다 걸려 있던 이 유명한 라틴어 경구를 번역하면, "일하는 것이 곧 예배하는 것이고, 예배하는 것이 곧 일하는 것"[1]이라는 뜻이다. 잠깐 일상을 멈추고 이 말을 음미해 보라. 그리고 자신에게 질문하라. 나는 나의 일을 예배로 보고 있는가?"

바울이 골로새 교인들에게 한 말을 들어 보라. 이것은 우리가 어떻게 해야 하는지 잘 지적해 준다. "또 무엇을 하든지 말에나 일에나 다 주 예수의 이름으로 하고"(골 3:17). 당신은 일을 어떻게 보고 있는가? 산처럼 쌓인 빨랫감, 채점해야 할 과제물 더미, 작성해야 할 문서, 돌봐야 할 환자들을 어떻게 보고 있는가? 자기 일이 무엇이든, 그 일을 예배로 보고 있는가? 당신의 일에는 '라보라레 에스트 오라레'라고 쓰여 있는가?[2]

당신은 어떤 일을 하는가? 칸막이로 둘러싸인 사무실 공간에 앉아 숫자들을 처리하고 있는가? 화가 난 고객들을 응대하고 있는가? 믿음이 가지 않는 자원봉사자들을 관리하고 있는가? 도대체 감사할 줄 모르는 중고생들을 가르치고 있는가? 여성들을 상담하고 있는가? 아이들을 키우고 있는가? 우편물을 배달하고 있는가? 음식을 배달하는가? 아침저녁으로 아기들을 놀이방에 데려다주고 데려오는 일을 하는가? 자기 일을 하찮고 별로 중요하지 않은 일로 생각해 본 적이 있는가? 정말로 꿈꾸는 직장을 얻을 때까지는 별 수 없이 기저귀를 갈고 잉크 카트리지를 교체할 수밖에 없다고 생각하는가?

사도 바울은 우리의 삶을 들어 제물로 바쳐야 하며, 그것이 우리의 영적 예배라고 말했다(롬 12:1 참고). 일은 내 삶의 중요한 부분이며 나라는 존재를 조성하고 있다.

우리가 하는 일이 예배가 될 수 있다는 사실을 깨닫는다면 일을 대하는 우리의 감정이 어떻게 달라지겠는가? 카풀을 하는 운전자가 월요일 아침 자기 차에 오르는 사람들을 향해 "좋은 아침입니다! 이제 예배드리러 가자고요"라고 인사하며 반갑게 맞는다면 그 아침이 어떻게 달라지겠는가?

엄마가 매일 아침 "주님, 기저귀를 갈고 밥을 하고 빨래를 하고 두 살짜리 꼬마의 끊임없는 질문에 대답하는 등 오늘 하루의 모든 일이 주님께 드리는 예배 행위가 되게 하소서"라고 기도하기 시작한다면 그 가정이 어떻게 달라지겠는가?

선생님, 간호사, 컴퓨터 프로그래머, 변호사, 의사, 배관공이 일터로 향하면서 "예배드리러 갑니다!"라고 말한다면 그 모든 사람의 삶이 어떻게 달라지겠는지 생각해 보라.

"일이 곧 예배이고, 예배가 곧 일"이라는 자세는 우리의 일과 우리 자체를 변화시킬 것이다.

일을 정말 하나의 예배로 행할 수 있는 걸까? 물론이다! 나를 늘 맥

빠지게 만들었던 일이 이제 내게 성취감을 주는 일이 될 수 있을까? 물론이다! 자기 일에 관한 사고방식을 바꾸면 그런 변화가 시작될 수 있다. 특히 이 세 가지 핵심 질문에 대한 답변이 달라진다면 말이다.

첫째, 나는 성공을 어떻게 정의하는가?

둘째, 나는 내 일을 중요하게 여기는가?

셋째, 나는 상대적으로 더 거룩한 일이 있다고 생각하는가?

이제 이 질문들을 하나하나 검토해 보자.

나는 성공을 어떻게 정의하는가?

스스로에게 이 질문을 한 번도 해본 적이 없다고 한다면 그건 정직하지 못한 것이다. 나는 이 질문을 여러 번 했다. 집에서 네 살보다 어린 아이들 셋을 키워야 했을 때, 늘 그날이 그날처럼 무덤덤하던 시절에 나는 이 질문을 했다. 오스트리아 문화에 적응하려 애쓰며, 지하철을 타고 다니며 독일어를 배우고, 아이들이 수두에 걸리고 머릿니가 옮는 바람에 독일어 수업 최다 결석상을 받던 선교사 시절에도 나는 날마다 이 질문을 했다. 내가 생각하기에 나는 독일어를 배우는 일이나 오스트리아 문화에 적응하는 일에 성공하지 못했다. 머릿니를 없애는 일마저도.

세상 사람들은 일과 관련하여 성공을 어떻게 정의하는가? 주로 직함과 연봉으로, 그리고 얼마나 책임 있는 자리에 올랐느냐 하는 것으로 성공 여부를 판단한다. 이런 식이면 전업주부들은 자기 일이 존중받고 가치를 인정받는다고 느끼기 힘들다. 나는 집에서 네 아이들을 키우며 책임은 많고 보수는 하나도 없는 일을 할 수 있는 특권을 누렸다! 나는 그 일을 누구하고도 바꾸고 싶지 않았지만, 무엇이 성공인지 규정하기 힘들었던 시절이 있었다. 아이들은 내게 고마워하거나 내가 하고 있는 일들을 알아주지도 않았다.

그러던 어느 날, 하나님이 성공을 어떻게 정의하시는지 깨닫게 되었고, 그에 따라 내가 하는 일을 보는 방식도 달라졌다.

무슨 일을 하든지 마음을 다하여 주께 하듯 하고 사람에게 하듯 하지 말라 이는 기업의 상을 주께 받을 줄 아나니 너희는 주 그리스도를 섬기느니라(골 3:23-24).

정말 멋진 말씀 아닌가? 이 말씀은 성공이 무엇인지 명쾌히 정의한다. 메시지 성경은 이 구절을 어떻게 옮기고 있는지 보자. "최선을 다하십시오. 여러분의 진짜 주인이신 하나님께 하듯 마음을 다해 일하고, 유산을 상속받을 때 충분히 보상을 받게 되리라고 확신하십시오. 여러분이 섬기는 궁극적인 주인은 그리스도이심을 늘 명심하십시오." 확대역 성경(Amplified Bible)은 또 이렇게 옮기고 있다. "너희의 일이 무엇이든, 진심으로 (영혼으로부터) 일하라."

성경은 성공을 어떻게 정의하는가? 다음과 같은 여성은 성공한 사람이라고 할 수 있다.

- 하나님을 위해 일하며, 하나님이 일의 목적이다.
- 마음과 영혼에서 우러나오는 자세로, 진심으로 일을 한다.
- 보수를 받기 위해 일하되 돈과 같은 일시적 보수가 아니라 영원히 지속될 하늘의 상급을 받기 위해 일한다.

감동적인 근무 태도를 보여 준 여승무원 베아 이야기를 앞에서 했는데, 그와 비슷한 사람이 또 있다. 그는 건널목지기다. 어느 월요일 아침 출근길, 월요병으로 축 처진 채 건널목에 멈춰 서 있던 한 운전자가 춤추듯 수신호를 하고 있는 건널목지기를 보았다.

7월의 뜨거운 햇살, 요란한 기적 소리, 참을성 없는 운전자들은 안중에도 없다는 듯 남자는 주황색 깃발로 우아하게 넓은 반원을 그리며 지나가는 기관사를 향해 정다운 인사를 건넸다. 대다수 사람들이 지루하고 따분하게 여길 일을 하면서 이 남자가 보여 준 흥겹고 활기찬 태도에 깜짝 놀란 운전자는 차창을 내리고 어떻게 자기 일에 그렇게 열정적일 수 있느냐고 물었다. "제가 행복한 건, 사람을 위해 일하는 게 아니기 때문이지요." 건널목지기는 운전자의 말에 큰 소리로 대답했다. "전 예수님을 위해 일하는 건널목지기랍니다."[3]

부루퉁한 표정으로 음료를 건네는 승무원, 무뚝뚝한 얼굴로 자동차들에게 통행을 지시하는 건널목지기는 일을 그냥 일로만 여기며 일하는 사람들이다. 자신이 건네는 음료 잔을 받아드는 한 사람 한 사람을 위해 기도하는 승무원, "저는 예수님을 위해 교통 지도를 합니다"라고 말하며 춤추듯 깃발을 흔드는 건널목지기는 일을 예배로 드리는 사람들이다.

그 건널목지기를 생각하면 마음이 겸손해진다. 직업이 무엇이든 우리는 예수님을 위한 건널목지기가 될 수 있다. 지금까지는 과연 무엇이 우리의 성공 여부를 규정하는지 살펴보았다. 이제 우리의 일에 의미를 부여하는 게 무엇인지 알아보자.

나는 내 일을 중요하게 여기는가?

최근 한 여성 모임에서 강연 중에 참석자들에게 이런 질문을 던진 적이 있다. "자신이 하고 있는 일이 별로 중요하지 않다는 생각이 자주 드나요?" 그런 사람은 손을 들어 보라고 하자 거의 모든 참석자가 손을 들었다. 그렇게 생각하는 이유가 뭐냐고 묻자 여성들은 다음과 같은 답변을 내놓았다.

- 보수를 많이 받지 못하기 때문에.

- 보이지 않는 곳에서 일하는 사람은 나인데 정작 다른 사람들이 주목받기 때문에.
- 아내이자 엄마 노릇만으로는 충분하지 않은 것 같기 때문에.
- 즉각적인 결과가 나타나지 않기 때문에.
- 일반 직장에 다니고 있어서 내가 하고 있는 일이 하나님나라에 그다지 큰 영향을 주지 않는 것 같기 때문에.
- 남들이 우러러볼 만한 대단한 직함이 없기 때문에.
- 내가 어떤 일을 하고 있는지 이야기할 때 사람들이 별 관심을 보이지 않고 얼른 화제를 바꿔 버리기 때문에.

다행히도, 하나님의 질서에서는 중요성이란 걸 우리의 세상과는 아주 다르게 본다는 것이다. 마가복음에서 마지막 만찬 장소를 예비하라는 평범한 임무를 부여받았던 한 남자의 이야기를 읽어 보라. 제자들은 장을 봐 가지고 와서 앞치마를 두르고 유월절 식사를 준비할 작정이었다. 그런데 예수님은 누군가가 이미 준비를 해놓았다고 말씀하신다.

예수님께서 제자 중의 둘을 보내시며 이르시되 성내로 들어가라 그리하면 물 한 동이를 가지고 가는 사람을 만나리니 그를 따라가서 어디든지 그가 들어가는 그 집 주인에게 이르되 선생님의 말씀이 내가 내 제자들과 함께 유월절 음식을 먹을 나의 객실이 어디 있느냐 하시더라 하라 그리하면 자리를 펴고 준비한 큰 다락방을 보이리니 거기서 우리를 위하여 준비하라 하시니 제자들이 나가 성내로 들어가서 예수께서 하시던 말씀대로 만나 유월절 음식을 준비하니라(막 14:13-16).

이름이 알려지지 않은 이 남자의 임무는 아주 단순했다. 방 하나만 준비하면 끝이었다. 왕을 위해 준비된 방. 집에 손님이 오면 방을 준비해야 한다. 시간을 들여 수고해야 하는 일이다. 이 남자는 분명 바닥에 깔았던 깔개를 털고, 바닥을 쓸고, 먼지를 털고, 반짝반짝 윤이 나게 걸레질을 했을 것이다. 손님들이 발도 씻고 마른 목도 축일 수 있도록 우물에 가서 시원한 물도 길어 왔을 것이다. 평범한 일이다. 하지만 이 단순한 준비 작업은 아주 중요했다.

예수님은 이 남자가 한 일을 알고 계셨다. 그가 어떻게 그분을 섬겼는지 알고 계셨다. 살다 보면 '이름 없는 일꾼'이 된 듯한 기분이 느껴질 때가 있다. '누가 나를 볼까? 내가 하는 일을 누가 신경이나 쓸까?' 그러나 예수님이 이 남자가 한 일을 보고 신경을 쓰신 것처럼, 당신이 예수님을 위해 뭔가를 할 때 그분이 모든 걸 보고 소중히 여기신다.

수세기에 걸쳐 그리스도인들에게 사랑받아 온 『하나님의 임재연습』 (*The Practicing the Presence of God*)이라는 책이 있다. 이 보물 같은 책에서 우리가 하는 일로 하나님을 예배하는 법을 배우게 된다. 그 일이 아무리 평범할지라도 말이다.

나는 로렌스 형제(Brother Lawrence)의 이 자그마한 책을 즐겨 읽는다. 당신도 그의 이름을 들어 보았을 것이다. 하지만 무슈 보포르(M. Beaufort)라는 이름은 아는가? 나도 그 이름을 몰랐다. 하지만 그 사람이 아니었다면 나는 『하나님의 임재연습』을 읽고 또 읽는 기쁨을 누리지 못했을 것이다.

로렌스 형제가 세상을 떠난 뒤, 무슈 드 샬롱의 대주교 대리인 무슈 보포르가 로렌스 형제와 나눈 대화와 편지를 편집하여 세상에 내놓았다. 이는 로렌스 형제가 하나님의 임재 안에서 살아간 삶을 담은 소중한 기록이 되었다. 하지만 지금 사람들에게 기억되는 건 누구의 이름인가? 무슈 보포르인가, 로렌스 형제인가? 무슈 보포르가 한 일은 중요한 일이었는가? 로렌스 형제의 일보다 덜 중요한 일이었는가, 혹은 더 중요한 일이었는가? 곰곰이 생각해 볼 만한 좋은 질문이다(로렌스 형제에 대해서는 12장에서 좀 더 다룰 것이다).

또한 오스왈드 챔버스(Oswald Chambers)가 있다. 그가 집필한 훌륭한 경건 서적 『주님은 나의 최고봉』(*My Utmost for His Highest*)을 통해 수많은 사람이 하나님께 더 가까이 나아갔다. 챔버스가 마흔두 살의 나이로 갑자기 세상을 떠나자 그의 사랑하는 아내 비디(Biddy)는 여기저기 흩어져 있던 남편의 글들을 모아 매일 묵상집을 펴내는 데 평생을 바쳤다. 그녀의 이름을 아는 사람도, 그녀의 헌신적 수고를 아는 사람도 거의 없지만, 비디 챔버스가 없었더라면 세상은 오스왈드 챔버스를 몰랐을 것이고 『주님은 나의 최고봉』이라는 책으로 은혜를 얻지 못했을 것이다. 그렇다면 누구의 일이 더 의미 있었던 것일까? 이름이 알려진 오스왈드 챔버스인가, 아니면 상대적으로 덜 알려진 비디 챔버스인가? 흥미로운 질문이다.

질병으로 사고력이 손상된 여성의 경우는 어떤가? 아무 기억도 없는 그 여성이 할 수 있는 일이 무엇이겠는가? 나는 메이의 경우를 통해서 병든 삶도 의미를 지닐 수 있음을 알게 되었다. 그녀를 만나고 나서 나는 일기에 이렇게 썼다.

이번 주에는 지린내가 나는 환자 요양소에서 많은 시간을 보냈다. 어떤 때는 좀 심하다 싶을 정도로 냄새가 나기도 했다. 대부분 사람들은 이곳에 오면 기분이 우울해진다고 할 것이다. 이곳 사람들은 거의 반 이상 멍하니 허공을 바라보고 있고, 말을 하지 못하는 이들도 많다. 나의 의붓아버지처럼 수술 후 물리 치료를 받으려고 이곳에 와 있는 환자들은 빨리 집에 보내 달라고 간청한다. 정신이 멀쩡한 사람들은 어찌됐든 빨리 이곳을 빠져나갈 궁리만 한다. 이곳엔 죽음이 활보하고 다니기 때문이다.

그러나 하나님은 이 어둠 속에 한 빛을 두셨다. 그녀의 이름은 메이. 그녀는 늙어서 허리가 구부정하다. 머리는 흐트러져서 이리저리 삐져나와 있다. 말은 할 수 있지만 발음이 분명치 않다. 한때 똑똑했던 그녀를 알츠하이머 병이 멍하게 만들어 놓았다.

내가 메이를 위해 기도하자 메이는 "마를렌(그녀는 내 이름을 제대로 부른 적이 없다), 하나님께서 내게 이곳의 빛이 되라고 하세요"라고 했다. 그녀는 글을 읽을 수 있는 날에는 로즈메리에게 성경을 읽어 준다. 제임스에게는 어눌한 발음으로 격려의 말을 해준다. 메이는 6년 동안 이곳에서 빛으로 살아왔다. 내가 "메이라는 소중한 등대를 통해 주님의 빛을 발하소서"라고 기도하자 메이는 울었다. 메이는 자신의 일을 통해 하나님을 예배한다.

무슈 보포르, 비디 챔버스, 소중한 여인 메이를 생각하면 바울이 고린도전서 4장 2절에서 했던 말이 떠오른다. "린다를 비롯해 그리스도인 여성에게 구할 것은 충성이니라." 하나님의 기준은 우리의 기준과 다르다. 우리는 무엇을 성취해야만 자신이 중요한 일을 하고 있는 것이라고 생각하지만, 하나님은 이렇게 말씀하신다. "너의 일에 충실하라, 내 딸아. 그러면 너는 내게 의미 있는 존재가 될 것이다."

지금까지 무엇이 성공을 규정하며, 우리가 하는 일에 의미를 부여하는지 알아보았다. 이제 한 가지 질문이 남아 있다.

나는 상대적으로 더 거룩한 일이 있다고 생각하는가?

우리 현대인의 사고방식에는 뭔가 왜곡된 부분이 있다. 우리는 인생을 두 구획으로 나눈다. '영적인' 일은 모두 한쪽으로 몰고, '세상적인' 일은 또 다른 한쪽으로 본다. 영적인 일이란, 교회에 가거나 주일학교 교사로 섬기거나 기도를 하거나 혹은 성경공부 때 누군가를 위해 식사를 준비하는 일이다. '세상적인' 일이란 잠자리를 정돈하고 가족들을 위해 요리를 하고 하루에 여섯 번씩 아기 기저귀를 갈고 방금 청소했는데 아이가 엎지른 우유를 또 닦는 것이다. 혹은 사무실이나 학교나 공장이나 옷가게에 출근하는 것 같은 매일의 일과를 말한다. 하지만 이런 관점은 비성경적이다.

〈디사이플십 저널〉(Discipleship Journal)지 편집인 수 클라인은 어느 날 아침 구두 가게에서 샌들을 고르고 있었다. 팔뚝에 다양한 문신을 뽐내며 염소수염을 기르고 도발적인 디자인의 티셔츠를 입은 남자 점원이 그녀의 시중을 들었다. "자기 일을 사랑하는 한 점원에게 저는 왕족 같은 대접을 받았답니다. 제 발에 맞는 사이즈도 없고, 제가 원하는 스타일도 없었지만 그 무엇도 문제가 되지 않았어요. 그는 시종 유쾌하고 끈기 있게, 그리고 끝까지 제 취향을 존중하는 태도로 제 마음에 들 만한 샌들을 찾아서 권했지요."

팔뚝에 문신을 한 구두 가게 점원의 '일'에는 거룩하거나 영적이라고 할 만한 부분이 없다고 대부분 말할 것이다. 그러나 수의 생각은 달랐다. 수는 무슨 일이든 우리가 어떤 자세로 행하느냐에 따라 그 일이 거룩해질 수 있다고 생각한다. 수가 샌들 고르는 것을 도와준 그 점원은 친절, 유쾌함, 참을성, 성실함, 손님을 섬기고자 하는 열심을 보여 주었다. 한결같이 그리스도의 형상을 닮은 성품들이다.

이 만남 덕분에 수가 깨달은 것이 있다. 자신이 비록 기독교 잡지사에서 일을 하지만, 때로 동료에게 참을성 없이 군 적도 있고 편집 지침을 따르지 않는 필자에게 불평한 적도 있으며 남 험담하는 데 낀 적도 있다는 것을 말이다. 모두 한결같이 그리스도를 닮지 않은 모습들이다.

수는 이렇게 묻지 않을 수 없었다. "과연 어떤 일이 세상적인 일이고 어떤 일이 영적인 일인가?"[3] 좋은 질문이다.

킴은 매주 월요일과 화요일에 한 병원에서 사회복지사로 열 시간씩 일한다. 나머지 5일은 집에서 세 살, 다섯 살, 일곱 살짜리 세 아들을 돌보며 지낸다. 주일에는 교회에서 아름다운 목소리로 찬양을 하며 예배자들을 인도하는 일을 한다.

킴의 일을 어떻게 평가하겠는가? 병원에서 아픈 여성을 섬기는 것이 어린 세 아들들의 싸움을 말리는 것보다 더 그리스도를 닮은 일인가? 두 손을 높이 들고 예배드리는 것이 아들을 안아 주는 것보다 더 영적인 일인가? 예배를 인도하는 것이 아이들의 흙 묻은 옷을 빨아 널고 녀석들이 더럽혀 놓은 화장실 청소를 하는 것보다 더 가치 있는 일인가?

내가 생각하기에 마더 테레사라면 킴이 하는 그 모든 일이 '영적인 일'이라고 말했을 것 같다. 누군가가 마더 테레사에게 예배가 당신에게 어떤 의미냐고 묻자, 그녀는 우리가 일로 예배드리는 모습을 아름답게 표현했다. 거리에서 만난 고아를 도울 때, 목마른 아이에게 시원한 물 한 잔을 건넬 때, 바로 그것이 하나님께 예배를 드리는 것이라고 말했다. 따지고 보면 예수님도 "너희가 여기 내 형제 중에 지극히 작은 자 하나에게 한 것이 곧 내게 한 것"이라고 말씀하시지 않았는가?[5]

아주 사소한 일일지라도 하나님 앞에 엎드리는 마음으로 했다면 그 일 하나하나가 사람들에게 기쁨을 줄 뿐만 아니라 거룩하신 하나님께 드리는 예배가 된다. 하나님은 우리가 그렇게 행하는 순간순간을 지켜보시며, 그 순간마다 섬김을 받으신다. 하나님의 이름으로 누군가에게 건네준 물 한 잔, 컴퓨터 화면에 입력한 글자 하나, 참을성 있게 남을 섬기는 매 순간, 남을 위해 준비하는 한 끼 식사, 병든 아이를 품에 안아 주는 것 하나하나가 예배 행위다.

일레인은 이 사실을 잘 알고 있다. 그녀의 주방 싱크대 위에는 이런 액자가 걸려 있다. "이곳에서 하루에 세 번 거룩한 섬김이 진행됩니다."

우리는 주 예수님이 이 땅에서 처음 30년 동안은 노동자로, 목수로 사셨다는 사실을 잊을 때가 많다. 예수님은 못을 박았고, 널빤지를 날랐고, 나무로 갖가지 물건을 만드셨다. 나무로 뭔가를 만들어 내는 것이 바로 공생애를 위한 그분의 준비 작업이었다. 주님은 영적인 일과 세상적인 일을 구별해서는 안 된다는 것을 분명히 하셨다. 두 가지는 항상 병행한다. 성막을 만든 일에서 이 사실을 확실히 볼 수 있다.

나는 출애굽기 35장 25-26절에 묘사된 광경을 아주 좋아한다. 하나님이 이렇게 말씀하시는 것 같다. "이리 오너라, 나의 딸들아. 바느질을 할 줄 알고 실을 뺄 줄 아는 자들은 다 오라. 너희들은 내가 활용할 수 있는 독특한 기술을 갖고 있다. 손재주가 있으며, 그 마음에 감동이 있는 귀한 여인들은 다 오라." 하나님이 여인들에게 주신 은사를 얼마나 아름답게 묘사하고 있는가!

성(聖)과 속(俗)을 구별할 때 우리는 하나님이 영적인 일, 가령 설교하고 가르치고 상담하고 치유하는 일에는 성령을 주시고 세속적인 일에는 성령을 주시지 않는 것으로 잘못 생각하기 쉽다. 하지만 그건 사실이 아니다. 성경은 "하나님의 영을 그(브살렐)에게 충만하게 하여 지혜와 총명과 지식으로 여러 가지 일을 하게 하시되"(출 35:31)라고 말한다.

여기서 브살렐이 바느질, 실 뽑기, 조각, 새기기 등과 같은 숙련된 기술을 통해 아름다움을 창조하는 것을 돕기 위해 하나님이 성령을 부어 주셨다는 것을 보게 된다. 하나님이 보시기에는 성과 속의 구별이 없다. 하나님은 만유의 창조주시다. 따라서 하나님께는 내가 하는 모든 일이 중요하다! 하나님은 만유 중에 계시고, 만유 위에 계시며, 우리가 모든 일 가운데서 하나님을 영화롭게 하기를 바라신다. 내가 하는 모든 일을 하나님 앞에 들어 올려 예배로 바치기를 바라신다.

일에 대한 이런 사고방식이 낯설게 느껴지는가? 당신은 모든 일을 영적인 것으로 보는가? 당신은 성공에 대한 하나님의 관점에 동의하는가? 토저가 남긴 이 말은 지극히 옳다. "우리는 이 세상에 먼저 예배자로 존재해야 한다. 일꾼은 그 다음이다.…예배자가 행하는 일이라야 그 안에

영원성을 지니게 된다."⁶

생을 마칠 때쯤 나도 주 예수님이 하셨던 말씀을 할 수 있었으면 좋겠다. "아버지께서 내게 하라고 주신 일을 내가 이루어 아버지를 이 세상에서 영화롭게 하였사오니"(요 17:4).

내 일이란 게 어떤 날은 컴퓨터 앞에 앉아 글을 쓰는 것이고, 또 어떤 날은 여성 모임에 가서 하나님의 말씀을 가르치는 것이다. 손님들을 위해 요리하고 청소하는 게 내 일인 날도 있고, 성적 학대를 당해 슬피 울고 있는 여성을 품에 안고 기도를 해주는 게 내 일인 날도 있다. 또 어떤 날에는 마당의 풀을 뽑고, 비행기에 앉아 있기도 하며, 방에 페인트칠을 하거나 친구의 아기를 돌보기도 한다.

이 모든 것이 영적인 일이다. 내가 하는 일의 모든 면면이 내가 사랑하는 분 앞에 머리 숙여 드리는 예배일 수 있다. 그 각각의 일들을 힘껏 해내어 하나님께 영광 돌리기만 한다면 말이다. 앞으로 남은 날들 동안 날마다 하나님께 "오늘 제가 하는 모든 일을 하나님 앞에 예배로 드립니다"라고 말씀드릴 수 있기를 소원한다. 당신도 자신이 하는 일의 면면을 보면서 "주님, 오늘 제가 하는 일들을 주님 앞에 예배로 드리기를 원합니다"라고 말씀드릴 수 있기를 기도한다.

이제 일로 하나님을 예배하기 위해 어떤 단계들을 밟아야 하는지 알아보자.

어떻게 실천할 것인가?

1. 골로새서 3장 23-24절 말씀을 외우고, 묵상하고, 그 말씀을 내 것으로 만들어 하나님께 고백하라(한숨이 나올 것이다. 외운다는 건 힘든 일이니까. 하지만 당신은 할 수 있다). 이 소중한 말씀을 읽고 자신의 일부로 만든 다음, 하루 일을 시작할 때 아버지께 이를 고백하라.

> 무슨 일을 하든지 마음을 다하여 주께 하듯 하고 사람에게 하듯 하지 말라 이는 기업의 상을 주께 받을 줄 아나니 너희는 주 그리스도를 섬기느니라.

내가 아는 어떤 여성들은 이 말씀을 다음과 같이 자기 말로 바꿔 기도했다.

> 아버지, 오늘 이 아이들을 돌볼 때 도움이 필요합니다. 영혼을 다 바쳐 아이를 키우는 엄마 노릇을 하고 싶습니다. 당신을 위해 이 일을 하고 싶습니다, 주님. 제가 하루 종일 무슨 일을 하는지 아무도 보지 않지만, 주님은 보십니다. 제 상급이 주님에게서 온다는 것을 알고 있습니다. 오늘 그 사실을 기억하게 하소서. 엄마로서 오늘 제가 하는 일이 예배로 드려지기를 원합니다. 왜냐하면 주님을 사랑하니까요.

주님, 지금 운전을 하며 일터로 가고 있는데, 오늘 해야 할 일이 너무 많아 회사에 들어서기도 전에 벌써 기운이 빠집니다. 하지만 여기 이렇게 주님 앞에 나온 것은, 제가 진심으로 주님을 위해 일하고자 한다는 것을 말씀드리기 위해서입니다. 제가 일로 기쁘게 해드리고 싶은 분은 오직 주님뿐입니다. 그리고 저의 영원한 상급은 주님에게서 옵니다. 부디 제게 힘을 부어주사 주님을 잘 섬길 수 있게 하소서.

이 말씀을 당신의 마음과 생각에 새겨 넣으라. 그리고 예배에 관한 이런 개념을 내면에 깊이 아로새기라.

2. 책상 위나 어디든 자신이 일하는 곳에 "일이 곧 예배이고, 예배가 곧 일이다"라고 써서 액자에 걸어 놓으라. 나는 이 경구가 들어 있는 작은 액자를 책상 위와 주방 싱크대 옆 창턱에 올려놓았다.

날마다 책상 위에 놓인 이 경구를 보면서 컴퓨터 앞에서 하는 내 일이 하나님께 드리는 예배가 될 수 있다는 사실을 떠올린다. 그리고 싱크대 옆에 놓인 액자를 볼 때마다 채소를 썰고 끼니를 준비하고 냄비를 문질러 닦는 그 모든 행위가 예배가 될 수 있다는 사실을 떠올린다.

수세기 동안 수많은 그리스도인들에게 힘을 북돋아 준 이 라틴어 메시지를 실천하면서 살면 다음과 같은 기도 제목들을 갖고 더 자주 기도하게 된다.

- 나의 일
- 일에 대한 나의 태도
- 일할 때 나의 성실성

예배란 무엇인가? 그것은 일이라고 하는 내 삶의 일부를 들어서 제단에 올려놓고 하나님께 제물로 드리는 것이다. 내가 그분을 사랑하기 때문이다. 이것이 나의 영적 예배 행위다. "라보라레 에스트 오라레, 오라레 에스트 라보라레." 일이 곧 예배다. 예배가 곧 일이다. 이건 아주 중요한 문제다. 오늘 당신이 하는 일은 거룩하신 하나님께 드리는 예배가 될 수 있다!

나의 일을 예배 행위로 하나님께 바치기로 선택하겠는가? '라보라레 에스트 오라레'라는 아름다운 시로 하나님께 기도하겠는가?

라보라레 에스트 오라레

"라보라레 에스트 오라레"
고대의 한 수도사가 노래했네.
이른 아침 기도 시간에 노래했네.
저녁 종이 울릴 때 노래했네.
"일이 곧 예배이니"

나의 형제들이여, 하나님은

우리의 수고를 향기로운 예물로 취하시고

굳은 손마디와 지친 발을

예배의 증표로 받으신다네.

"라보라레 에스트 오라레"

오래 전 수도사의 이 경구를

우리의 좌우명 삼아

이 시대에 섬김의 삶을 사세.

일이 곧 예배이니, 수고는 거룩하도다!

이 생각이 우리의 열심을 북돋우기를,

열심히, 담대히 행한 모든 일이

희생 제사의 불로 타오르나니.

_ 토머스 W. 핸포드[7]

집 밖에서 일하는 이들을 위한 기도

주 예수님, 제가 이 일터에 들어설 때 주님의 임재도 함께 모시고 옵니다. 주님의 평강, 주님의 은혜, 주님의 완전한 질서를 이 사무실에서 증거하겠습니다. 제 모든 말, 모든 생각, 모든 결정, 그리고 이곳에서 이뤄지는 모든 일의 주인이 주님이신 것을 인정합니다.

주 예수님, 주님께서 제 안에 허락하신 은사들로 인해 감사드립니다. 그 은사들을 가벼이 여기지 않으며, 책임 있는 자세로 잘 활용하는 데 전념하겠습니다. 제게 진리와 아름다움을 날마다 새로이 허락하사 그것을 바탕으로 주어진 일을 행하게 하소서. 저의 창의성, 아이디어, 에너지에 기름을 부으사 아무리 사소한 일도 주님께 영광이 되게 하소서.

주님, 혼란스러울 때 저를 인도하소서. 지칠 때 힘을 불어넣어 주소서. 주님, 기진맥진할 때 성령의 빛을 부어 주소서. 제가 하는 일, 그리고 그 일을 하는 태도를 통해 오늘 저와 만나는 모든 이들에게 소망과 활기와 용기를 주소서. 오 주님, 스트레스가 많은 순간에도 주님 안에서 안식하게 하소서.

모든 이름 위에 계신 능하신 이름, 내 주님이자 구주이신 예수님의 비할 바 없는 이름으로 기도합니다. 아멘.[8]

9장
나의 기다림을 드립니다

**오라 우리가 굽혀 경배하며
여호와 앞에 우리의 일정을 예배로 드리자.
_ 시편 95:6, 저자 의역**

컴퓨터 앞에 앉아 초조하게 손가락을 두드리면서 모니터의 조그마한 모래시계를 짜증스럽게 응시했다. 얼마나 오래 걸릴까? 모래시계는 기다리라고만 말한다. 7, 8, 9…적어도 10초는 지났다. 유럽에서 와야 할 중요한 이메일이 왜 아직 모니터 화면에 안 뜨는 걸까? 그런 나 자신을 보며 생각했다. '진정해, 린다. 왜 그렇게 참을성이 없어졌어? 겨우 10초를 기다리면서 그렇게 초조해 하는 거야? 20년 전 유럽에서 살 때는 미국에 있는 대학 신입생에게서 편지 한 통 받는 데 일주일이나 걸렸잖아. 지금은 손가락 몇 번만 두드리면 편지가 오가는 시대잖아. 기다려. 지금 네 모습이 얼마나 딱한지 알아?'

모든 것을 당장 손에 넣고 싶어 하는 사람이 비단 나만은 아닐 것이다. 현대인들의 급한 성미는 극에 달해 있다. 모든 것이 전기의 힘으로 움직이는 이 시대가 그런 참을성 없는 성미를 키우고 있다. 지금 시대는 20년 전과 다르다. 그때는 음식이 조리되기를 기다렸고, 우편물이 도착하기를 기다렸다. 지금은 자동차에 탄 채 음식을 사고, 인스턴트 식품을 전자렌지에 데워 먹고, 즉석에서 메시지를 주고받는다. 그래서 기다리는 걸 싫어한다. 무엇이든 기다리는 건 질색한다.

내게 가장 힘든 기다림은 하나님의 때를 기다리는 것이다. 하나님은 이치에 닿지 않는 방식으로 세상을 운영하실 때가 많다. 2주만 기다리면 될까? 아니면 2년? 아니면 평생? 이 기다림에는 얼마나 많은 괴로움이 따를까? 우리는 그 답을 알지 못하며, 기다림이 고통스러운 것은 바로 그 때문이다.

물론 하나님이 아주 신속하실 때도 있다. 어떤 경우 하나님은 나의 기도에 번개처럼 응답하신다. 나는 그게 좋다. 하나님이 그렇게 역사하시는 게 정말 좋다. 하지만 내 인생에서, 또는 당신의 인생에서, 또는 그 누구의 인생에서든 하나님이 늘 그렇게 역사하지는 않으신다.

성경은 하나님이 때를 정하되 아주 사려 깊게 정하시며, 때를 늦추시는 경우도 많다는 것을 알려 준다. 이스라엘 백성은 애굽을 떠나기 위해 430년을 기다렸다. 하나님은 430일 만에 그들을 구해 내실 수도 있었지만, 출애굽기는 "사백삼십 년이 끝나는 그날에…이 밤은 그들을 애굽 땅에서 인도하여 내심으로 말미암아 여호와 앞에 지킬 것이니"(출

12:41-42)라고 말한다. 하나님은 포켓용 컴퓨터에 430번째 해의 365번째 날이 구원의 날이 될 것이라고 입력하셨다.

하나님은 왜 그렇게 오래 기다리셨을까? 애굽인 노예 감독관의 지시에 따라 벽돌을 만들며 하루하루 살아가야 했던 누군가에게 그 시간은 정말 영원처럼 긴 세월이었을 것이다. 하나님의 영광스러운 능력은 430년 가운데 아무 때라도 이스라엘 백성을 애굽에서 데리고 나오실 수 있었다. 그런데 왜 그렇게 오래 기다리셨는지 이해가 잘 안 된다. 모르긴 몰라도 이스라엘 백성은 구원을 바라는 자신들의 기도에 하나님이 응답하시지 않는다고 생각했을 것이다.

하나님의 때라는 수수께끼는 우리를 당황스럽게 한다. 이스라엘 백성에게도 이것은 수수께끼였다. 요셉에게도 마찬가지였다. 형제들 손에 종으로 팔린 뒤 상사의 아내에게 거짓 고소를 당한 요셉은 감옥에 갇히는 신세가 되고 말았다. 어느 날 나는 이 남자가 아무 죄 없이 구덩이와 감옥에 갇혀 지내며 하나님이 자신의 누명을 벗겨 주실 것을 기다린 세월이 얼마나 되는지 헤아려 보았다. 무려 13년이었다! 성경을 빨리 넘기며 읽다 보면 그 속에 기나긴 기다림의 세월이 있었다는 걸 지나치기가 쉽다. 요셉은 자신이 구원받을 날을 기다리면서 깊이 고통당했다.

어쩌면 요즘 당신도 기다림의 고통을 느끼고 있는지 모른다. 아기를 기다리고 있는가? 평생을 함께할 짝이 나타나기를 기다리고 있는가? 남편이 죄에서 돌이키기를 기다리고 있는가? 취직할 날을 기다리고 있는가? 건강이 회복되기를 기다리고 있는가? 치유받기를, 온전케 되기를, 사함받기를, 혹은 새롭게 시작하기를 기다리고 있는가? 사랑을, 우정을, 또는 가족들과의 화해를 기다리고 있는가?

"하나님, 도대체 이해가 안 돼요! 왜, 왜, 왜 하나님을 사랑하는 사람들을 기다리게 만드시는 거예요? 우리를 사랑하신다면서 왜 그렇게 고통 속에 오래 기다리게 하시는 거예요?"라고 비명을 지르고 싶은 심정일 수도 있겠다.

내 친구들 중에 성적으로 학대받았던 이들이 있다. 나는 그 친구들이 상처에서 치유받기를 기다리는 모습을 지켜보고 있다. 또 다른 친구 두 명은 사춘기 자녀가 반항적인 태도에서 돌이켜 사랑하는 가족에게 돌아오기를 기다리고 있다. 또 어떤 친구는 지독한 정서적 고통에서 치유되기를 기다리고 있다. 내 친구 발레리는 심각한 질병에서 낫기를 기다리고 있다. 발레리 이야기를 좀 들려주고 싶다.

마흔두 살의 발레리는 네 아이의 엄마로 행복한 결혼 생활을 하면서 다섯 번째로 참가할 마라톤을 위해 훈련하고 있었다. 그러나 단 몇 주 만에 발레리의 인생이 완전히 달라져 버렸다. 몇 차례의 복통으로 그녀는 마라톤 참가는커녕 계단을 내려가는 것조차 힘들게 되었다. 지난 5년 동안 그녀는 통증에 시달렸고, 특히 최근 2년 동안은 배가 자꾸 불러오는 바람에 임부복을 입고 다녀야 했다. 메이요 클리닉에서 스탠포드 메디컬 센터에 이르기까지 허구한 날 이 의사 저 의사를 찾아다니는 게 그녀의 일이었다.

의사들은 결국 발레리의 간에 션트(shunt) 튜브를 삽입하는 수술을 했고, 수술을 받은 그녀는 임부복을 벗고 청바지를 입을 수 있었다. 그녀의 배는 원래대로 돌아왔다. 병이 나은 것이다! 아, 우리가 얼마나 하나님을 찬양하며 감사를 드렸는지! 그런데 2주 만에 발레리의 배가 다시 불러오기 시작했다. 의사는 도무지 이유를 모르겠다고 말했다.

내가 이 글을 쓰고 있는 지금, 발레리는 다시 임부복을 입고 있다. 벌써 600일이 넘었다. 그녀의 간에는 아직도 션트 튜브가 들어 있지만, 의사들은 어찌 할 바를 모르고 있다. 그래서 이 전직 마라톤 선수는 기다리고 있다. 뭔가 일상적인 일을 할 만한 힘이 생기기를. 이를테면 쓰레기봉투를 내다 버리는 일 같은 것 말이다. 그녀는 네 아이들과 함께 자전거를 탄다든지, 암벽 등반을 하는 딸들(그녀의 딸들은 이 종목에서 국가 대표급이다)을 위해 로프를 고정해 주는 것 같은 재미있는 일을 할 수 있기를 기다리고 있다. 그러나 쓰레기봉투를 내다 버릴 힘도 없는 엄마는 지금 스포츠 활동을 할 수가 없다. 이 전직 마라톤 선수는 임부복을 입고 앉아 기다리고 또 기다린다.

세 개의 대륙을 돌아다니며 선교사로 살았던 나는 각 대륙 사람들의 특징을 잘 알고 있다. 분명한 것은, 기다리기를 싫어하는 건 북미 사람들만의 특징이 아니라는 것이다. 그것은 인간의 보편적인 특색이다. 어느 나라를 가든 "하나님께서 무슨 일을 하고 계시는지 전혀 알 수 없는 이 상황이 참 좋아요"라고 말하는 여성은 단 한 명도 만나보지 못했다. 이런 사람이 지구상 어딘가에 존재할지도 모르지만, 대다수 사람들에게 기다림이란 일종의 고문과도 같다.

사람들은 여러 가지 방식으로 기다림에 대처한다. 성경을 펼쳐 세 사람을 찾아보고 그들이 기다림에 어떻게 대처했는지 살펴보자. 기다리다 지쳐서 포기한 사라, 흥분하여 예수님의 방식에 끼어든 베드로, 그리고 하나님의 얼굴 가까이에 다가가 그 뜻을 제대로 이해한 다윗이다.

사라, 하나님의 길에 끼어들다

사라는 기다림에 지쳐서 포기했다. 그녀가 마음속으로 하는 말이 귀에 들리는 것 같다.

'아브라함은 하나님께 들은 말씀이 있다고 생각하지. 나도 한동안은 그렇게 믿었어. 정말 놀라운 약속이었지. 이 늙고 지친 몸에 아기를 품을 수 있다니. 상상해 봐! 내 나이에 아기라니! 내 모든 수치가 다 사라지고, 기쁨이 찾아오는 거야. 오 기쁨이!

나도 다른 여인들처럼 아기에게 젖을 물리고, 그 조그만 것을 등에 업고 우물가에 나갈 테지. 언덕을 올라 물 길러 갈 때 등에서 꼬물거리는 아기의 감촉! 밤이면 밤마다, 한 해가 지나고 또 새해가 올 때마다 나는 오직 그 아기만을 꿈꾸었지. 이런 깊은 갈망을 아는 여인이 있을까? 내 몸은 약속된 아기를 열망했지.

하지만 여러 해가 지나고, 꿈으로 가득 찬 수많은 밤이 지났어도 내 몸 안에서 움직이는 아기는 없었어. 그 고통은 감당하기 힘들었지. 설마, 이젠 하나님도 내가 계속 기다릴 거라고는 기대하지 않으실 거야. 이미 늙은 몸으로 얼마나 기다려야 하는지. 기다리려고 애쓰다가 결국 포기하고 말았지. 그래서 나름대로 계획을 세웠어. 시녀 하갈을 아브라함에게 보낸 거야. 그녀와 동침해서 내게 아기를 안겨 주도록 말이야. 하나님께서 말씀하신 방식대로 내게 아기를 주시지 못한다면 내 힘으로 아기를 얻는 수밖에. 그래서 나는 내 방식대로 했어.'

사라는 기다리다 지쳐 포기했고, 그토록 간절히 원하는 것을 얻기 위해 나름대로 계획을 세웠다. 나라면 그녀에게 실패자라는 딱지를 붙였을 것이다. 그러나 하나님은 풍성한 은혜로 그녀의 이름을 믿음의 명예 전당에 올려 주신다(히 11:11 참고).

우리 하나님은 용서하시는 하나님, 놀라우신 하나님이다. 우리는 모두 신앙과 불신앙이 뒤섞인 존재들이다. 하지만 나는 하나님의 시간표 앞에 모든 걸 내려놓고 끝내 포기하지 않기를 간절히 바란다. 약속된 아기, 그토록 간절히 바라는 아기를 오랜 세월 동안 기다리는 게 사라에게 얼마나 힘든 일이었을지 나로서는 그저 짐작만 할 수 있을 뿐이다.

우리가 약속의 하나님께 시선을 고정시키는 여인들이기를, 그분의 시간표에 순복할 수 있기를. 하나님은 우리를 가장 잘 아시고, 우리를 사랑하신다. 우리가 그분을 이해하지 못할 때도 말이다.

이제 베드로는 하나님의 시간표에 어떤 태도를 보였는지 살펴보자.

베드로, 예수님의 길에 끼어들다

나는 늘 베드로와 동질감을 느낀다. 기질로 따지면 나도 베드로처럼 충동적이고 열정적인 편이기 때문이다. 베드로가 그리스도를 포기하는 것을 볼 때는 내 마음도 슬프고, 그가 생명의 위험을 무릅쓰고 수많은 사람에게 설교하는 것을 볼 때는 내 마음도 기쁘다. 우리 모두의 인생이 그렇듯, 예수님이 깊이 사랑하셨던 이 어부의 인생에도 승리와 패배가 있었다.

방금 베드로는 주님에게서 최고의 칭찬을 들었다. "아버지의 말씀을 귀 기울여 듣고 있구나, 베드로. 그분이 바로 내가 그리스도인 것을 네게 계시하신 분이다. 잘 하고 있다, 베드로. 네가 자랑스럽구나!"(마 16:15-17 저자 의역).

그런데 이게 웬일인가! 여섯 절 뒤에서 예수님은 험악한 말로 베드로를 비난하신다. 그 말씀은 정말 끔찍하다. 그보다 더 심한 말은 없을 것이다. 예수님은 베드로를 사탄이라 부르신다!

예수님이 베드로에게 뭐라고 하셨는지 직접 들어 보자. "사탄아 내 뒤로 물러가라 너는 나를 넘어지게 하는 자로다 네가 하나님의 일을 생각하지 아니하고 도리어 사람의 일을 생각하는도다"(마 16:23). 도대체 무슨 일이 있었기에 조금 전까지 베드로를 칭찬하시던 예수님이 돌연 그를 심하게 정죄하신 것일까?

마태복음 16장 21-22절을 읽어 보면, 예수님이 이제 예루살렘으로 가실 것이며 거기서 고난받고 죽임당할 것이며 또 사흘 후에 죽은 자 가운데서 살아나실 것이라고 제자들에게 가르치신다. 한마디로 예수님은 기다림과 고난의 시간이 다가오고 있음을 가까운 사람들에게 말씀하신 것이다. 그때 베드로는 어떻게 했는가? "베드로[방금 예수님께 "주는 그리스도"라고 고백한 베드로]가 예수를 붙들고 항변하여 이르되 주여 그리 마옵소서 이 일이 결코 주께 미치지 아니하리이다"(마 16:22).

내 눈에 보이는 게 당신의 눈에도 보이는가? 베드로는 지금 하나님의 아들을 꾸짖고 있다. 그는 예수님이 발표한 계획이 마음에 들지 않았다. 그래서 큰 소리로 반대를 선언하면서 예수님이 돌아가시는 것을, 하나님의 계획이 실행되는 것을 허락하지 않았다. 베드로는 하나님의 길에 끼어들려고 했다. 베드로는 하나님의 계획 앞에 엎드리기를 거부했다. 하나님의 아들이신 예수님이 화내시는 것은 보기 드문 일인데, 바로 여기서 그분은 베드로에게 노발대발하셨다.

사라와 베드로처럼 나도 개과천선한 해결사다. 나의 옛 이름은 '해결사 린다 딜로우'였다. 서글픈 것은, 내가 정말 '해결'을 잘 했다는 것이다. 하나님은 맘대로 해결하기 좋아하는 내 성향을 여러 해에 걸쳐 조금씩 깎아 내고 다듬으셨다. 때로는 부드럽게, 때로는 그리 부드럽지 않게 말이다. 대개의 경우 하나님은 기다리는 고통을 겪게 하심으로써 나를 다듬으셨다. 어쨌든 하나님이 내 이름 앞에 붙는 수식어를 지워 주신 게 얼마나 감사한지! 나는 존재의 아주 깊은 곳에서부터 하나님을 찬양한다. 하나님의 계획을 믿고 의지하면 참으로 자유롭다.

사람들은 어떤 경우에 하나님의 길에 끼어드는가? 이는 우리가 깊이 생각해 봐야 할 문제다. 답변이 될 만한 것들이 몇 가지 있다. 우리는 다음과 같은 경우에 하나님의 길에 끼어든다.

- 전체 이야기의 일부만 알 때. 베드로는 '죽임을 당한다'는 말만 듣고 '다시 살아난다'는 더 중요한 말은 놓쳐 버렸다. 제자들은 예수님의 부활을 기대하지 않았다. 베드로가 이렇게 말했다면 어땠을까? "예수님, 부활이란 게 무슨 뜻이죠? 잘 모르겠습니다." 이해할 수 없는 상황에 처하게 될 때 우리는 잠시 멈춰서 이렇게 묻고 있는가? "주님, 제가 사랑하는 이 사람의 인생에 갖고 계신 주님의 목적은 무엇입니까?"

- 염려가 되어 '문제를 해결'하고 싶을 때. 누군가 곤경에 처해 있는 것을 보고 해결해 주려 나설 때 문제가 되는 것은, 나 자신도 곤경에 처하게 된다는 것이다. 두려움은 우리에게 "네가 나서서 해결해 봐"라고 속살거리지만, 진정한 사랑은 "기다려. 하나님의 때를 기다

려"라고 말한다.

- 자신을 보호하기 위해 '문제를 해결'하고자 할 때. 사랑하는 사람이 고통당하는 것을 지켜보는 것은 정말 힘든 일이다. 그 사람의 고통이 나를 괴롭게 한다. 때로는 그 괴로움을 견디느니 차라리 그에게 돈을 준다든지 함으로써 내가 그 곤경 속으로 뛰어드는 편이 더 쉬울 때도 있다.

어느 어머니에게든 물어보라. 자녀가 고통당하고 있을 때 그냥 가만히 앉아서 하나님의 때를 기다리는 게 쉬운지, 아니면 직접 나서서 뭔가를 하는 게 쉬운지 말이다.

아이가 고통 중에 있을 때 엄마가 하나님을 기다리는 것은 말로 형언할 수 없는 괴로움이다. 설령 그 고통이 아이가 자초한 것일지라도 말이다. 생명을 낳는 사람이 되는 것은 기쁜 일이다. 그것은 하나의 특권인 동시에 부담이기도 하다. 사랑하는 자녀의 인생에서 고통을 막아 주려 함으로써 우리는 하나님의 더 높은 목적이 성취되는 데 걸림돌이자 방해물이 될 수 있다. 이는 어렵지만 꼭 배워야 할 교훈이다.

하나님은 대개 우리에게 보호자 역할을 감당하게 하시지만, 사랑하는 자녀라고 해서 무조건 상처받지 않게 보호해야 한다고 말씀하시지 않는다. 사랑하는 자녀가 아픔을 당하지 않도록 지키는 게 우리의 본분은 아니다.

베드로는 '예수님은 그리스도'라고 선언한 제자였지만, 때로 하나님의 길에 끼어들기도 했다. 세상 죄를 위해 죽으셔야 할 예수님의 소명을 포기시키려 한 것에서 보다시피 말이다. 베드로처럼 우리도 하나님의 때를 기다리지 못할 경우가 있다. 우리도 하나님의 길에 끼어든다. 그러나 다윗은 비록 하나님의 시간표와 더불어 씨름했지만 하나님의 때를 기다리는 법을 깨우친 사람이었다.

다윗, 하나님을 기다리다

다윗은 아주 아름답고도 강건한 방식으로 하나님을 기다리는 법을 배웠다. 사라와 베드로처럼 다윗도 약점과 강점이 있는 사람이었다. 그는 간음과 살인을 저질렀지만 그때마다 자기 죄를 회개했다. 그래서 하나님의 마음에 합한 사람이라 일컬어진다. 우리는 다윗에게서 기다리는 법 세 가지를 배울 수 있다.

담대하게 기다리라

내가 산 자들의 땅에서 여호와의 선하심을 보게 될 줄 확실히 믿었도다 너는 여호와를 기다릴지어다 강하고 담대하며 여호와를 기다릴지어다(시 27:13-14).

많은 사람들이 시편 27편을 사랑하며 자주 인용한다. 이 시는 곤고한 이들에게 이런 메시지를 전한다. "오라, 네 약한 마음, 절망으로 가득한 네 마음을 끌어올리라." 나는 절망에 빠진 마음이 어느 정도까지 의기소침해지는지, 기다림의 고통이 얼마나 견디기 힘든지 잘 안다. 이 시는 목동 다윗이나 왕 다윗이 쓴 것이 아니라 전사 다윗이 쓴 것이다. 전사 다윗은 떨치고 일어나 자기 마음을 향해, 그리고 우리의 마음을 향해 소리를 높인다. "강하고 담대하라." 이 말은 곧 전투에 나서라는 외침이다.

앤드류 머레이는 이 구절이 뭔가 대단하고 힘든 일, 인간의 힘으로는 어쩔 수 없는 일과 관련해 자주 인용된다고 말한다. 하나님의 때를 기다리는 것은 "강하고 담대하라"는 권고가 필요할 정도로 힘든 일인가? 그렇다, 정말 그렇다!

기다림이 끝나지 않을 것 같은 기분, 천국에 갈 때까지 하나님의 선하심을 보지 못할 것 같은 기분을 느낀 적이 있는가? 다윗은 그런 경험을 했다. 그래서 이 시편을 통해 끝까지 인내하자고 스스로에게 힘을 북돋우고 있다. 참으로 바람직하고도 경건한 혼잣말이다. "힘을 내, 다윗. 계속 기다려. 하나님은 신실하신 분이야. 비록 지금은 두 눈으로 확인이 안 될지라도 말이야. 그러므로 강건해. 용기를 잃지 마. 자, 다윗, 힘을 내. 여호와를 기다리고 또 기다려!"

소망 중에 기다리라

주의 진리로 나를 지도하시고 교훈하소서
주는 내 구원의 하나님이시니
내가 종일 주께 소망을 두고 기다리나이다(시 25:5, NLT).

다윗은 기다리되 하나님께 소망을 두고 기다렸다. '기다리다'라고 번역된 히브리어는 '비틀어 돌리다', '잡아 늘이다'라는 뜻이 있으며 참고 견디는 데 따르는 긴장감의 개념도 담고 있다.[2]

이 단어는 유익하고 좋은 것에 대해 확신과 소망을 갖고 기다린다는 뜻을 갖고 있다. 이 단어에 함축된 의미를 생각하면 두 가지 이미지가 떠오른다. 그것은 연결과 긴장이다. 소망 중에 하나님을 기다리는 여인은 하나님께 직접 연결된 끈을 갖고 있다. 그 여인과 하나님은 서로 이어져 있고, 그 여인의 시선은 하나님의 보좌로 올라가는 그 끈을 따라가며, 눈앞에 닥친 어려움에 시선을 빼앗기지 않는다.

이렇게 상상해 보라. 하나님을 기다리고 있는 당신은 지금 당신이 소망하고 기다리는 분, 즉 하나님과 팽팽하게 연결된 끈의 한쪽 끝을 잡고 있다.

나 ——————————————— 하나님

기다림의 격한 고통 중에 있을 때는 마음을 가라앉히고 두 눈을 감은 채 내가 팽팽히 당겨진 끈을 잡고 있는 광경을 상상하는 게 도움이 된다. 얼마나 오래 기다려야 할지 알지 못할지라도 기쁨이 충만해진다. 나는 혼자가 아니기 때문이다.

하나님이 나와 연결되어 있고, 내 눈은 나의 소망이신 그분을 응시한다. 나와 하나님을 연결하는 끈은 축 늘어진 끈이 아니라 팽팽하게 당겨진 끈이다. 왜인가? 고통으로 가득한 나날이 끝이 보이지 않을 만큼 길게 이어질지도 모른다는 가능성이 물리적 긴장감을 조성하기 때문이다. 하지만 기억하라. 하나님을 기다린다는 것은 긴장을 의미하기도 하지만 하나님과 연결되어 있음을 의미하기도 한다는 것을. 그 팽팽한 끈 저편에 계신 신실하신 하나님에게서 눈을 떼지 말라!

소망과 담대함이 다윗의 마음에 충만했고, 그 덕분에 다윗은 자기 시간표를 하나님 앞에 예배로 바칠 수 있었다.

하나님의 시간표에 순복하라

여호와여 그러하여도 나는 주께 의지하고
말하기를 주는 내 하나님이시라 하였나이다
나의 앞날이 주의 손에 있사오니(시 31:14-15).

"나의 앞날이 주의 손에 있사오니"라는 말은 성경에 기록된 믿음의 고백들 가운데 가장 심오한 고백 가운데 하나다. 다윗의 상황은 절망적이었다. 시편 31편 앞부분에서 다윗은 대적들의 공격으로 자신이 겪고 있는 극한의 육체적·정서적 곤란에 대해 말하고 있다. "내 기력이…약하여지며 나의 뼈가 쇠하도소이다"(10절). "내가 잊어버린 바 됨이 죽은 자를 마음에 두지 아니함 같고 깨진 그릇과 같으니이다…사방이 두려움으로 감싸였나이다"(12-13절).

다윗은 끔찍한 형편에 처해 있었지만, 그럼에도 자기 계획을 하나님께 내려놓았다. 그는 대적들에게서 구원받을 때가 언제인가 하는 문제를 하나님께 전적으로 맡겼다. 다윗은 두 팔을 벌렸고, 마음을 열었으며, 자기 계획을 하나님께 드렸다. 그는 하나님을 향해 두 손을 펼치며 말했다. "때는 제가 아니라 당신이 정하십니다, 하나님."

우리도 다윗처럼 "여호와여 그러하여도 나는 주께 의지하고 말하기를 주는 내 하나님이시라 하였나이다. 나의 앞날이 주님 손에 있나이다. 내 기다림의 시간을 주님께 드리나이다. 내가 주를 예배하나이다"라고 말할 수 있기를. 거룩하신 하나님은 이 감미로운 고백을 예배로 받으신다. 이 예배는 우리 개개인이 아버지께 드리는 아름답고 향기 나는 예물이다.

어떻게 실천할 것인가

이 모든 것을 당장 삶에 적용하기엔 너무 고상하고 어려워 보이는가? 기다림에 지쳤을 때 어떻게 하면 계속 기다릴 수 있겠는가? 어떻게 해야 기다림의 시간이 곧 예배 시간이 될 수 있겠는가?

네 가지 실천 사항을 제안하고 싶다. 이것은 '질문하라' '서 있으라' '흔들라' '날아가라'는 네 가지의 강력한 단어로 요약할 수 있다. 좀 엉뚱하게 들리겠지만 계속 읽어 보라.

1. 질문하라

궁금한 것은 하나님께 나아가 여쭤 보라. 목회자이자 예배 인도자인 밥 소르기(Bob Sorge)는 수술 중 의사의 실수로 인해 목소리를 잃었다. 이 세상에서 목소리가 가장 필요한 사람이 있다면, 목회자와 예배 인도자일 것이다. 그런 그가 목소리를 잃은 것이다. 그는 이렇게 말한다.

> 나는 시편 27편 4절 말씀에 큰 위로를 받았다. "주님, 나에게 단 하나의 소원이 있습니다. 나는 오직 그 하나만 구하겠습니다. 그것은 한평생 주님의 집에 살면서 주님의 자비로우신 모습을 보는 것과, 성전에서 주님과 의논하면서 살아가는 것입니다"(새번역).
>
> 나는 '성전에서 주님과 의논하면서 살아가는 것'이라는 말씀에 특히 주

목하고 싶다. 이는 질문하고, 요청하고, 묻고, 알아 낼 목적으로 하나님의 임재 안으로 들어오라는 초청의 말씀이다. "하나님께는 질문하지 말라" 혹은 "그리스도인은 '왜'냐고 물어서는 안 된다"는 말을 자주 들어 보았을 것이다. 그러나 시편 27편 4절은 그렇게 말하지 않는다. 나는 이 말씀이 우리에게 하나님께 질문할 것을 청한다고 본다. 이런 의문을 가져 본 적이 있는가? "하나님, 제게 도대체 무슨 일이 일어나고 있는 거죠? 주님, 제 인생에서 도대체 무슨 일을 벌이고 계신 겁니까?" 하나님의 성전으로 그 질문을 가지고 가라. 그리고 여쭤 보라.[3]

나는 밥 소르기의 말에 동의한다. 시편 27편은 거룩하신 하나님의 임재 앞에 의문을 가지고 나아가서 그분께 질문하라고 권한다. 하나님께 의문을 가지고 나아갈 때 나는 대개 무릎 꿇으며 십중팔구 눈물을 흘린다. 나는 쉽게 우는 사람이 아니지만, 고통 중에 있을 때 하나님 앞에 나아가면 눈물이 나온다. 하나님은 우리의 질문과 눈물에 겁내실 분이 아니다. 하나님은 그 모든 것을 감당할 만큼 크신 분이며, 우리가 그분 앞에서 솔직하기를 바라신다.

한 가지 주의할 점은, 하나님께 의문을 가지고 나아갈 때는 그분의 답변을 기다려야 한다는 것이다. 하나님께 질문해 놓고서 대답도 기다리지 않고 곧장 친구를 찾아가 "하나님이 내 삶에 무슨 일을 벌이고 계신 건지 도대체 알 수가 없어"라고 불평해서는 안 된다. 그것은 불신앙에서 나온 행동이다.

그러므로 하나님께 질문한 뒤에는 그 자리를 지키고 있어야 한다. 설령 내가 왜 이렇게 기다리고 있는지, 얼마나 더 기다려야 하는지 여전히 알지 못할지라도 말이다.

2. 서 있으라

그 자리를 지키고 있으라. 내가 앞서 이야기했던 발레리를 기억할 것이다. 마라톤 선수였다가 임부복 차림으로 하나님의 뜻을 기다리는 여인 말이다. 최근에 그녀가 전화를 걸어 이렇게 말했다. "오늘 아침에 주님이 제게 이렇게 말씀하셨어요. '발레리, 네가 할 일은 기다리는 것이다. 할 수 있겠지?'" 발레리는 오전 내내 주님 앞에서 조용히 묵상한 뒤 이렇게 대답했다고 한다. "주님, 전 정말 못하겠어요. 하지만 제 안에 주님이 계시고, 제 안에 주님이 계시니 제 대답은 '네'입니다." 발레리는 자신이 겪고 있는 기다림의 세월에 대해 다음과 같은 글을 써서 내게 보냈다.

우리는 치유받은 뒤에야, 심히 몸부림치던 일에서 살아남은 후에야 하나님의 능력에 대해 이야기할 수 있는 걸까요? 하나님이 얼마나 경이로운 분이신지는 왜 늘 모든 일이 지난 후에 증거되는 걸까요? 힘없이 무너지고 있을 때는 구원하시는 은혜에 대한 증거를 찾을 수 없는 걸까요? 병이 없을 때에만 하나님의 선하심을 선포할 수 있는 걸까요? 하나님은 찢기고 상하는 고통 중에서는 당신이 어떤 분인지 나타내시지 않는 걸까요? 제 형편이 좋지 않으면 하나님도 전에만 못한 분이 되는 건가요?

그렇지 않습니다. 하나님은 제 모든 것 되시는 분입니다. 저는 예수님이라는 굳건한 반석 위에 서 있어야 해요(균형을 잃었을지라도 말입니다). 예수님은 약함 중에 있는 저를 지탱해 주시는 분이며 구원자이십니다. 그분은 찢기고 상하는 게 무엇인지 아시는 분이지요. 제가 왜 똑바로 서 있을 수 없는지 오직 그분만이 아십니다. 저는 아무것도 모릅니다. 그분의 능력 외에는 말입니다. 내게는 다른 모든 건 의미가 없다는 것, 심지어 건강까지 그렇다는 걸 깨닫는 것이 바로 제가 그분께 영광 돌리는 방식인지도 모릅니다.

이것이 지금 제 모습입니다. 별로 예쁜 모습은 아니지요. 산 정상에 서 있다고 말할 형편이 아닙니다. 제가 서 있는 이 골짜기는 너무 깊고, 안개가 자욱합니다. 오래 버티기엔 좀 외로운 곳입니다. 그러나 하나님이 여기 계십니다. 그렇지 않다면 전 숨도 못 쉴 거예요. 하나님이 방향을 인도하신다는 것만 믿을 뿐 제 눈엔 아무것도 안 보입니다. 하나님은 제가 이 골짜기를 빠져나가도록 해주실 겁니다. 전 확신합니다. 믿습니다. 그리고 기다립니다.

나는 내게 힘을 북돋아 주는 이 소중한 여인과 함께 이 기다림의 골짜기를 헤쳐 나갈 수 있는 특권을 주신 하나님께 감사드렸다. 많은 이들이 발레리를 위해 기도했다. 그녀는 금식하며 성경을 읽고 그 말씀이 진실됨을 주장했다. 성경 구절을 써서 외우기도 했다. 그녀는 병상 일지를 썼고, 하나님의 갑옷을 입고 그리스도의 보혈을 자랑했다. 자신의 고통을 헛되이 하지 말아 달라고 하나님께 요청했고, 고통 중에 있는 다른 이들을 위해 기도했다. 침묵 속에 조용히 묵상하는 시간을 갖기도 했다. 자기 형편에서 할 수 있는 건 다했다. 그녀는 지금 어떻게 생명을 이어 나가고 있을까? 직접 들어 보자.

전 지금 하나님 품 안에 편안히 안겨 있습니다. 그것이 제가 살아남을 수 있는 유일한 방법이지요. 그리고 저는 서 있습니다. 의학적으로나 신앙적으로 제가 할 일은 다 했습니다. 사도 바울은 우리에게 할 일을 다 마친 뒤에는 굳건히 서라고 말하지요. 그래서 저는 서 있습니다. 때로 비틀거릴 때도 있지만, 하나님의 팔이 꽉 잡고 있기에 굳건히 서 있습니다.

3. 흔들라

흔들의자에 앉으라. 미가 7장 7절은 내가 좋아하는 성경 구절 가운데 하나다. "그러나 나는 희망을 가지고 주님을 바라본다. 나를 구원하실 하나님을 기다린다. 내 하나님께서 내 간구를 들으신다"(새번역).

이 말씀대로 행하며 살고 싶지만, 한 가지 혼란스러운 점이 있다. 어떻게 희망을 가지고 주님을 바라보면서 그와 동시에 참을성 있게 기다릴 수 있을까? 이 둘은 반대되는 행동 아닌가? 그래서 나는 주님께 나아가 어떻게 하면 이 두 가지를 모두 할 수 있는지 여쭤 보았다. 그때 내가 했던 기도와 하나님이 주신 응답을 일기장에 이렇게 적었다.

"하나님, 당신은 희망을 갖고 하나님을 바라보는 동시에 참을성 있게 기다리라고 말씀하십니다. 거룩하신 하나님, 이 두 개념이 어떻게 함께할 수 있는지 알려 주세요. 제가 보기에 이 두 개념은 서로 정반대인 듯합니다. 참을성 있게 기다린다는 것은 고요하고 편안한 마음으로 의자에 깊숙이 기대고 앉아…얼마가 걸리든 하나님의 시간표를 기다린다는 뜻인 것 같고, 희망을 갖고 바라본다는 것은 의자 모서리에 걸터앉아 하나님이 어느 순간에라도 내 기도에 응답하실 수 있다는 가슴 떨리는 기대감으로 미래를 응시한다는 뜻인 것 같은데요."

이렇게 기도하자 주님은 내게 흔들의자가 있는 정경을 보여 주셨다. 그리고 거기 앉아 의자를 흔들어 보라고 하셨다. 그래서 그렇게 했다. 의자가 뒤로 갈 때 나는 생각했다. '아, 이게 바로 참을성 있게 기다리는 거로구나.' 그리고 의자가 앞으로 갈 때는 이렇게 생각했다. '이게 바로 희망을 갖고 바라보는 거야.'

"주님, 이제 알겠습니다. 이건 연속 동작이네요. 두 동작이 동시에 일어나는군요. 오, 사랑하는 주님, 의자 흔드는 법을 알려 주세요. 참을성 있게 기다리면서, 동시에 희망을 버리지 않는 법을 가르쳐 주세요. 저를 붙드사 가르쳐 주세요. 주님이 어느 순간에라도 제 기도에 응답하실 수 있다는 희망을 갖되 제 시간표를 내려놓고 주님의 때를 참을성 있게 기다리며 살고 싶습니다. 저를 도우소서. 흔들의자의 이미지를 제 마음에 새겨 주소서."

내가 8년 동안 기도해 온 사람이 있다. 그 오랜 세월 동안 나는 흔들의자를 앞뒤로 흔들면서 사랑하는 그 사람을 위한 내 기도에 주님이 응답해 주시기를 기다려 왔다. 나는 다윗이 했던 대로, 희망을 잃지 않으면서도 참을성 있게 기다리기로 했다. 하나님의 시간표에 순복하기로 말이다.

그렇게 하는 것이 사라나 베드로처럼 하는 것보다 훨씬 더 편안하다. 하지만 그게 늘 그리 쉽기만 한 일인가? 그 대답은 당신도 잘 알 것이다. 그러나 하나님의 시간표에 순복한다면, 그것이 바로 예배가 될 수 있다! 그래서 나는 하늘을 나는 법을 배우게 된다!

4. 날아오르라

독수리가 되라. 하나님은 우리에게 독수리처럼 높이 날아오르라고 하신다! 나는 내 마음이 소원하는 것을 약속하는 아름다운 성경 말씀을 사랑한다.

> 너는 알지 못하였느냐 듣지 못하였느냐
> 영원하신 하나님 여호와, 땅 끝까지 창조하신 이는
> 피곤하지 않으시며 곤비하지 않으시며
> 명철이 한이 없으시며 피곤한 자에게는 능력을 주시며

무능한 자에게는 힘을 더하시나니

소년이라도 피곤하며 곤비하며 장정이라도 넘어지며 쓰러지되

오직 여호와를 앙망하는(기다리는—편집자 주) 자는

새 힘을 얻으리니 독수리가 날개 치며 올라감 같을 것이요

달음박질하여도 곤비하지 아니하겠고

걸어가도 피곤하지 아니하리로다(사 40:28-31).

이 멋진 말씀은 하나님을 영원하고 전능하신 분으로 계시한 구절에 뒤이어 나온다. 앤드류 머레이는 이 점을 멋지게 해석한다. "그 계시의 말씀이 우리 영혼 속으로 들어올 때, 우리는 기다림을 통해 하나님이 진실로 기다릴 가치가 있는 분이심을 확신하게 된다."[3] 하나님이 진정 어떤 분인지 알 때, 즉 전능하고 영원하며 전적으로 신뢰할 만한 분임을 알 때 비록 그분의 방식을 이해하지 못할 경우에도 우리는 기다림의 시간을 하나님 앞에 드리고 그분을 예배할 수 있다.

이 찬란한 말씀에서 서로 대조되는 게 있다는 걸 아는가? 우리는 피곤해지지만 하나님은 절대 그런 일이 없으시다. 우리는 힘과 능력이 부족하지만 하나님은 권능으로 충만하시다. 하나님은 그분의 넘치는 권능을 우리에게 주고 싶어 하신다. 그렇다면 우리는 언제 어떻게 그 풍성한 권능을 받는가? 주님을 기다릴 때 받는다. 기다리는 사람에게는, 새 힘을 얻을 것이라는 약속이 주어진다. 그 힘은 일반적이고 평범한 능력이

아니라 초자연적인 능력이다. 하나님은 그분을 기다리는 이들에게 엄청난 약속을 주셨다. 그들은 독수리 같이 날개를 치며 올라갈 것이며, 달려가도 지치지 않을 것이다. 우리에게 필요한 것이 바로 이것이다. 귀가 아주 솔깃하지만, 하늘을 날아오르는 게 쉬운 일은 아니다.

이를 이해하려면, 독수리가 어떻게 나는 법을 배우는지 생각해 봐야 한다. 까마득히 높은 바닷가 절벽 위에 있는 독수리 둥지에 어미 독수리와 새끼 독수리 두 마리가 살고 있다. 어미 독수리가 부리로 둥지를 휘저으며 겁 많은 새끼들을 따뜻한 둥지 밖으로 내몬다. 새끼 독수리들을 절벽 아래로 내던지는 어미의 행동은 얼마나 잔인해 보이는가.

하지만 그 순간 어미 독수리는 가볍게 급강하하여 새끼들이 바위에 떨어지기 직전에 잡아챈다. 어미는 새끼들을 따뜻한 둥지로 데려와 조심스럽게 내려놓는다. 그러고는 다시 둥지를 휘저어 새끼들을 밖으로 내몬다. 둥지 밖 암벽으로 내던져지는 새끼들은 어미에게 항의라도 하듯 시끄럽게 꺽꺽거린다. 하지만 때가 되면 새끼들은 그 미숙한 날개를 펴고 날아오르기 시작한다.

하나님 아버지도 당신에게 나는 법을 가르치고 싶어 하신다. 그래서 당신의 둥지를 휘젓고 당신의 소망을 좌절시키신다. 낙담에 빠지게 하신다. 기다리고 기다리고 또 기다리게 만드신다. 당신은 지치고, 무력해지고, 기운이 빠진다. 그럴 때 위를 올려다보라! 하나님이 임하시는 게 보이는가? 하나님이 그 강한 날개를 펼쳐 당신을 안아 올리신다. 그리고 그 품 안에 파고들어 기다리라고 말씀하시며, 힘을 새롭게 하여 날 수 있을 때까지 부드럽게 당신을 들어 옮겨 주겠다고 약속하신다.

기다림

절망적으로, 어쩔 도리 없이, 간절히 나는 부르짖었다.
조용히, 참을성 있게, 인자하게 하나님은 대답하셨다.
운명을 알 수 있는 실마리를 달라고 나는 간청했고 눈물을 흘렸다.
그러자 주님은 가만히 말씀하셨다. "아이야, 기다려라."
"기다리라고요? 기다리라니요!" 나는 분개하여 대답했다.
"주님, 대답해 주세요. 이유를 알아야겠어요!
하나님의 팔이 짧아서 구원을 못 하시나요?
아니면 제 기도를 못 들으신 건가요?
전 믿음으로 구했고, 주님 말씀이 진리라고 믿었어요.
저의 미래, 그리고 제가 알고 있는 모든 것이 불안정한데
고작 하신다는 말씀이 기다리라고요?
저는 '오냐'라는 대답, 속시원한 대답을 원해요.
적어도 제가 단념해야 할 게 뭔지라도 말씀해 주셔야죠.
주님은 약속하셨죠. 믿는다면 구하라고, 그러면 받을 것이라고.
그래서 주님, 저는 구합니다. 이것이 저의 부르짖음입니다.

저는 구하느라 지쳤어요! 저는 답을 원한다고요!"

그때 주님은 조용히 "기다려야 한다"고 대답하셨고
나는 내 운명을 깨달았다. 털썩 주저앉고 말았다. 완전히 좌절한 채로.
그리고 하나님을 향해 투덜거렸다. "대체 뭘 기다려야 하나요?"
그러자 하나님이 내 앞에 무릎을 꿇으셨다.
그분의 눈은 내 눈처럼 젖어 있었다.
그리고 부드럽게 말씀하셨다.
"네게 징조를 보여 줄 수도 있었다.
하늘을 뒤흔들고 태양을 어둡게 할 수도 있었다.
죽은 자를 살리고 산을 움직일 수도 있었다.
네가 구하는 것을 전부 들어줄 수도 있었다.
그랬다면 너는 기뻐했겠지. 원하는 것을 다 가질 수 있었겠지.
하지만 '나'는 알지 못했을 것이다.
성도 한 사람 한 사람에 대한 내 사랑의 깊이는 알지 못했을 것이다.
연약한 자에게 내가 주는 능력은 알지 못했을 것이다.
어둠과 침묵 속에서 절망의 구름을 꿰뚫어 보는 법은 몰랐을 것이다.
내가 함께함을 알고 그것만으로
 안심하는 법을 알지 못했을 것이다.
내 안에서 안식하는 기쁨을 알지 못했을 것이다.

성령의 화평이 비둘기처럼 임할 때

그 사랑의 충만함을 결코 경험하지 못했을 것이다.

너는 내가 베풀고 구원한다는 것은 알고 있다.

하지만 내 심장 고동의 깊이는 알지 못하는구나.

밤늦도록 타오르는 내 위로의 불빛

앞이 안 보이는 곳을 걸을 때 네게 주는 믿음

단순히 구하는 바를 얻는 수준을 넘어서는,

네가 마지막에 얻게 될 것을 준비하는

나의 무한한 깊이를 너는 모른다.

알았다면 네 고통은 쉬이 사라졌겠지.

'내 은혜가 네게 족하다'는 말이 담고 있는 뜻을.

그래, 사랑하는 사람을 위해 네가 밤새 꾼 꿈은 이루어질 수 있다.

하지만 얼마나 아까울까!

내가 네 안에서 행하는 것을 잃는다면!

그러니, 잠잠하거라. 내 아이야, 때가 되면 알게 되리니

가장 큰 선물은 나를 알게 되는 것임을.

때로 내 응답이 지독하게 지체되는 것처럼 보인다 해도

내가 줄 수 있는 가장 지혜로운 대답은

여전히 '기다리라'는 것뿐임을."[5]

10장
나의 고통을 드립니다

오라 우리가 굽혀 경배하며
여호와 앞에 우리의 고통을 예배로 드리자.
_ 시편 95:6, 저자 의역

언뜻 보기에 그건 전형적인 세례 의식이었다. 아마포로 만든 평상복과 샌들 차림의 예수님은 요단강 물속에 들어가 사촌인 요한에게 세례를 받으셨다. 그러나 이 영광스럽고 초자연적인 사건은 어느 것 하나 평범한 게 없었다. 하늘이 장엄하게 나뉘고 흰 비둘기와 흡사한 성령님이 내려와 예수님 위에 머물렀다. 다음으로 아버지 하나님의 벽력 같은 음성이 하늘에서 들려왔다. 그때 하신 말씀, 아, 그 말씀! 온 세상에 그보다 더 아름다운 말씀이 울려 퍼질 수 있을까? "너는 내 사랑하는 아들이라 내가 너를 기뻐하노라"(막 1:11).

복음서에서 그 다음에 등장하는 단어는 '곧'이라는 말이다. 하나님 아버지가 이 특별한 말씀으로 그분의 아들을 확인하신 직후 무슨 일인가 벌어졌다. 그분의 사랑하는 아들이 축하 잔치에라도 초대받은 것일까? 아니다. 아버지를 그토록 기쁘게 하신 아들이 경비를 모두 지원받아 휴가라도 떠난 것일까? 아니다. 구경꾼들이 예수님을 어깨에 둘러메고 마을로 돌아가 행진이라도 벌인 것일까? 아니다. 세례식 직후 일어난 일은 바로 이것이다.

> 성령이 '곧' 예수를 광야로 몰아내신지라 광야에서 사십 일을 계시면서 사탄에게 시험을 받으시며 (막 1:12-13).

이 말씀을 도통 이해하지 못하겠다면 피차일반이다. 이해하지 못하기는 나도 마찬가지였다. 하나님의 보좌에서 강림하여 특별한 기름부음으로 예수님 위에 머물렀던 성령님이 곧 그분을 광야로 몰아내어 깊은 고통을 받게 하셨다. 너는 내가 사랑하고 기뻐하는 아들이라고 극적으로 선포하신 그 음성이 바로 다음 순간 40일 간의 고통을 선고하셨다. 먹을 것도, 마실 것도 없이 원수에게 격렬한 시험을 받으라고 말이다.

하나님을 기쁘시게 하면 그 보답으로 고통으로부터 자유로운 삶을 얻게 될 것이라고 많은 이들이 생각한다. 하나님을 기쁘시게 했는데 그분이 그 응답으로 나를 깊은 고통으로 이끄실 것이라는 생각은 꿈에도 하지 못할 것이다. 그런데 그런 일이 예수님께 일어났다.

내가 좋아하는 책 『나의 발을 사슴과 같게 하사』에도 똑같은 시나리오가 나온다. 이 아름다운 우화의 주인공 겁쟁이는 선한 목자와 함께 높은 곳으로 가는 여행길에 오른다. 여기서 '높은 곳'은 하나님의 임재를 상징한다. 목자가 겁쟁이의 여행길에 힘을 북돋아 줄 동무 둘을 보내 주겠다고 말한다. 겁쟁이는 그 동무가 기쁨과 평강일 것이라고 기대한다. 그러나 놀랍고 안타깝게도 겁쟁이의 여행 친구는 슬픔과 고통이었다. 슬픔과 고통은 겁쟁이를 사막으로 이끈다. 그러자 겁쟁이는 목자에게 부르짖는다.

> 겁쟁이는 절망에 빠져 말했다. "목자님, 이해할 수 없어요. 당신이 제게 주신 안내자들은 '높은 곳'에서 오른쪽으로 돌아 저기 광야로 내려가야 한다고 말합니다. 정말로 그렇게 하실 작정은 아니시죠? 목자님이 제게 하신 말씀과 모순되잖아요. 그리로 가서는 안 된다고 말씀해 주세요. 그리고 다른 길을 보여 주세요. 약속하신 대로 저희를 위해 길을 열어 주세요." 목자는 겁쟁이를 바라보며 아주 부드럽게 대답했다. "그게 길이란다, 겁쟁이야. 넌 그 길로 내려가야 해."[1]

하나님의 임재로 가는 길에는 흔히 슬픔과 고통이 따르고, 광야에 머무르는 시기도 있다. 당신은 어떤지 모르겠지만 나는 광야라는 말은 듣기도 싫다. 그보다는 "내가 온 것은 양으로 생명을 얻게 하고 더 풍성히 얻게 하려는 것이라"(요 10:10)는 말씀이 훨씬 더 좋다. 순진한 초신자 시절, 나는 '풍성하다'라는 말을 멀리 돌아서 가지도 않고 광야에 머무는 시기도 없고 고통도 없다는 뜻으로 이해했다.

고통 없는 삶. 듣기엔 그럴듯하지만 그건 성경에서 말하는 삶이 아니다. 풍성한 삶에 대해 말씀하신 예수님이 이런 말씀도 하신다. "세상에서는 너희가 환난을 당하나 담대하라 내가 세상을 이기었노라"(요 16:33). 성경의 주된 주제는 시련과 고난과 고통의 와중에서 어떻게 살아가야 하느냐는 것이다.

아무 고난도 없는 곳, 모든 눈물을 닦아 주셔서 더 이상 죽음과 슬픔과 울부짖음과 고통이 없는 영광스러운 곳이 있지만, 그곳은 이 땅이 아니라 천국이라는 곳이다(계 21:4 참고). 그 영원의 나라에 이르기까지 우리는 질병과 다툼과 슬픔과 죄가 있는 세상, 모든 피조물이 천국을 바라며 탄식하는 곳, 가엾은 겁쟁이처럼 우리 마음이 온통 해결되지 않은 의문으로 가득한 그런 곳에서 살아야 한다.

하나님이 권세 있는 분이라면 왜 고통과 고난을 미리 막아 주지 않으셨을까? 사랑 많으신 하나님이 어떻게 고통과 질병과 고난을 허락할 수 있으실까? 하나님은 왜 우리 아기가 그냥 죽게 내버려 두셨을까? 남편이 맨 처음 음란 사이트에 접속했을 때 하나님은 어디 계셨을까? 하나님은 왜 나를 성적 학대에서 구해주지 않으셨을까?

이것들은 많은 기도와 묵상을 요구하는 중요한 질문들이다. 이런 의문을 마음에 품고 있다면 이 장 맨 마지막에서 내가 추천한 책들을 읽어 보기 바란다. 아마 많은 도움이 될 것이다. 지금 이 책의 주제는 '삶으로 드리는 예배'이므로, 이 장에서는 '나의 고통을 어떻게 하나님 앞에 예배로 드릴 것인가?'에 대해 생각해 보겠다.

사람이라면 누구나 고통 없이 살고 싶어 한다. 고통의 쓴 맛을 알기 때문이다. 그것이 육체적인 것이든, 정서적인 것이든, 정신적인 것이든, 영적인 것이든 고통은 우리의 소망과 계획을 꺾고 꿈에 대해 회의하게 만든다.

성경에서 고난당한 인물이라고 하면, 욥과 요셉 그리고 비탄의 시를 쓴 다윗이 생각날 것이다. 그런데 사도 바울을 생각하면 어떤 이미지가 떠오르는가? 신약성경을 구성하는 많은 책들을 저술한 강하고 조리 있는 사도인가? 맞는 말이긴 하지만, 바울이 크나큰 육체적 고통을 갖고 있었다는 것도 사실이다.

우리는 고린도후서에서 그의 인생과 그가 겪었던 역경을 얼핏 볼 수 있다. 거기서 우리는 사도 바울, 즉 지적인 천재이자 달변가 바울이 아닌 인간 바울, 고통을 겪은 한 인간으로서의 바울을 만나게 된다. 가슴 쩡한 그의 말을 직접 들어 보자.

내가 수고를 넘치도록 하고 옥에 갇히기도 더 많이 하고 매도 수없이 맞고 여러 번 죽을 뻔하였으니 유대인들에게 사십에서 하나 감한 매를 다섯 번 맞았으며 세 번 태장으로 맞고 한 번 돌로 맞고 세 번 파선하고 일주야를 깊은 바다에서 지냈으며 여러 번 여행하면서 강의 위험과 강도의 위험과 동족의 위험과 이방인의 위험과 시내의 위험과 광야의 위험과 바다의 위험과 거짓 형제 중의 위험을 당하고 또 수고하며 애쓰고 여러 번 자지 못하고 주리며 목마르고 여러 번 굶고 춥고 헐벗었노라(고후 11:23-27).

사도 바울은 육체적 고통의 분야에서 전문가였지만, 정서적 고통도 잘 아는 사람이었다. 아시아의 모든 사람이 그를 버렸다고 말했다(딤후 1:15 참고). 친구에게 버림받은 적이 있는 사람이라면 이 고통이 얼마나 큰지 잘 알 것이다. 그런데 그는 한 친구가 아니라 아시아 대륙에서 버림받았다. 그러니 그 고통이 어느 정도였겠는가? 나로서는 상상도 되지 않는다. 순교를 앞둔 노인 바울은 외로움과 고립감을 느꼈다. 그는 친구들에게 어서 와서 지상에서 보내는 자신의 마지막 날들을 함께해 달라고 간청했다(딤후 4:21 참고).

바울은 자기 영혼을 하나님께 예배로 바치면서 고통의 광야를 걸었다. 개인적으로 나는 바울이 고린도후서에 남긴 말씀을 통해 영혼에 새 힘과 격려를 얻고 동기를 부여받았다. 고통을 바라보는 바울의 관점이 마음에 든다. 그는 다양한 고통을 겪었지만, 그럼에도 줄곧 "나는 포기하지 않는다. 나는 포기하지 않는다"고 읊조렸다. 포기하지 않기로 선택했기에 바울은 다음과 같이 아름다운 방식으로 강해졌다. 바울은…

- 하나님의 위로를 경험했다.
- 자기 확신을 하나님에 대한 확신으로 바꿨다.
- 승리 편에서 살기로 선택했다.
- 자신의 고통을 향기로운 예물로 만들었다.

바울은 고통 중에 있는 고린도 교인들에게 하나님이 위로하실 것이라는 말로 두 번째 편지를 시작한다. 하나님의 위로는 두 부분으로 나뉜다. 먼저, 하나님이 우리를 위로하시고, 그러면 우리도 다른 이들을 위로할 수 있게 된다.

바울, 하나님의 위로를 경험하다

찬송하리로다 그는 우리 주 예수 그리스도의 하나님이시요 자비의 아버지시요 모든 위로의 하나님이시며 우리의 모든 환난 중에서 우리를 위로하사 우리로 하여금 하나님께 받는 위로로써 모든 환난 중에 있는 자들을 능히 위로하게 하시는 이시로다(고후 1:3-4).

하나님의 부드러운 위로를 아는가? 하나님은 모든 위로의 하나님이라 불린다. 이는 영광스러운 이름이며, 하나님의 위로라는 팔은 그 누구의 팔보다 부드럽다. 나는 하나님의 위로를 크게 굽이치는 구름으로 여긴다. 환란이 나를 집어삼키려 할 때, 나는 하나님의 자애로운 돌보심이라는 부드러운 구름 속으로 숨는다. 고통의 시기에 하늘 아버지의 깊은 위로를 경험했다. 나는 삶 속에 임하는 보혜사 성령의 위로를 아주 잘 알고 있다.

이 위로를 무엇과 비교할 수 있을까? 3년 전의 이야기다. 나는 6개월째 계획을 세우고 있었다. 크리스마스가 되면 네 자녀의 가족이 전부 우리 집으로 온다. 아이들은 동쪽 끝과 서쪽 끝에 흩어져 살고, 나는 콜로라도에 살기에 모두가 한 지붕 밑에 모이는 날을 가슴 설레며 기다렸다. 네 자녀 부부와 손자손녀들까지 모두 모이면 정말 좋은 시간을 보낼 거라고 믿어 의심치 않았다. 그러나 내 생각은 틀렸다. 함께 모여 아름다운 추억거리를 만들기는커녕 서로 불화하며 의견이 갈렸다. 그런 광경이 벌어지리라고는 전혀 상상하지 못했다. 나는 하루 종일 눈물을 흘렸다.

이런 실의와 좌절의 시간에 하나님은 나를 어떻게 위로하셨는가? 월요일 아침에 성경을 읽고 있는데 성령님이 로마서 5장 3-5절을 조명해 주셨다. 나를 위해 기록된 말씀 같았다.

다만 이뿐 아니라 우리가 환난 중에도 즐거워하나니 이는 환난은 인내를, 인내는 연단을, 연단은 소망을 이루는 줄 앎이로다 소망이 우리를 부끄럽게 하지 아니함은 우리에게 주신 성령으로 말미암아 하나님의 사랑이 우리 마음에 부은바 됨이니.

"주님, 이 시련이 제 안에 인내와 연단과 소망을 이룰 것이라 약속하시니 이 고통에 대해 감사드릴 수 있습니다. 주님의 소망은 저를 실망시키지 않죠.…감사합니다, 주님." 나는 이 놀라운 말씀을 잊어버릴 뻔했다. 그래서 하나님의 이 약속을 내 마음과 생각 속에 새겼고, 그 말씀으로 나를 지탱할 수 있었다.

화요일에 다른 주에 사는 한 친구가 이메일을 보내왔다. "린다, 오늘 당신을 위해 기도하는데 하나님이 당신을 두고 기쁨으로 노래한다는 사실을 일깨워 주셨어요! 사랑하는 린다, 하나님은 당신을 아주 많이 사랑하세요. 지금 린다가 어떤 일을 겪고 있든, 하나님은 린다를 돌보신답니다!"

수요일에는 하나님 앞에 내 슬픔을 토해 놓았다. 성령님이 나를 통해 깊고도 애끓는 통곡을 하셨다. 내 고통을 함께 느끼는 성령님의 마음이 감지되었다. 정말 소중한 경험이었다. 하나님이 나를 꼭 끌어안아주시는 기분이었다. 목요일에는 가족 때문에 깊이 고통당하고 있는 한 여인이 나를 찾아왔다. 그 여인을 위해 기도하자 하나님이 내게 주셨던 위로를 그 여인에게도 주셨다! 얼마나 기뻤는지 모른다!

바울은 자신이 먼저 하나님의 위로를 받음으로써 다른 사람을 위로하는 법을 배웠다. 바울처럼 우리도 하나님의 위로를 경험할 때 비로소 다른 사람을 위로할 수 있다. 앨런 레드패스가 이 위로의 사역에 대해 한 말이 참 마음에 든다. "우리가 주 예수 그리스도를 실제로 알아야 하나님이 그분의 자녀 한 사람 한 사람에게 독특한 사역, 곧 위로의 사역을 할 수 있는 문을 열어 주신다. 이는 간단히 말해 성령의 생명을 다른 이에게 전해준다는 의미다."[2]

설교와 저술 사역으로 전 세계인들의 삶에 깊은 감동을 주고 있는 이 경건한 사람은 계속해서 이렇게 말한다. "개인적으로 나는 수많은 사람들에게 설교를 할 수 있는 능력보다는 한 사람의 상한 심령에 생명을 주는 신령한 은사가 더 좋다."[3]

하나님 말씀에 따르면, 당신과 나도 생명을 원하는 누군가에게 생명을 전해 주는 이 사역에 동참할 수 있다. 바울은 고통을 통해 위로를 배웠다. 그런 다음 오로지 하나님께 의지하는 법을 배웠다.

바울, 자기 확신을 하나님에 대한 확신으로 바꾸다

힘에 겹도록 심한 고난을 당하여 살 소망까지 끊어지고 우리는 우리 자신이 사형 선고를 받은 줄 알았으니 이는 우리로 자기를 의지하지 말고 오직 죽은 자를 다시 살리시는 하나님만 의지하게 하심이라(고후 1:8-9).

지금 당신은 힘에 부치도록 고생하며 살 소망까지 끊어지는 경험을 하고 있을 수도 있다. 그렇다면 이 고통스러운 고생에는 고귀한 목표가 있음을 알기 바란다. 나 자신에 대한 하나님의 목적이 내 능력, 내 재능, 내 영리함 등에 대한 믿음을 완전히 박살 내는 것이라는 사실을 나는 한 점의 의심도 없이 믿는다. 하나님은 고난과 고통을 이용해 나의 자기 확신을 끝장내신다.

하나님이 우리 모두를 위해 다른 무엇보다 중요하게 생각하시는 목적이 하나 있다. 그 목적은, "혹시 있을지도 모르는 육체에 대한 믿음을 영원히 파괴시키는 것, 자기 확신이 역사 속으로 사라지고 죽은 자를 살리시는 하나님에 대한 믿음으로 변화되는 단계로 우리를 데려가는 것"[36]이다.

하나님에 대한 확신은 한밤중에 부르는 믿음의 노래요 가장 고귀한 형태의 예배다. 이는 내가 하나님의 말씀이 진리임을 믿고 하나님이 그 말씀을 성취하실 것을 신뢰한다는 사실을 드러낸다.

인생의 고통스러웠던 시기를 돌아보면서 나는 다음과 같은 이유들로 그 경험을 오히려 기뻐한다.

- 이유를 알 수 없는, 도무지 이해가 되지 않는 어둠 속에서 하나님을 믿고 의지하는 법을 배웠다.
- 한 인간으로 성숙하여 고통 중에 있는 사람들의 아픔에 공감할 수 있게 되었다.
- 하나님께 위로를 받아서 내가 받은 성령의 위로로 다른 사람들을 위로할 수 있게 되었다.

고통에는, 우리 안에 있는 하나님의 위로와 하나님에 대한 확신을 전해 준다는 더 높은 목표가 있다.

바울, 승리 편에서 사는 법을 배우다

우리가 사방으로 우겨쌈을 당하여도 싸이지 아니하며 답답한 일을 당하여도 낙심하지 아니하며 박해를 받아도 버린 바 되지 아니하며 거꾸러뜨림을 당하여도 망하지 아니하고(고후 4:8-9).

이 말씀을 자세히 살펴보라. "…하여도 …하지 아니하며"라는 구절이 반복되는 게 보이는가? 이 표현은 모두 네 번 등장한다. 앞의 '…'에는 고통의 단어가, 뒤의 '…'에는 승리의 단어가 나온다.

고통	승리
우겨쌈을 당함	그래도 싸이지 아니함
답답한 일을 당함	그래도 낙심하지 아니함
박해를 받음	그래도 버린 바 되지 아니함
거꾸러뜨림을 당함	그래도 망하지 아니함

이 네 구절을 살펴본 다음, 승리 편에서 사는 법을 깨우쳤던 특별한 여성들을 소개하겠다.

바울은 우겨쌈을 당해도 싸이지 않았다 (고후 4:8)

"우겨쌈을 당하였다"고 번역된 헬라어는 출구가 없는 좁은 공간에 에워 싸인다는 의미다.[5] 숨 막히는 이런 압박감을 누구나 한 번씩은 느껴보 았을 것이다. 썩 기분 좋은 경험은 아니다.

제네는 이렇게 욱여싸이는 듯한 기분을 경험한 적이 있다. 한 가지 충격적인 사건으로 완전히 혼란에 빠졌을 때였다. 남편과 함께 낭만적인 주말을 보내고 있어야 할 어느 날, 그녀는 남편이 결혼 기간 내내 성적인 죄를 저질러 왔음을 알게 되었다. 이때 제네의 마음이 어떠했는지 직접 이야기를 들어 보자.

비통함…공포…두려움…떨림…혐오스러움. 시편 55편에서 다윗은 이렇게 말했죠. "나를 책망하는 자는 원수가 아니라 원수일진대 내가 참았으리라 나를 대하여 자기를 높이는 자는 나를 미워하는 자가 아니라 미워하는 자일진대 내가 그를 피하여 숨었으리라 그는 곧 너로다 나의 동료, 나의 친구요 나의 가까운 친우로다 우리가 같이 재미있게 의논하며 무리와 함께 하여 하나님의 집 안에서 다녔도다." 남편의 배신에 대처하려고 필사적으로 애쓰는 제 마음을 다윗의 고백이 잘 표현해 주고 있네요.

하나님의 말씀을 바라보았기에 그 후로 며칠 간 숨을 쉴 수 있었던 것 같아요. 남편이 저지른 죄, 그 음침한 공간으로 생각이 미칠 때마다 하나님께서 말씀으로 제 마음과 생각을 사로잡으셨어요. 저는 시편에 완전히 빠져들었죠. 시편 말씀을 외웠고, 하나님은 성경과 경배 찬송과 찬양 일기를 통해 제 상한 마음을 치유해 주셨어요. 제 고통을 주권적인 하나님 앞에 내려놓고 결혼 생활을 완전히 주님께 맡기게 될 때까지 정말 길고도 고된 여정이 계속되었어요.

바울과 제네처럼 우리도 인생길 어디쯤에서 탈출구 없이 사방으로 에워싸이는 듯한 기분이 들 때가 있을 것이다. 그러나 용기를 잃지 말라! 그래도 결코 에워싸이지 않을 것이다!

바울은 답답한 일을 당해도 낙심하지 않았다(고후 4:8)

고통 속에서 우리는 혼란스러워한다. 우리의 질병, 슬픔, 깊은 고뇌에 대한 하나님의 반응으로 인해 답답해지는 경우도 종종 있다. 나는 하나님의 방식을 이해하지 못할 때가 자주 있다. 사도 바울도 마찬가지였다. 하지만 낙심할 필요가 없다는 하나님의 말씀이 우리에게 힘을 준다. 왜 낙심할 필요가 없는가? 하나님이 우리를 약한 중에 강하게 만드사 오래 견디게 하실 수 있고, 어느 순간에라도 우리를 고통에서 건져 내실 수도 있다는 걸 알기 때문이다. 발레리의 경우, 하나님은 두 가지 일을 다 하셨다.

앞 장에서 발레리의 이야기를 했다. 메이요 클리닉과 스탠포드 메디컬 센터의 의료진들도 왜 그녀의 배가 자꾸 부풀어 오르는지 알아내지 못했다는 말도 했다. 누구도 그녀의 의문에 답해 주지 못했다. 발레리는 여전히 임부복을 입어야 했다. 답답함과 고통에도 불구하고 그녀는 믿음 위에 견고히 섰다. 5년을 그 고통과 더불어 살았으면서도 낙심하지 않았다. 바울처럼 발레리도 고통 중에 하나님을 믿고 경배하는 쪽을 선택한 것이다.

그렇게 임부복 차림으로 지낸 지 621일째 되던 날, 아이들을 학교에 데려다주고 돌아오던 발레리는 배에서 무슨 일이 생기고 있는 것을 느꼈다. 그녀는 불룩했던 배가 꺼져 가는 것을 10분에 걸쳐 지켜보았다. 부풀어 올랐던 배가 가라앉은 것이다! 발레리는 치유되었다!

발레리는 초음파 사진 세 장이 담긴 CD를 갖고 있다. 하나는 병이 치유되기 전날 찍은 것이고, 다른 두 개는 그 뒤 며칠 사이에 찍은 것이다. 이 과학적 결과는 그녀의 병이 다 나았음을 확증해 주었다. 의료진들은 "어떻게 이런 일이 가능하죠?"라고 묻고, 발레리는 "하나님이죠!"라고 대답한다. 그 소식을 듣고 나는 찬양의 함성과 기쁨의 눈물로 하나님을 얼마나 경배했는지 모른다. 이 기적적 치유에 대한 감사를 그냥 마음에 담아 둘 수 없었다.

하나님은 그분께 절하고 예배하기만 하면 고통이라는 답답한 감옥에서 피할 길을 늘 제공해 주실까? 그렇다. 하지만 그 피할 길이라는 게 고통에서 즉시 건져 주시는 게 아닐 수도 있다. 그 길은 질병과 고난과 상심의 문을 왈칵 열어젖혀 순식간에 치유해 주시는 것일 수도 있고, 평강과 은혜를 주사 그 고통을 감내하게 하시는 것일 수도 있다.

하나님은 초자연적으로 발레리를 치유하는 편을 선택하셨다. 하나님은 바울에게 있던 "육체의 가시"(고후 12:7)는 치유하시지 않았다. 바울은 그 고통스러운 '가시'를 제하여 달라고 하나님께 세 번 간구했다. 하지만 그 응답은 "내 은혜가 네게 족하도다 이는 내 능력이 약한 데서 온전하여짐이라"는 것이었다. "그러므로 도리어 크게 기뻐함으로 나의 여러 약한 것들에 대하여 자랑하리니 이는 그리스도의 능력으로 내게 머물게 하려 함이라 그러므로 내가 그리스도를 위하여 약한 것들과 능욕과 궁핍과 박해와 곤고를 기뻐하노니 이는 내가 약한 그때에 강함이니라"(고후 12:9-10).

하나님의 치유 능력과 관련하여 그리스도인들 사이에서는 양극단으로 견해가 나뉜다. 어떤 이들은 만인 치유를 주장한다. 한 예로 최근에 어떤 사람은 내가 편두통으로 고통당하고 있다는 것을 알고 즉시 내게 안수하면서 하나님께 치유를 청하고는 두통이 사라졌다고 선포했다(사실 두통은 사라지지 않았다). 또 어떤 이들은 하나님이 치유자라고 입으로는 말하면서 실제로는 하나님이 우리 몸이나 인간관계, 그밖에 다른 무엇도 치유하시지 않는 것처럼 행동하며 살아간다.

나는 지금도 하나님이 치유의 역사를 행하신다고 믿으며, 하나님이 발레리를 초자연적으로 치유하신 것을 실제로 목격하는 특권을 누렸다. 그러나 하나님이 정말 답답할 만큼 고통을 지속시키시는 경우가 자주 있다. 그런 경우에도 하나님은 그것을 견딜 힘을 우리에게 주신다.

바울은 박해를 받아도 버린 바 되지 않았다(고후 4:9)

오스왈드 챔버스는 이렇게 말한다. "하나님은 그 누구도 고난에서 면제해 주지 않으십니다. 오히려 '저희 환난 때에 내가 저희와 함께하실 것'이라고 말씀하십니다. 그러한 이유로 나는, 자기 삶에서 아무 어려움이 없다고 말하는 그리스도인들이 더욱 안타깝게 느껴집니다."[6]

살다 보면 시련이 닥칠 수도 있고 사람들이 나를 대적할 수도 있다. 그러나 하나님은 나를 절대로 버리지 않겠다고 약속하신다. "내가 결코 너희를 버리지 아니하고 너희를 떠나지 아니하리라 하셨느니라 그러므로 우리가 담대히 말하되 주는 나를 돕는 이시니 내가 무서워 아니하겠노라 사람이 내게 어찌하리요 하노라"(히 13:5-6).

에린은 하나님이 자기를 버리지 않으시리라는 것을 확신하고 싶었다. 에린은 아버지에게 버림받은 경험이 있었다. 당연히 딸을 사랑하고 보호했어야 할 이 남자는 에린을 성적으로 끔찍하게 학대했다. 뿐만 아니라 사탄 숭배자들에게 성적인 제물로 넘기기까지 했다. 그녀가 당한 박해와 고통은 이루 말로 다할 수 없으나 그녀의 일기에서 보듯 그녀는 버림받지 않았다.

주님, 끔찍한 길을 걸어오느라 너무 지쳤습니다. 하지만 주님이 동행해 주시니 저는 얼마나 복받은 사람인지요. 주님은 때로는 저를 들어 옮겨 주시고, 때로는 방패가 되어 주시며, 때로는 뒤로 숨겨 주시고, 때로는 앞으로 나아갈 수 있도록 힘을 북돋아 주십니다. 언제나, 언제나, 언제나 사랑으로 위로를 주시지요.

이 길을 영원히 가고 싶습니다, 주님. 그게 주님을 더 많이 향유한다는 의미라면 말입니다. 주님을 친밀히 알 수만 있다면 그 무엇이든 달게 받겠어요. 어떤 대가를 치르든, 그 길이 얼마나 어렵든, 그게 주님을 더 많이 누릴 수 있는 길이라면 그 길을 가겠습니다.

주님은 제 모든 것입니다. 고통이, 슬픔이, 고난이, 괴로움이 얼마나 크든 상관하지 않습니다. 주님의 거룩한 보좌로 나아갈 수만 있다면, 그게 주님께 큰 영광이 된다면, 저는 가겠습니다.

주님을 생명보다 더 사랑합니다. 이 깊은 고통은 주님을 향한 제 사랑을 더 깊게 해줄 뿐입니다.

에린은 다음과 같은 노랫말도 썼다.

내 고통을 바칩니다

주님, 빗물처럼 떨어지는 내 모든 눈물로
내 모든 고통으로 주님을 예배하기 원합니다.

주님, 흐느껴 우는 내 모든 슬픔으로

내 모든 상심으로 주님을 높이기 원합니다.

주님, 내 행하는 모든 일로 주님을 섬기고자 합니다.

주님, 부디 내 아픈 마음을 받으사

주님께 집중하게 하소서.

합창: 나 오직 원하는 것은

주님의 아름다운 얼굴 뵙는 것

주님의 거룩하심에 가닿는 것

내게 오직 필요한 것은

주님의 부드러운 품에 따뜻이 안기는 것

주님의 온유함이 내 온몸 덮는 것

주님, 이 모습 그대로 주 예배하기 원합니다.

내 모든 상처 어린 양께 드립니다.

주님, 내 모든 고난으로 주 높이기 원합니다.

이 어둠 속에서도 주는 나의 왕

주 앞에 엎드려 절하며 주 발 밑에서 부르짖습니다.

이 비천한 제물을 받으사 평강으로 나를 채우소서.

바울은 거꾸러뜨림을 당해도 망하지 않았다 (고후 4:9)

"거꾸러뜨림을 당해도 망하지 않는다"는 것은 무슨 뜻인가? 헬라 문화에서 이 말은 한 전사가 상대편에게 맞아 거꾸러진 뒤 치명타가 날아오기를 기다리고 있는 광경을 묘사한다. 그런데 뜻밖에 이 전사가 비틀거리며 다시 일어난다. 그가 그렇게 쓰러졌어도 망하지 않는 것은 버림받지 않았기 때문이다. 전능하신 하나님이 옆에 함께하시며 그가 쓰러질 때 일으켜 세워 주시는 것이다.[7]

목회자의 아내인 사라는 학대를 일삼는 폭력적인 가족들로 인해 완전히 거꾸러진 듯한 기분이었다. 사라는 자신에게 날아오는 주먹에 맞아 쓰러지는 게 아니라 오히려 하나님께 이렇게 묻기로 했다. "하나님, 이 고통을 어떻게 하나님께 예배로 드릴 수 있을까요?"

오래지 않아 그녀는 다음과 같은 이메일을 보내왔다.

오늘 아침 예배 시간에 아바께서 제게 뭘 보여 주셨는지 맞춰 보세요. 제 삶 속의 고통과 좌절이 하나님과 저 사이에 거대한 균열을 만들어 놓았다고 말했던 것 기억하시나요? 그 균열 때문에 하나님이 잘 보이지 않고 멀리 계신 것 같다고 했지요.

그런데 이제 알았어요. 예배야말로, 비록 두렵고 불안하고 화가 날 때도 제 마음과 영혼으로 하나님 앞에 절하는 것이야말로 그 균열을 메워 주고 저를 하나님의 임재로 이끌어 주는 유일한 방법이라는 것을요. 깊은 슬픔으로 인해 저는 진정으로 하나님 앞에 엎드려 마음을 드릴 수 있는 단계까지 갔지만 그것만으로는 충분하지 않았어요. 그보다 한 단계 더 나아가, 그동안 우상이 되었던 저의 주도권을 포기해야 했어요. 제 고통을 하나님 앞에 무릎 꿇리고 하나님의 거룩한 이름을 예배해야 했지요.

자기 고통마저 하나님 앞에 예배로 바치고자 하는 귀한 여인이여, 당신에게는 선택권이 있다. 고통 편에 서서 우겨쌈을 당하고 답답해하며 핍박당하고 거꾸러뜨림을 당하든지, 아니면 승리 편에 서서 에워싸이지 않고 낙심하지 않으며 버림당하지 않고 망하지 않든지 둘 중 하나를 선택할 수 있다. 제네, 발레리, 에린, 사라, 그 밖의 수많은 여인들처럼 당신도 승리의 편에 설 수 있다.

고통을 하나님 앞에 예배로 드릴 때 그 고통은 하나님 앞에 향기로운 예물이 될 수 있다.

바울의 고통, 향기로운 예물이 되다

항상 우리를 그리스도 안에서 이기게 하시고 우리로 말미암아 각처에서 그리스도를 아는 냄새를 나타내시는 하나님께 감사하노라 우리는 구원 받는 자들에게나 망하는 자들에게나 하나님 앞에서 그리스도의 향기니(고후 2:14-15).

한 젊은 여성이 어머니에게 말했다. 인생의 고통이 너무 심해서 이제는 포기하고 싶다고 말이다. 그 여성은 싸우고 몸부림치는 데 지쳐 있었다. 한 가지 문제를 해결하고 나면 곧 다른 문제가 생겼다. 어머니는 딸을 데리고 주방으로 가서 냄비 세 개에 물을 가득 채웠다. 첫 번째 냄비에는 당근을, 두 번째 냄비에는 달걀을, 세 번째 냄비에는 커피 가루를 넣었다. 그리고 아무 말 없이 그 세 냄비를 가스렌지에 올려 끓이기 시작했다.

20분쯤 지나자 어머니는 불을 껐다. 첫 번째 냄비에서 당근을 건져서 넓은 그릇에 담았다. 두 번째 냄비에서는 달걀을 건져서 그릇에 담았다. 마지막으로 커피도 국자로 떠서 컵에 담았다.

그리고 딸에게 물었다. "뭐가 보이는지 말해 보겠니?"

"당근, 달걀, 커피네요"라는 대답이 돌아왔다.

그러자 어머니는 딸을 가까이 데리고 와서 당근의 느낌이 어떤지 만져 보라고 했다. 딸은 당근을 만져 보고는 부드럽다고 했다. 어머니는 이번엔 달걀을 집어 깨뜨려 보라고 했다. 딸은 달걀의 껍질을 벗겨 내고 완숙으로 삶아진 달걀을 보았다. 마지막으로 어머니는 딸에게 커피를 한 모금 마셔 보라고 했다. 딸은 커피의 풍부한 향취를 맛보고 미소 지으며 물었다. "요점이 뭐예요, 엄마?"

어머니는 이 물체들은 저마다 끓는 물이라는 똑같은 역경을 만났지만 반응은 각각 달랐다고 설명했다. 당근은 강하고 딱딱했지만 끓는 물에 들어갔다 나오자 부드럽고 약해졌다. 달걀은 원래 깨지기 쉬웠다. 그런데 얇은 겉껍질이 안에 들어 있는 액체 성분을 보호하여 내부 성분이 단단해졌다. 하지만 커피 가루는 독특했다. 끓는 물에 들어가서 물을 변화시킨 것이다.

"어떤 게 너니?" 어머니는 물었다. "역경이 문을 두드릴 때 너는 어떤 태도를 보이니? 너는 당근이니, 달걀이니, 아니면 커피니?"[8]

이 질문을 오랫동안 깊이 생각한 후에 나 자신에게 물었다. "나는 겉으로는 강해 보이지만 고통과 역경을 만나면 풀이 죽고 부드러워지는 당근일까? 시작할 때는 유연한 마음이었다가 열기를 만나면 단단해지는 달걀일까? 아니면 고통을 안겨 준 바로 그 상황에서 맛과 향기를 내는 커피를 닮았을까?" 당신은 자신을 어떻게 설명할 텐가? 당신은 당근인가, 달걀인가, 아니면 커피인가?

C. H. 스펄전은 슬픔이라도 찬양의 멜로디를 망쳐 놓지 못하며, 슬픔은 그저 '하나님께 영광 있기를'이라는 우리 인생의 노래에서 베이스를 담당할 뿐이라고 말했다.

당신의 고통을 하나님 앞에 바치겠는가? 나를 커피 원두처럼 만들어 달라고 하나님께 청하겠는가? 그렇게 하기 원한다면 다음 제안들을 실천해 보라.

어떻게 실천할 것인가

1. 고통 중에 있을 때 하나님께 찬양의 노래를 부르라

주님께 예배를 드리면 주변 공기가 달라진다. 바울과 실라는 옥에 갇혔을 때 노래를 부르며 하나님께 예배하기 시작했다. 그러자 어떤 일이 일어났는가? 그들의 예배 정신이 대적들과 맞서는 무기가 되었고, 두 사람이 갇혀 있던 옥문이 활짝 열렸다.

이사야 61장 3절을 보면, 근심은 찬송의 옷으로 바뀐다. "어떤 운동, 어떤 약이라도 낙심이라는 병을 찬송만큼 치료할 수 없다. 우울과 찬송은 한마음 안에 오래 동거할 수 없다. 이 둘은 룸메이트가 되어 한 방을 쓸 수 없다. 찬송은 하나님의 임재를 의식하게 해준다. 우울의 구덩이에서 비롯된 거짓말들은 찬송의 분위기에서 힘을 발휘하지 못한다. 찬송은 옷이므로, 우리는 셔츠나 블라우스나 코트를 입듯 찬송의 옷을 입을 수 있다."⁹ 찬송의 옷을 계속 입으면 고통 중에 찾아오는 낙심과 절망과 우울을 물리칠 수 있다.

당신은 어떻게 하나님을 찬양하는가? 나는 고통 중에 있을 때 듣는 음반이 있다. 나는 소망의 노래가 담긴 그 CD를 틀어 놓고 무릎을 꿇고 앉아 나의 구원자요 피난처, 망대이자 은신처인 하나님께 예배를 드린다. 그러다보면 찬송의 옷이 낙심을 대신하고, 고통 중에서도 내 영혼은 소망으로 가득 찬다.

2. 고통 중에 있을 때 성경을 나를 위한 말씀으로 삼으라

고통에 짓눌리는 기분일 때는 시편 9편 9절을 나를 위한 말씀으로 여기라. "여호와는 압제를 당하는 자의 요새이시요 환난 때의 요새이시로다."

길을 밝혀 주는 빛도 없이 혼란스러울 때는 시편 18편 28-29절을 읽으라. "주께서 나의 등불을 켜심이여 여호와 내 하나님이 내 흑암을 밝히시리이다 내가 주를 의뢰하고 적군을 향해 달리며 내 하나님을 의지하고 담을 뛰어넘나이다."

버림받은 것 같은 기분일 때는 시편 9편 10절을 읽으라. "여호와여 주의 이름을 아는 자는 주를 의지하오리니 이는 주를 찾는 자들을 버리지 아니하심이니이다."

바닥에 거꾸러진 기분일 때는 시편 31편 24절을 읽으라. "여호와를 바라는 너희들아 강하고 담대하라."

3. 고통 중에 있을 때 하나님 앞에서 울라

눈물을 쏟을 때 경험하는 위로만큼 크나큰 위로는 없다. 개인 예배를 드리면서 내가 얻은 첫 번째 교훈은 하나님 앞에 흐느껴 울면서 얻은 것이다. 고통에 짓눌려 할 말을 잃었을 때 친구이신 성령님이 내 애끓는 설움을 아버지 앞에 들어 바치셨다. 성경은 이것이 성령님의 사역 가운데 하나라고 말한다. "이와 같이 성령도 우리의 연약함을 도우시나니 우리는 마땅히 기도할 바를 알지 못하나 오직 성령이 말할 수 없는 탄식으로 우리를 위하여 친히 간구하시느니라"(롬 8:26). 모든 위로의 하나님 앞에 나아가, 나를 위로하며 안아 주시고 달콤함으로 감싸 달라고 간구하라.

4. 고통 중에 있을 때 포기하지 말고 참고 견디라

이번 주에 30분 정도 조용히 혼자 있을 수 있는 시간을 내어 하나님께 드리는 기도문을 작성하라. 내가 왜 오래 참고 견디는 쪽을 선택하는지 말씀드리라. 기도문을 쓸 때 바울이 고린도후서에서 했던 격려의 말을 생각하라. "우리가 낙심하지 아니하노니"(4:1, 16 참고).

주님과 함께 있을 때, 무대를 두 층으로 나누어 한 스토리가 동시에 공연되는 중국의 전통 인형극을 생각하라. 아래층에서는 등장인물들이 시련과 갈등을 통해 점차 발전해 나가는 모습을 보여 준다. 그러나 위층에서는 연극이 어떻게 결론이 나는지 보여 준다. 악당들은 벌을 받고 영웅들은 상을 받는다. 관객들은 위층의 인형극을 보고 결론을 미리 알 수 있기 때문에 상황이 심각해지고 악당들이 이기는 듯해도 걱정하지 않는다. 걱정하기보다는 목소리로 공연에 가세한다. 아래층에서 괴롭힘을 당하고 있는 주인공들에게 격려의 함성을 지르기 시작한다. "그만두면 안 돼! 멈추지 마! 포기하지 마! 해낼 수 있어!"[10]

이번 주에 기도문을 쓸 때, 성부와 성자 하나님이 천국에서 내게 함성을 보내고 계시다는 사실을 기억하라. 성령 하나님이 당신 안에서 격려의 함성을 보내고 계신다. 천군 천사들도 성삼위 하나님과 더불어 당신을 격려한다. "그만두면 안 돼! 멈추지 마! 포기하지 마! 고통을 통해 계속 예배드려!"

• 고통을 주제로 한 추천 도서 목록 •

『잃어버린 노래, 애가』(A Sacre Sorrow) 마이클 카드 지음 · 죠이선교회출판부

『하나님 앞에서 울다』(A Grace Disguised) 제럴드 싯처 지음 · 좋은씨앗

『하나님, 당신께 실망했습니다』(Disappointment With God) 필립 얀시 지음 · IVP

『기도 응답의 지연이 주는 축복』(The Fire of Delayed Answers) 밥 소르기 지음 · 은혜출판사

『하나님 어찌 이런 일이』(When God Doesn't Make Sense) 제임스 돕슨 지음 · 두란노

『하나님의 눈물』(When God Weeps) 조니 에릭슨 타다 지음 · 기독교문서선교회

A Deeper Kind of Calm, by Linda Dillow

When Heaven is Silent, by Ron Dunn

11장
나의 뜻을 드립니다

나의 하나님이여 내가 주의 뜻 행하기를 즐기오니
주의 법이 나의 심중에 있나이다 하였나이다.
_ 시편 40:8

아무래도 조만간 '의지가 굳은 개'라는 제목으로 책이 한 권 나올 것 같다. 흰색 사모예드 종인 우리 집 애완견 타샤라면 그런 책을 쓰고도 남을 것이다. 녀석은 자기가 원하는 것이라면 반드시 하고야 만다. 눈처럼 새하얀 이 사랑스러운 녀석이 울타리를 넘어 도망갈 때마다 나는 "타샤, 이리 와!"라고 고함을 지르며 녀석을 쫓아갔다. 녀석은 한참을 달리다 돌아서서 고개를 빳빳이 들고 내 눈을 바라보다가 이내 그 즐거운 길을 다시 가기 시작한다. '이리 오는' 게 아니라 '저리 가는' 것이다.

어떤 이들은 이렇게 고집 센 강아지와 씨름을 하고, 또 어떤 이들은 아이들과 씨름을 한다.

네 살이 채 안 된 어린아이 셋의 엄마 노릇을 하던 시절이 생생하게 떠오른다. 그 당시 난 피곤에 지친 엄마였고, 막내 토미는 천식을 앓고 있었다. 한밤중에 병원으로 차를 몰고 가다가 토미가 숨이 넘어갈 것처럼 기침을 하던 끝에 구토를 하면 온몸과 자동차 시트가 토사물로 범벅이 된 적이 한두 번이 아니었다.

토미의 아기 침대 옆에 놓인 매트에서 새우잠을 자면서 수유를 하려 애쓰던 기억도 난다. 아이는 크룹 텐트(croup tent: 호흡기 질환을 앓고 있는 소아에게 유용한 장치로 산소와 습도를 일정하게 유지해 준다—옮긴이) 밑에 누워 있었기 때문에 아이를 만지려면 아기 침대의 난간 사이로 손을 넣어야 했다. 내게나 토미에게나 정말 번잡스럽고 싫은 일이었다.

무엇보다 생생하게 기억나는 건 새벽 3시쯤 벌어지던 욕실 소동이다. 의사는 아이가 숨을 제대로 못 쉬면, 샤워기로 욕실에 뜨거운 물을 최대한 많이 뿌리고 문을 닫아 놓았다가 욕실 안에 뜨거운 증기가 가득 차면 아이를 데리고 가서 변기에 앉혀 놓으라고 했다. 뜨거운 증기가 아이의 기관지와 폐에 신기한 작용을 하길 기다리는 것이다. 사실 그 시간은 '엄마와 아기가 함께하는 즐거운 시간'이 절대로 아니었다.

그 증기 동굴을 지독히 싫어하는 건 토미만이 아니었다. 한밤중에 쉴 새 없이 꿈틀거리며 끽끽 소리를 지르는 아이와 욕실에서 씨름을 벌이는 게 즐겁지 않은 건 엄마도 마찬가지였다. 토미는 말도 배우기 전부터 나와 곧잘 싸웠고, 내 가슴을 탕탕 치기도 했으며, 싸우다 다친 코요테처럼 구슬프게 울기도 했다. 말을 배운 뒤에는 걸핏하면 쿵쾅쿵쾅 뛰면서 "밖에 나가자, 엄마. 밖에!"라고 소리를 질렀다.

토미가 이렇게 말했다면 얼마나 좋았을까! "엄마, 엄마가 날 사랑하고 내게 가장 좋은 걸 해주려고 하는 걸 나도 알아요. 왜 뜨거운 김이 가득한 곳에 앉아 있어야 하는지 잘은 모르지만, 증기가 효과를 발휘할 때까지 가만히 앉아 있을게요."

네 명의 사춘기 아이들 엄마 노릇을 하던 시절도 기억난다. 이 불가사의한 사춘기 아이들 중 특히 태어날 때부터 고집이 센 아이가 하나 있었다. 이 아이는 우리 가정의 '보수적인 규칙'에 아주 넌더리를 내면서, 지구상 그 어떤 아이들도 우리 집 아이들보다는 자유로울 것이라고 생각했다. 주말만 되면 어떤 영화는 봐도 되고, 어떤 파티에는 가도 되는지에 대해 나와 남편은 그 녀석과 논쟁을 벌여야 했다. 당시 집안 분위기는 전쟁터와 비슷했다.

그 고집 센 녀석이 이렇게 말했다면 얼마나 기뻤을까! "엄마, 엄마의 방식이 이해는 안 되지만 그래도 엄마가 나를 사랑하고 내게 최선의 것을 주려고 하신다는 것을 잘 알아요. 이해는 안 되지만 엄마가 옳다고 생각하시는 대로 행동할 게요."

나는 아이들보다 지혜로웠고 더 많은 세월을 살았다. 나는 아이들의 인생을 구성하는 퍼즐 조각들이 한눈에 보였다. 이런저런 규칙들이 왜 필요한지 알았고, 무엇보다 아이들을 사랑했다! 아이들은 내 깊은 사랑을 알고 나를 믿어야 했다. 비록 이해할 수 없을지라도 말이다.

내가 이런 이야기를 꺼내는 이유가 무엇일까? 아이들이 나를 대했던 방식과 내가 하늘 아버지를 대하는 방식이 비슷하다는 걸 말하기 위해서다. 나도 하나님 앞에서 걸음마를 배우던 시절이 있었다. 나는 하나님의 가슴을 쿵쿵 두드리면서 "이 숨 막히는 욕실에서 나가게 해줘요! 나는 이런 거 안 좋아해요!"라고 소리를 지르곤 했다. 하나님 앞에서 사춘기였던 시절도 있었다. "내 나름의 인생 계획도 세웠고 정말 열심히 노력했어요. 하나님, 내가 계획한 대로 이뤄지는 게 정당하다고요. 제발 내가 '지금' 원하는 걸 주세요!"라고 고집스럽게 항변했다.

그 유아기와 사춘기를 벗어났다는 게 정말 감사하다. 하나님은 나를 '신뢰하는 사람'으로 변화시키셨다. 사춘기 아이와 신뢰하는 사람은 어떻게 다른지 아는가?

사춘기 아이	신뢰하는 사람
자기 중심	하나님 중심
독립적	의존적
반항적	순종적

'신뢰하는 사람'은 자기 뜻을 하나님 뜻에 겸손히 복종시킨다. 내 뜻을 하나님께 내려놓는다는 건 아주 힘든 일이지만, 나는 이것이 가장 의미 깊은 형태의 예배라고 믿는다. 내 뜻을 예배로 하나님 앞에 내려놓을 때 믿음이 견고히 선다.

나는 다음과 같은 마음으로 하나님 앞에 나아간다.

거룩하신 하나님, 하나님은 제 인생의 퍼즐 조각들을 다 보고 계십니다. 그리고 저를 사랑하시지요. 제 뜻을 주님 앞에 내려놓습니다. 주님은 저보다 훌륭하십니다. 저보다 크십니다. 저보다 지혜로우십니다. 저를 능가하십니다. 주님의 계획과 목적 앞에 엎드립니다.

주 예수님은 겟세마네 동산에서 이 심오한 예배의 모범을 보이셨다. 예수님은 세 번이나 홀로 고뇌하면서 아버지 앞에 무릎 꿇고 기도하셨다. "내 아버지여 만일 할 만하시거든 이 잔을 내게서 지나가게 하옵소서 그러나 나의 원대로 마옵시고 아버지의 원대로 하옵소서"(마 26:39). 예수님의 말씀은 본질상 이런 뜻이었다. "내 아버지여, 제 요구 사항을 아버지 앞에 내려놓습니다. 이제 제 뜻을 아버지 뜻에 순복시키나이다."

그리스도의 목적은 "하나님의 뜻을 행하"(히 10:7)는 것이었다. 그리고 성자를 향한 하나님의 뜻은 성자 예수님이 우리를 위해 자신을 희생하는 것이었다. 그가 고통당하사 우리가 치유받을 수 있게 하시는 것이었다. 이것이 예수님의 예배였다. 자기 뜻을 아버지 뜻에 순복시키는 것은 성자 하나님께 심히 고통스러운 일이었다. 이는 우리도 마찬가지다.

하나님은 자기 뜻을 하나님 뜻에 순복시키는 사람들의 모습을 성경에 잘 그려 놓으셨다. 이들의 초상을 그려 놓으신 것은 우리에게 교훈과 격려를 주기 위해서다. 이 심오한 예배를 삶으로 실천한 사람들에 대해 살펴보고 거기서 교훈을 얻자. 그 사람들은 욥, 하박국, 아브라함이다.

욥, 엎드려 절하다

욥을 생각할 때 하나님과 씨름한 사람이 떠오르는가? 하나님께 도전한 사람인가? 맞다. 욥은 하나님 앞에서 몸부림쳤고 의문을 제기했다. 하지만 모든 재산과 열 명의 자녀를 잃던 날, 그가 즉시 예배를 드리면서 자기 뜻을 하나님 앞에 내려놓았다는 것을 아는가? 욥기 1장 20-21절에 기록된 그의 말을 읽을 때마다 나는 경탄하게 된다.

> 욥이 일어나 겉옷을 찢고 머리털을 밀고 땅에 엎드려 예배하며 이르되 내가 모태에서 알몸으로 나왔사온즉 또한 알몸이 그리로 돌아가올지라 주신 이도 여호와시요 거두신 이도 여호와시오니 여호와의 이름이 찬송을 받으실지니이다 하고.

도무지 이해할 수 없는 하나님, 방금 자기 자녀들을 다 앗아 가신 하나님 앞에 욥은 겸손히 엎드렸다. 숨 막힐 듯 아름다운 욥의 고백은 그가 하나님 앞에 드리는 예배였다. 욥은 자기 뜻을 하나님 앞에 순복시켰다. 그는 전능자 앞에서 본질상 이렇게 말한 것과 같다. "제게 뭔가를 주시는 것도 주님의 권리와 특권이고, 주신 선물을 가져가시는 것도 주님의 권리이자 특권입니다. 어떤 일이 일어나든 주님의 이름을 찬양하겠습니다!"

나는 욥의 예배를 자주 묵상한다. 그 청천벽력과 같은 소식을 듣고 곧바로 땅에 엎드려 "여호와의 이름이 찬송을 받으실지니이다" 하고 고백했다니, 나로서는 감히 상상도 못할 일이다. 그의 행동을 보면서 찰스 스펄전(Charles Spurgeon)이 한 말이 떠올랐다. "우리가 부요할 때 하나님께 드리는 노래는 값싼 노래다. 베푸시는 하나님의 손에 입 맞추는 건 아주 쉽다. 내게 있는 것을 가져가실 때 하나님을 찬양하는 것이야말로 진정한 찬양이다."[1]

아름다운 경배 찬양곡인 '주 이름 찬양'(Blessed Be Your Name)은 욥기 1장 21절에 기록된 욥의 탄식을 바탕으로 하고 있다. 이 찬양을 부를 때마다 슬픔에 잠겨 주님 앞에 고개 숙인 이 남자, 그러나 더 깊이 몸을 숙여 예배드리는 욥의 모습이 떠오른다. 그는 하나님 앞에 엎드려 선언한다. "주 이름 찬양. 가는 길 험할지라도, 고통으로 예배드려야 할지라도 주님 찬양해." 이보다 더 절절한 예배가 있을까? 나는 욥과 같은 예배의 마음을 달라고 하나님께 구했다. 욥은 하나님 앞에 엎드려 하나님에 대한 예배를 표현했다. 이에 반해 하박국 선지자의 예배는 흥겨운 춤이었다.

하박국, 춤을 추다

나의 책 『만족』(Calm My Anxious Heart)을 읽어 본 사람이라면 내가 하박국서를 좋아하는 것을 알 것이다. 그 이유가 무엇인지 아는가? 이 선지자는 어떤 문제나 의심이 생길 때마다 사람이 아니라 하나님에게 가져갔기 때문이다.

하박국은 자기 나라 유다의 죄 때문에 슬퍼하며 하나님 앞에 나아가 그분께 개입해 달라고 청했다. 하나님은 개입하겠다고 선언하심으로 그에게 응답하셨다. 어떻게 개입하셨는가? 바벨론이 침략하여 유다 백성을 포로로 잡아가게 만드셨다. 이런 하나님의 응답에 하박국은 깊은 혼란에 빠졌다. 하나님이 어떻게 이러실 수 있단 말인가?

하박국서를 읽다 보면, 이 사랑스러운 선지자가 하나님께 도전하던 태도에서 돌이켜 하나님을 예배하는 것을 보게 된다. 거룩한 고요 속에서 하박국이 하나님을 예배하며 드렸던 고백이 하박국서에 자주 인용된다. "오직 여호와는 그 성전에 계시니 온 천하는 그 앞에서 잠잠할지니라"(합 2:20).

하박국서는 이 선지자가 믿음을 선언하는 말로 끝맺는다. 그는 모든 걸 잃고 알몸이 된다 해도, 안전을 보장해 주고 자신을 지탱해 주던 것을 몽땅 잃는다 해도 다음과 같이 하겠다고 말한다.

나는 여호와로 말미암아 즐거워하며 나의 구원의 하나님으로 말미암아 기뻐하리로다(합 3:18).

'기뻐한다'고 번역된 히브리어는 상황을 아주 잘 묘사해 주는 단어다. 이 단어는 문자적으로 '기뻐서 뱅글뱅글 돈다'는 의미다.[2] 하박국은 바벨론이 침략한다고 해도 자신은 춤을 추겠다고 선언했다. 휠체어 춤을 추었던 조니처럼 하박국도 기쁨으로 뱅글뱅글 돌 작정이었다. 그는 설령 하나님의 뜻을 이해할 수 없을지라도 하나님의 뜻에 자기 뜻을 내려놓았고, 즐거운 예배로 하나님에 대한 믿음을 드러내 보이겠다고 맹세했다.

하나님이 이해되지 않을 때 그냥 체념하는 심정으로 "좋아요, 하나님. 하나님을 믿어 보죠"라고 말하는 사람이 있을 수 있다. 그러나 하나님이 도무지 이해되지 않을 때 기뻐서 뱅글뱅글 도는 사람은 과연 얼마나 될까? 하박국은 하나님 안에서 안전했다. 그는 하나님의 뜻이 아무리 이해되지 않아도 그 뜻이 하나님의 은혜가 미치지 못하는 곳, 그 은혜의 보호를 받지 못할 곳으로 자기를 데려가지는 않을 것을 알았다.

나는 하박국 같은 예배의 마음을 달라고 하나님께 구했다.

하박국이 기쁘게 춤을 추어 자신의 깊은 믿음을 증거했다면, 아브라함은 제단을 쌓아 자신의 믿음을 보여 주었다.

아브라함, '이삭 제단'을 쌓다

한 가지 부탁이 있다. 이제 인용할 성경 말씀에서 아브라함이 이삭을 제물로 바치는 부분을 읽을 때 '이미 다 아는 내용이야'라고 생각하면서 고개를 돌리지 말라는 것이다. 나는 성경 최초로 예배가 언급된 이 구절을 통해 하나님이 당신에게 뭔가 새롭고 아름다운 것을 가르치고자 하신다고 믿는다. 그러므로 눈과 마음을 열고, 난생처음 보는 것처럼 이 말씀을 읽기 바란다.

그 일 후에 하나님이 아브라함을 시험하시려고 그를 부르시되 아브라함아 하시니 그가 이르되 내가 여기 있나이다

여호와께서 이르시되 네 아들 네 사랑하는 독자 이삭을 데리고 모리아 땅으로 가서 내가 네게 일러 준 한 산 거기서 그를 번제로 드리라

아브라함이 아침에 일찍이 일어나 나귀에 안장을 지우고 두 종과 그의 아들 이삭을 데리고 번제에 쓸 나무를 쪼개어 가지고 떠나 하나님이 자기에게 일러 주신 곳으로 가더니 제삼일에 아브라함이 눈을 들어 그곳을 멀리 바라본지라

이에 아브라함이 종들에게 이르되 너희는 나귀와 함께 여기서 기다리라 내가 아이와 함께 저기 가서 예배하고 우리가 너희에게로 돌아오리라 하고 아브라함이 이에 번제 나무를 가져다가 그의 아들 이삭에게 지우고

자기는 불과 칼을 손에 들고 두 사람이 동행하더니

이삭이 그 아버지 아브라함에게 말하여 이르되 내 아버지여 하니 그가 이르되 내 아들아 내가 여기 있노라 이삭이 이르되 불과 나무는 있거니와 번제할 어린 양은 어디 있나이까

아브라함이 이르되 내 아들아 번제할 어린 양은 하나님이 자기를 위하여 친히 준비하시리라 하고 두 사람이 함께 나아가서 하나님이 그에게 일러 주신 곳에 이른지라 이에 아브라함이 그곳에 제단을 쌓고 나무를 벌여 놓고 그의 아들 이삭을 결박하여 제단 나무 위에 놓고 손을 내밀어 칼을 잡고 그 아들을 잡으려 하니(창 22:1-10).

모리아 산에서 벌어진 이 일의 결말을 잘 알고 있을 것이다. 하나님이 개입하사 제물로 바칠 어린 양을 마련해 주신다. 하지만 아브라함이 모리아 산까지 80킬로미터를 가는 동안, 그가 내딛는 한 걸음 한 걸음은 고통스러운 의문으로 점철되어 있었다. 그는 이 일의 결말을 알지 못했다.

아브라함의 마음속에서는 어떤 일이 벌어지고 있었을까?

아마 이런 생각을 하지 않았을까 싶다. '하나님, 나의 하나님, 하나님의 음성이 들리기는 하지만, 지금 말씀하시는 이 음성이 정말 하나님의 음성 맞습니까? "이삭을 데리고 모리아 산으로 가라. 제단 위에서 이삭을

제물로 바쳐라." 하나님은 이렇게 말씀하시는군요. 이건 제안이 아니라 명령이지요, 하나님. 정말로 제 아들을 데리고 가서 제물을 바치라는 겁니까? 이방인들이야 자기 자식을 불에 태워 제물로 바치기도 하지만, 하나님이 제게 그런 일을 하라는 건 아니시겠지요? 이건 전혀 하나님답지 않습니다! 하나님은 우리가 예배드려야 한다고 말씀하셨지요. 하지만 이건 예배가 아닙니다. 하나님, 전 이해를 못하겠습니다. 하나님은 오래 전에 이 아들을 제게 약속하셨고, 전 하나님이 이 약속을 이뤄 주시기를 기다리고 또 기다렸습니다. 그런데 이제 칼을 들어 이 아들을 죽이라니요! 도와주세요, 하나님. 도와주세요!'

아브라함은 혼란스러웠다. 그래도 그는 아침 일찍 일어나 제사에 쓸 나무를 팼다. 종에게 시킬 수도 있었지만 아브라함은 무슨 일이든 몸을 좀 움직일 필요가 있었던 것 같다. 도끼를 한 번 내리찍을 때마다 그는 마음속으로 외쳤을 것이다. '왜입니까, 하나님? 왜냐고요?' 그러면서도 그는 순종했다. 아들을 취하여, 가서, 제물로 바치라는 말씀을 따랐다.

아브라함은 당혹스러웠다. 그러나 하나님과 그분의 방식을 이해할 수 없었음에도 불구하고 믿음으로 충만했다. 그의 믿음을 세 가지 측면에서 살펴보자.

1. 아브라함은 하나님이 이삭을 죽은 자 가운데서 살리실 것을 믿었다. 아브라함이 "내가 아이와 함께 저기 가서 예배하고 우리가 너희에게로

돌아오리라"(창 22:5)고 말할 수 있었던 것은 부활에 대한 확실한 믿음이 있었기 때문이다. 히브리서 11장 17-19절에 나오는 믿음의 명예 전당에서 이 믿음을 확인할 수 있다.

하나님이 아브라함을 시험하실 때 그는 믿음으로 이삭을 제물로 바쳤다. 아브라함이 누구인가? 그는 하나님의 약속을 여러 번 받았던 사람이다. 그러기에 "이삭에게서 나는 자라야 네 씨라 부를 것임이니라"(창 21:12)는 하나님의 말씀을 들었으면서도 하나밖에 없는 그 아들을 제물로 바칠 각오를 했던 것이다. 아브라함은, 설령 이삭이 죽더라도 하나님이 그에게 다시 생명을 주실 수 있다고 추론했던 것이다.

2. 아브라함은 하나님이 어린 양을 마련해 주실 것이라 믿었다. 아무것도 모르는 이삭이 "아빠, 장작도 패 왔고 불도 준비됐는데 어린 양이 없네요. 어린 양은 어디 있죠?"(창 22:7, 저자 의역)라고 순진하게 묻자 그의 아버지는 아름답게 믿음을 선포했다. "내 아들아 번제할 어린 양은 하나님이 자기를 위하여 친히 준비하시리라"(8절).

3. 아브라함은 하나님 앞에 절할 만큼 그분을 신뢰했다. 하나님이 무슨 일을 하시는 건지 이해하지 못했음에도 불구하고 자기 지식을 하나님께 내려놓았다. 깊은 부성애로 이삭을 사랑했지만, 그 애정마저도 하나님 앞에 내려놓았다. "안 돼요, 하나님!"이라고 비명을 지르고 싶었지만,

그래도 자기 뜻을 하나님께 순복시켰다. 나는 아브라함의 믿음에 놀라곤 한다. 하나님이 왜 하나밖에 없는 아들을 제물로 바치라고 하는지 이해할 수 없었음에도 그는 하나님을 올려다보며 믿었다. 자기 뜻이 아니라 하나님 뜻을 행하기로 선택했다. 그때 아브라함의 심정이 어땠을지는 앞에서 살펴보았다. 그런데 제물로 바쳐져야 했던 당사자의 마음은 어땠을까?

이삭의 마음속에서는 어떤 일이 벌어지고 있었을까?

이삭은 여기서 '아이'로 묘사되었다. '아이'라고 번역된 히브리어 '나르'(naar)는 구약성경에서 생후 3개월 된 모세를 비롯해 십대 청소년들을 묘사하는 말로 사용되었다.[3] 당시 이삭은 번제용 나무를 짊어질 수 있는 나이였으므로(창 22:6 참고) 짐작하기에 아마 여덟 살 무렵의 소년이었을 것 같다.

모리아 산으로 가는 동안 이삭은 가만히 아브라함의 손을 꼭 쥐기도 하면서 부자간의 정을 흠뻑 누렸을 것이다. 또 달음박질하며 아버지 주위를 빙빙 돌기도 했을 것이다. 자신이 아버지와 여행을 할 수 있을 만큼 컸다는 사실이 기뻤을 것이다. 그러나 믿었던 아버지가 밧줄로 자신을 제단에 묶었을 때 그 기쁨은 공포로 변하고 말았다.

이삭은 제단이 곧 불과 죽음을 의미한다는 것쯤은 알 수 있는 나이였다. 그가 순순히 번제용 나무에 결박당했을 것이라 생각한다면 그건 남자 아이들을 잘 모르는 것이다. 그때 모리아 산에서는 이삭이 이렇게 비명을 지르는 소리가 들렸을 것이다. "아빠, 아빠, 지금 뭐하시는 거예요? 안 돼요, 아빠! 아빠는 절 사랑하시잖아요! 전 아빠 아들이에요! 안 돼요, 아빠, 싫어요!"

모리아 산에서 이 기이한 일이 벌어지고 있을 때 하나님은 어디 계셨는가?

하나님의 마음속에서는 어떤 일이 벌어지고 있었을까?

그건 하나님만이 아신다. 창세기 22장 1절은 하나님이 아브라함을 시험하신 것이라고 말한다. 여호와의 사자가 아브라함을 불러 시험을 당당히 통과했음을 알려 주었다(22:11-12 참고). 하나님은 아주 기뻐하셨을 것이다. "내 종 아브라함이 나를 도무지 이해할 수 없는 상황에서도 자기 뜻을 내 뜻에 순복시켰구나. 대단한 믿음이야! 그는 진실로 자기 하나님을 예배하는 자로다."

"아브라함은 사랑하는 아들을 자기보다 더 깊이 사랑하시는 하나님께 기꺼이 바치고자 했다. 그리고 하나님은 그에게 복을 주셨다. 아브라함은 유례없는 방식으로 하나님을 경험했다. 하나님은 우리가 사랑하는 것을, 우리를 그보다 더 사랑하시는 하나님께 기꺼이 바치고자 하는지 알고 싶어 하신다. 하나님은 우리가 손에 꼭 쥐었던 것을 하나님 앞에 펼쳐 보이며 모든 일에 절대적으로 하나님을 신뢰하기 바라신다.[4]

사랑하는 것을 이렇게 '포기하는 것'을 '양도'라고 한다. "이는 놓아 보내는 것, 더 이상 손에 쥐고 있지 않는 것을 의미한다."[5] 이는 사람이나 꿈이나 기대를 좌지우지할 권리를 포기한다는 의미다. 내가 관심 있는 대상에게서 이러이러한 결과를 얻었으면 좋겠다고 생각하는 마음 역시 포기하는 것이다.

나의 소중한 이삭을 내 손에 꼭 쥐고 있을 '권리'를 양도한다는 건 아마 세상에서 가장 고통스러운 일일 것이다. 자기 아들을 제단에 올리기로 한 아브라함의 결정은 비이성적으로 보이기까지 한다. 그러나 꼭 쥐었던 손을 펼 때 우리는 타인을 내 손으로 쥐락펴락하는 것을 멈추게 된다. 그러면 복 되신 성령님이 우리의 '이삭' 안에서 초자연적인 역사를 드디어 시작하신다.[6]

우리 손에 있던 '이삭'을 하나님 손에 넘겨드리는 것이 바로 '이삭 제단'에 나갈 때 우리가 하는 일이다.

이삭 제단

최초의 '이삭 제단'은 아브라함이 모리아 산에 서서 자기 뜻을 하나님 뜻에 내려놓았던 바로 그곳이다. 당신과 내게 이삭 제단은 어떤 곳일까?

이삭 제단은 희생의 장소다. 싸우지 않고 굴복하기로 선택하는 곳이다. 겸손히 몸을 굽히고, 손을 펼쳐 보이며, 우리의 이삭을 하나님의 신실하신 손에 넘겨드리는 곳이다.

아브라함에게 이삭은 사랑하는 아들이었다. 당신의 이삭은 사람일 수도 있고, 물건일 수도 있다.

당신이 깊이 사랑하는 것이다.

당신이 깊이 원하는 것이다.

아브라함의 경우와 마찬가지로 캐롤 켄트(Carol Kent)의 이삭 또한 그녀의 아들이었다. 한밤중에 경찰서에서 전화가 걸려와 평소에 착실했던 아들이 살인 혐의로 잡혀 들어와 있다고 알려 준다면, 부모의 심정이 어떻겠는가? 캐롤에게 바로 그런 일이 일어났다.

우리 믿음에 깊은 영감을 주는 솔직한 책 『나의 이삭을 내려놓을 때』(When I Lay My Isaac Down)를 쓴 캐롤은 하나밖에 없는 아들을 제단에 뉘여 놓고 하나님 뜻에 자기 뜻을 순복시키는 고통이 어떤 건지 잘 알고 있다. 그녀는 이렇게 말한다.

진정한 마음의 제사란,
- 자기에게 소중한 것(우리의 이삭)이 무엇인지 확인하는 것이다.
- 하나의 예배 행위로서 어떤 상황, 사건 혹은 사람에 대한 통제권을 내 손에서 내려놓는 것이다.

- 내려놓는 그 과정에서 하나님의 사랑을 포용하는 것이다.
- 왜 그런 희생을 치러야 하고 왜 그런 고통을 당해야 하는지 이생에서는 알 수 없다 하더라도 그 결과를 마음 편히 받아들이는 것이다.[7]

우리는 언제 이삭 제단을 쌓아야 하는가? 내가 귀히 여기는 어떤 것 혹은 어떤 사람이 겟세마네 동산에서 먼저 기도하고 하나님 뜻에 순복하신 그분보다 더 소중한 존재가 될 때, 혹은 더 소중한 존재가 되려고 할 때마다 쌓아야 한다. 하지만 그런 상황에서 우리 뜻을 하나님 뜻에 순복시킨다는 것은 애끓는 고통이다. 그건 예수님에게도 고통이었고, 아브라함에게도 고통이었으며, 캐롤 켄트에게도 고통이었다. 내게도 마찬가지였다.

나의 이삭 제단

나도 이 학교에 다닌 적이 있다. 나는 이것을 '나의 뜻을 하나님 뜻에 내려놓는 법을 배우는 학교'라고 부른다. 이곳에서 나는 싸우는 게 아니라 순복하는 법을 배운다. 사실 그다지 유쾌한 곳은 아니다. 나의 뜻은 누구 앞에 고개를 숙이기보다는 꼿꼿이 치켜드는 걸 더 좋아하기 때문이다. 지금까지 나는 내 남편, 내 아이들, 내 가정, 내 친구들, 내 사역을 하나님 뜻에 순복시키는 법을 배웠고, 이제는 갓 태어난 예쁜 외손녀 소피아를 하나님 앞에 내려놓는 법을 배우려고 한다.

소피아를 임신한 당시 우리 딸 로빈은 조산 가능성이 있다는 의사의 말을 듣고 이를 막기 위해 석 달 동안 왼쪽으로만 누워 지냈다. 하지만 나중에 알고 보니 그 의사가 몰랐던 것이 있었다. 소피아는 일찍 태어나야 했다. 로빈의 태반에 찢어진 부분이 있어서 소피아는 피골이 상접한 상태로 태어났다. 엄마의 태에서 영양을 공급받지 못해 거의 굶어 죽을 상태였다. 나는 속으로 이렇게 울부짖었다. '오 하나님, 왜입니까? 로빈은 딸이 무사히 태어나도록 하기 위해 할 수 있는 일은 다 했습니다.'

나는 무력감을 느꼈다. 로빈과 소피아는 머나먼 핀란드에 있었고 나는 콜로라도에 있었기 때문이다. 전화를 통해 오고가는 말은 고통뿐이었다. "엄마, 소피아가 또 수혈을 받아야 한대요. 너무 죄책감이 들어요, 엄마. 뭔가 잘못됐다는 걸 내가 진작 알았어야 했는데."

나는 우리 집 뒤편에 있는 바위로 올라갔다. 내 생각, 내 마음, 내 뜻을 하나님 앞에 내려놓아야 한다는 것을 알았기 때문이다. 아브라함이 다음의 세 가지를 하나님 앞에 내려놓았기에 나도 그렇게 했다.

- 내 지식―나는 내 지식을 하나님 앞에 내려놓아야 했다. 몸이 유난히 약했던 우리 딸은 이 소중한 아기가 태어나기를 오랫동안 기다려 왔다. 나는 온 마음을 다해 주님을 의지하며 내 지식에 기대지 않겠다고 다짐해야 했다(잠 3:5 참고).

- 내 애정—나는 갓 태어난 손녀 소피아를 아직 못 봤지만 '할머니의 깊은 사랑'으로 그 아이를 사랑했다. 나는 그 감정을 하나님 앞에 내려놓아야 했다.
- 내 뜻—나는 손녀딸이 살아서 건강하고 행복해지기를 원했다. 그 아이가 육체적으로나 지적으로나 정상적으로 자라기를 간절히 소원했다. 하지만 내 뜻보다는 하나님 뜻을 우선으로 삼아 내 뜻을 내려놓아야 했다.[8]

아브라함은 순종하여 모리아 산으로 갔다. 그는 예배하는 마음으로 갔다. 믿음으로 가서 제단을 쌓았다. 나는 눈물과 떨리는 손으로, 내 마음의 손으로 제단을 쌓았다. 이것이 나의 예배였다. 그래서 집 뒤편에 있는 바위에 올라, 솔가지가 쌓여 만들어진 푹신한 쿠션 위에 무릎을 꿇고 앉아 하나님 앞에 내 손을 펼쳐 보였다. 그리고 이 말씀을 묵상했다. "주 여호와께서 나를 도우시므로 내가 부끄러워하지 아니하고 내 얼굴을 부싯돌같이 굳게 하였으므로 내가 수치를 당치 아니할 줄 아노라"(사 50:7). 그리고 이렇게 기도했다.

내 아버지여, 갓 태어난 내 소중한 손녀를 이제 아버지 앞에 바칩니다. 이 아기는 아버지 것입니다. 이 아기를 아버지께 맡깁니다. 아기를 살려 주시기를 겸손히 구합니다. 오 하나님, 아기를 구해 주소서! 아기를 살려 주소서!

아기를 보호해 주소서! 아기가 아무런 해도 입지 않게 해주소서. 그러나 주님, 제 마음의 손으로 소피아를 들어 이삭 제단에 바칩니다. 제 뜻을 주님 뜻에 내려놓습니다. 저의 예배로 이것을 받으소서, 귀하신 주님.

그날 내가 그 바위 위에서 기도하는 모습을 봤다면, 깊은 흐느낌으로 나지막이 기도하는 소리를 들을 수 있었을 것이다. 나의 이삭은 내가 깊이 사랑하는 어떤 사람이었다. 그런데 진의 이삭은 아주 달랐다.

진의 이삭 제단

몇 시간씩 생각하고 또 생각할 정도로 감동적인 편지를 받아 본 적이 있는가? 나는 있다. 그 편지는 2002년 4월 24일에 진 바움가드너에게서 온 이메일이었다.
그 편지는 이렇게 시작된다.

하나님의 은혜와 선하심을 굳게 믿고 있기에 존과 크리스티나 그리고 저는 하나님께서 우리 삶을 이끌어 가는 방법에 대해서도 감사드립니다. 오늘 우리는 응급의학과 의사를 만나, 저의 체력을 끌어올리는 방법과 호스피스 시설 입소, 통증 관리 등 여러 가지 문제를 의논했습니다. 의사는 간 기능이 급속도로 떨어지고 있기에 앞으로 제게 남은 시간이 2주 내지 4주

정도일 거라고 예상했습니다.

편지를 읽으며 나는 이렇게 생각했다. '이런, 진이 죽어 가고 있어. 사십 대의 비교적 젊은 나이인데. 딸 크리스티나는 아직 대학생이잖아. 진은 사랑하는 남편과 함께 나이 들어가지 못하는 걸 아쉬워하겠지. 하나밖에 없는 딸의 결혼식을 계획하고 그 잔치에 참석하는 즐거움을 누리지 못하는 것도 아쉬울 거야. 손주들을 안아 보는 기쁨도 모를 테고. 그런데도 진은 하나님이 자기 삶을, 그리고 죽음을 정해 나가시는 방식에 감사드리고 있어. 진은 지금 자기 뜻을 하나님 뜻에 내려놓고 있는 거야. 예수님이 그러셨던 것처럼.'

진의 이메일은 계속되었다.

지금 제 상황을 고려해 볼 때, 죽음에 관한 생각을 나눠야 할 것 같네요. 저는 여덟 살 때 주 예수님과 인격적으로 만났습니다. 저는 그분을 저의 창조주, 구주, 친구, 저를 지탱해 주시는 분, 그리고 제게 가치와 중요성을 부여해 주시는 분으로 알고 살았어요. 그분이 주신 영생을 늘 의식하고 감사하며 평생을 살았습니다. 이 세상의 삶은 짧지만 죽음 이후의 세상은 영원하다는 걸 오랫동안 인식해 왔지요. 그래서 그분이 저를 위해 예비하겠다고 약속하신 그곳에서 그분과 함께 있게 되기를 기대합니다.

저는 신자가 죽을 때 하나님께서 그 시간과 장소와 방식을 결정하신다고 믿습니다. 주 예수님이 죽음과 무덤에 대한 승리를 증거하셨음을 믿으며, 그분께 속함으로써 저도 그 승리에 동참할 수 있다고 믿어요. 사랑하는 사람들과 잠시 헤어지는 게 슬프긴 하지만, 예수님을 믿는 믿음이 제게 위로와 힘을 줍니다.

린다도 영원한 운명에 대해 예수님을, 오직 그분만 믿고 의지하기를, 또한 우리가 영원히, 늘 함께 기뻐할 수 있게 되기를 기도합니다.

여기까지 읽으며 또 이런 생각을 했다. '진은 죽어 가고 있으며, 예수님을 아는 기쁨을 자신이 아는 모든 이들과 함께 나누기를 갈망하고 있어. 진은 자기 뜻을 하나님 뜻에 내려놓을 수 있을 거야. 먼저 자기 삶 전체를 하나님께 드렸으니 말이야.'

진의 메일이 깊이 감동을 주었지만, 메일 끝에 덧붙인 말 때문에 나는 몇 시간 동안 기도하며 묵상할 수밖에 없었다.

추신: 찬양 가사는 미리 외워 두세요! 무슨 말이냐고요? 지난 두 달 동안 저는 요한계시록에서 우리가 보좌에 둘러서서 하나님과 어린 양께 불러드릴 찬양 가사가 나오는 부분을 다 외웠답니다. 열심히 준비한 모습 보여드리고 싶어서요. 린다도 저와 함께 부르셔야죠!

추신을 읽으며 나는 생각했다. '오 하나님, 저도 겸손히 구합니다. 저도 진과 같은 예배자가 되고 싶습니다. 주님 앞에 무릎만 꿇는 것이 아니라, 저의 삶과 뜻까지 내려놓기를 갈망합니다.'

아브라함은 자기 아들을 제단 위에 놓았다. 나는 손녀딸을 제단 위에 놓았다. 진은 자기 생명을 들어 제단 위에 드리고 이렇게 말했다. "제 뜻을 주님 뜻에 내려놓습니다." 혹시 이렇게 묻는 사람이 있을지도 모르겠다. "하지만 앞길을 비춰 주던 빛이 사라지고 소망이 무너지고 꿈이 산산조각 날 때 어떻게 하나님을 믿고 내 뜻을 순복시킨다는 거죠?" 대답은 '이레'(Jireh)라는 말에 감추어져 있다. '이레'는 '예비'를 뜻한다.

창세기 22장 14절에서 아브라함이 희생 제사를 드린 산에 새 이름이 붙여진 것을 볼 수 있다. 모리아 산은 '여호와께서 준비해 주실 것'이라는 의미를 지닌 곳이 되었다. 깊은 슬픔의 장소가 여호와 이레, 곧 '여호와의 산에서 준비되리라'고 하는 곳이 되었다.

아브라함에게 준비된 것은 수풀에 걸린 어린 양이었다(창 22:13 참고). 양은 몸집이 큰 짐승인데, 아브라함이 그 양을 보지도 못하고 소리도 못 듣고 있다가 자기 뜻을 하나님께 내려놓은 뒤에야 비로소 발견했다는 게 참으로 신기하다. 내가 생각하기에 하나님이 아브라함에게 준비해 주신 어린 양은 처음부터 그 수풀 속에 있었을 것이다. 아마 잠을 자고 있었을지도 모른다. 하나님이 예비하신 제물은 아브라함이 제단을 쌓을 때부터 이미 거기 있었다. 아브라함이 이삭을 나무에 묶고 칼을 들어 올렸을 때도 제물은 거기 있었다. 처음부터 끝까지, 하나님이 예비하신 어린 양은 거기 있었다!

마찬가지로 하나님은 위기의 상황 한가운데 당신을 위해 준비물을 마련해 놓으신다. 당신은 그걸 보지 못한다. 하지만 거기에 분명히 존재한다! 여호와 이레는 당신을 위해 '어린 양'을 준비하시는 인격적인 하나님이다.

이제 내가 당신에게 무엇을 요청할지 짐작이 가지 않는가?

어떻게 실천할 것인가?

이제 아버지 하나님 앞에 나아가 나만의 이삭 제단을 쌓을 수 있는 힘과 용기를 달라고 구해야 할 시간이다.

1. 나의 이삭은 누구(혹은 무엇)인지 자신에게 물어보라. 손주인가? 내 인생인가? 내 아이인가? 내 결혼 생활인가? 또는 장성하여 결혼까지 했으면서도 여전히 아이처럼 행동하는 자녀인가? 내 야망인가? 내 건강인가? 내 재산인가? 내 안전인가? 아니면 내 재능인가?

2. 창세기 22장 1-8절에 기록된 이삭 제단 이야기를 읽으라. 이 말씀에 담긴 교훈을 깊이 깨달을 수 있게 해달라고 하나님께 구하라.

3. 주님과 단 둘이 있으면서 그 앞에 절하고 예배할 만한 장소를 찾으라. 하나님 앞에 마음을 잠잠히 하라. 눈물과 떨리는 손으로 내 제단을 쌓기 위해 나왔다고 하나님께 말씀드리라.

4. 나의 이삭을 제단에 올려놓으라.
   - 이렇게 기도하라. '나의 하나님, 이제 _____을(를) 주님께 바칩니다. 그는 주님의 것입니다. 그를 주님께 맡깁니다. 제 마음의 손으로 _____을(를) 들어 이삭 제단에 드립니다. 제 뜻을 주님 뜻에 순복시킵니다. 귀하신 주님, 이것을 저의 예배로 받으소서.
   - _____을(를) 제단에 들어 올려놓고 나무에 묶는 광경을 상상하면서 '양도'를 실행에 옮기라.

신뢰하는 사람이 되고 싶은가? 하나님을 하나님으로 섬기기 원하는가? 나의 이삭을 마음의 제단에 올려놓겠는가? 크고 경이로우신 하나님께 내 뜻을 내려놓고 그 앞에 예배드리겠는가? 이는 가장 심오한 예배 행위다!

12장
하나님의 임재 속으로

그가 사모하는 영혼에게 만족을 주시며
주린 영혼에게 좋은 것으로 채워 주심이로다.
_ 시편 107:9

1600년대의 한 수도사가 이것을 체험했다.

2차 세계대전 중 보르네오의 열아홉 살 난 병사가 이를 체험했다.

1941년, 필리핀의 한 선교사가 이를 체험했다.

21세기의 여성들이 이를 체험하고 있다.

나도 이를 체험하고 있다!

그것이 무엇일까? 그것은 불안한 마음을 가라앉히고 갈급한 영혼을 충족시켜 주는 시원한 물 한 잔이다.

그것은 얼굴과 얼굴을 마주하며 친밀히 만나기를 원하는 우리의 부르짖음에 대한 응답이다. 그것은 바로 하나님의 임재다.

오랜 세월 동안 나는 좀 더 깊고 실제적인 방식으로 하나님의 임재를 체험하기를 갈망해 왔다. 로렌스 형제의 『하나님의 임재연습』을 맨 처음 읽었을 때가 기억난다. 이 지혜로운 수도사는 우리가 하루 종일 하나님의 임재 안에서 살 수 있다고 주장했다. 그 말을 듣고 나는 뛸 듯이 좋았다. '네, 하나님, 그렇고 말고요! 이게 바로 제가 원하는 거예요. 매일 매 순간 하나님의 임재를 체험하는 것 말이에요!'

토머스 켈리(Thomas Kelly)의 『영원한 현재』(A Testament of Devotion)를 처음 읽고 사람이 영적 차원과 물리적 차원에 동시에 살 수 있다는 것을 알게 되었을 때도 그랬다. 이 박식한 퀘이커교 신학자는 우리가 바쁘게 일상생활을 하는 중에도 깊이 있는 예배와 기도를 드릴 수 있다고 말했다. 목마른 사슴이 시냇물을 갈망하듯 하나님의 임재를 깊이 갈망했던 프랭크 루박(Frank Laubach) 선교사의 일기를 읽었을 때도 내 영혼은 하늘을 날아오르는 듯했다.

로렌스 형제나 토머스 켈리처럼 프랭크 루박 역시 순간순간 하나님의 임재 안에 거하는 비결을 알게 되면서 깊은 기쁨을 누렸다.

나도 이 세 사람이 말하는 것을 체험하고 싶었다. 그러면서도 이들이 하는 말을 그냥 한쪽에 접어 두는 내 모습을 보았다. 사실 로렌스 형제는 수도원 안에서만 사는 수도사였다. 토머스 켈리는 아무런 제한 없이 하나님의 말씀에 깊이 잠겨 사는 신학자였다. 프랭크 루박은 하나님의 임재를 구하려고 2년 동안이나 산에 올라가서 산 사람이다.

나는 속으로 이렇게 항변했다. '그래, 나도 수도원에서만 살 수 있다면, 하루 종일 성경만 연구하며 산다면, 산속에 홀로 은둔해서 산다면 하나님의 임재를 찾을 수 있을 거야. 하지만 그건 현실 생활이 아니지. 나는 글도 써야 하고, 강연도 해야 할 뿐 아니라, 남편도 신경 써야 하고, 네 아이들을 유모차에 태우고 온 동네를 돌아다녀야 하고, 집안 청소도 해야 하고, 주당 스물한 번씩 식사 준비를 해야 한다고! 자, 여러분! 설거지할 그릇이 싱크대 한가득 쌓여 있는데 과연 어떻게 하나님의 임재를 체험할 수 있는지 좀 알려 주시죠.'

나 자신에게 던진 질문은 이것이었다. '나도 이 사람들이 누렸던 것을 누리고 싶다. 하지만 어떻게 그 경지에 이를 것인가? 21세기를 사는 여성인 내가 하나님의 임재 안에 산다는 건 과연 어떤 것일까? 가계부 정리를 하면서도 로렌스 형제처럼 하나님께로 생각을 돌이킬 수 있을까? 아이들을 축구장이나 수영장으로 데려다주고 데려오는 동안에도 토머스 켈리처럼 하나님을 예배하는 영적 차원에서 살아갈 수 있을까? 원고 마감일이 코앞에 닥쳤는데도 프랭크 루박처럼 언제까지 계속되는 달콤한 하나님의 임재를 체험할 수 있을까?'

그래, 그럴 수 있어! 나는 그렇게 대답한다. 느리게, 언제나 아주 느리게 나는 현실적인 방식으로 하나님의 임재를 경험했다. 여러 가지 활동과 집안일로 겉보기에 아주 바쁜 중에도 나는 계속 하나님께로 생각을 돌이키면서 내면의 기쁨이 자라 가는 것을 느꼈다.

어떻게 그렇게 되었을까? 이 책 서두에서 나는 모든 사람이 마음속으로 은밀히 갈망하는 것은 바로 하나님을 대면하며 친밀히 만나는 것이라고 말했다. 그리고 이 친밀한 관계에 대한 갈망이 어떻게 예배를 통해 충족되는지도 이야기했다.

다시 한 번 설명하면, 예배는 거룩한 기대로 시작하여 거룩한 순종으로 끝난다. 이제 엄청나게 놀라운 사실을 하나 들려주겠다. 예배는 우리를 하나님의 임재로 안내한다. 예배 속에 하나님의 임재가 숨겨져 있다.

하나님의 임재 체험은 이 세상의 그 어떤 즐거움, 그 어떤 보화와도 견줄 수 없다. 그 체험은 이 모든 것을 훨씬 능가한다. 하나님의 임재 안에는 평강이 있고 완전한 기쁨이 있다. 교육자 피터 로(Peter Rowe)는 하나님의 임재가 곧 '집'(home)이라고 말한다.[1]

로는 이렇게 말한다. "당신은 내가 없으면 나의 존재를 체험하지 못한다. 마찬가지로 하나님은 하나님의 임재와 따로 떼어 생각할 수 없다. 하나님의 임재는 단순한 느낌도 아니고 멀리서도 맡을 수 있는 꽃향기 같은 것도 아니다. 하나님의 임재는 하나님 자체다. 하나님의 임재에는 실체가 있다. 모든 영들은 다 실체를 가지고 있다. 영의 영역은 아주 현실적인 영역이다."[2]

성경은 하나님의 임재가 어떤 것이며 하나님의 임재를 체험할 때 어떤 기분인지에 대해 설명하고 있다. 하나님의 임재 안에서 우리는 다음과 같은 것을 체험한다.

- 기쁨(사 9:3, 행 2:28)
- 상쾌함(행 3:19)
- 안식(시 46:10, 출 33:14)
- 도움(시 42:5)
- 즐거움(시 16:11)

하나님의 임재에 대해 이야기를 할라치면 나는 기대로 충만해진다. 그래서 이 마지막 장을 쓰고 있는 지금 한껏 흥분이 된다. 그러나 하나님이 그분의 임재에 관해 내게 무엇을 가르치고 계시는지, 그리고 이런 친밀한 만남에서 내가 어떤 기쁨을 누리는지 이야기하기 전에 먼저 우리가 지금까지 배운 것을 복습하고자 한다. 각 장의 내용을 다시 한 번 돌아보면서 내가 던지는 질문들에 대해 함께 생각해 보라.

1장에서는 예배야말로 하나님과의 친밀한 관계에 이르는 길임을 깨닫게 된 과정에 대해 이야기했다. 1장을 읽으면서 "네, 주님, 저도 예배자로 장성하기를 원합니다"라고 말했는가, 아니면 "싫어요"라고 말했는가?

2장에서는 내가 어떻게 예배에 눈을 뜨게 되고 하나님의 기사를 경외하게 되며 하나님을 사모하게 되었는지 이야기했다. 2장을 읽고 "네, 주님, 저를 가르치소서. 제 마음이 예배에 눈을 뜨게 하소서"라고 말했는가, 아니면 "관심 없어요"라고 말했는가?

3장에서는 불안한 영혼이 잠잠해지는 것에 대해 이야기했다. 3장을 읽고 "저도 잠잠해지길 원합니다"라고 말했는가, 아니면 "나와는 전혀 상관없는 얘기군요"라고 말했는가?

4장에서는 나의 예배 방법 다섯 가지에 대해 이야기했다. 귀와 마음을 열고 읽었는가, 아니면 생소한 이야기라고 생각하며 마음을 닫았는가?

5장에서 영적 예배 행위로 내 삶을 제단에 올려놓는다는 이야기를 읽었을 때 "아멘"이라고 화답했는가, 아니면 고개를 돌려 버렸는가?

6장에서 말하는 것처럼 나의 말을 예배로 하나님 앞에 드린다는 건 정말 어려운 일이다! 이 장을 읽으며 어떤 반응을 보였는가? 사랑하는 사람들을 저주하지 않고 축복하는 말을 해주기로 결심했는가, 아니면 그냥 무심히 넘어갔는가?

7장에서처럼 나의 태도를 하나님 앞에 내려놓는 것은 아주 어색한 일이다. 이럴 때 "네, 주님, 감사하는 태도를 갖기로 했습니다"라고 말했는가?

8장에서 일이 곧 예배가 될 수 있다는 말을 들었을 때 가슴이 뛰었는가? "라보라레 에스트 오라레, 오라레 에스트 라보라레"라고 적힌 액자를 만들어 걸었는가, 아니면 '멍청한 짓'이라고 생각했는가?

9장에서 기다리는 시간을 하나님 앞에 바친다는 건 고통스러운 일일 수 있다고 말했다. 하나님을 향해 "제 시간은 주님 손에 있습니다"라고 말했는가, 아니면 다른 방향을 바라보았는가?

10장에서는 고통 중에 있을 때 그 고통을 하나님 앞에 바치는 것은 매우 괴로운 일이라는 이야기를 했다. 나의 고통을 하나님 앞에 바치기로 은밀히 결단했는가, 아니면 고개를 돌려 버렸는가?

11장에서는 가장 깊이 있는 예배란, 내 뜻을 하나님 뜻에 내려놓는 것이라고 했다. 나만의 이삭 제단을 쌓았는가, 아니면 "절대 그럴 수 없다"고 말했는가?

이렇게 복습하는 이유가 무엇인지 아는가? 그것은 "네, 주님"이라고 했던 모든 대답, 아버지 하나님 앞에 바치기로 했던 모든 은밀한 결단이 하나님과의 친밀한 관계로 이어지는 단계이기 때문이다. 복습을 마쳤으니 이제 앞을 내다보자. 하나님과 만날 약속을 정하는 일이 그분과의 친밀한 관계에 어떤 역할을 하는지 생각해 보자. 이 놀라운 만남이 과연 어떤 모습인지, 하나님과의 교통이 얼마나 달콤한지 알게 되기를 바란다.

약속된 만남

언제 어디서 하나님을 만날지 시간표를 짜는 게 좀 기계적으로 느껴지는가? 그렇게 하면 신비감이 사라질 것 같은가? 내 말을 믿으라. 나는 지금 하나님과의 기계적인 만남에 대해 말하고 있는 게 아니다. 내일 아침 나는 내 영혼을 사랑하시는 분과 만날 약속이 되어 있다. 나는 그분을 만나러 갈 것이다.

> 기대감을 가지라.
>
> 모험을 꿈꾸라.
>
> 경외심을 품으라.

이 말이 무슨 뜻인지 이해하겠는가? 나는 온 우주를 창조하신 분과 교제를 나눌 수 있는 특권이 있다! 전능자이며 엄위로우신 분이 식사를 함께 하자고 나를 부르신다! "볼지어다 내가 문 밖에 서서 두드리노니 누구든지 내 음성을 듣고 문을 열면 내가 그에게로 들어가 그와 더불어 먹고 그는 나와 더불어 먹으리라"(계 3:20).

사실 나는 이 말씀이 그리스도를 구주로 영접하라는 말씀인 줄로만 알았다. 그런데 앞뒤 문맥을 자세히 살펴보면 이 말씀은 교회를 향하고 있다. 이는 친밀한 교제가 있는 곳으로 오라는 초청의 말씀이다. 이는 의무가 아니라 기쁨이다.

그러면 하나님과 만날 약속을 잡는다는 건 어떤 것일까?

감람산에서 밤새도록 기도하신 예수님. 아버지와 단 둘이 있기 위해 배에 오르신 예수님. 예수님께 배우고, 울고, 예수님을 예배하기 위해 그 발치에 앉아 있던 베다니의 마리아. 주님을 갈망하고, 굶주려하고, 목말라하며 간절히 찾았던 다윗. 내가 구하는 한 가지는 평생 주님의 전에 거하면서 주님의 아름다움을 바라보는 것(시 27:4 참고)이라고 말했던 다윗. 이 사람들이 바로 그 약속을 실천한 이들이다.

그건 성경에 등장하는 사람들만의 이야기가 아니다. "주님, 주님을 예배하는 법을 가르치소서!"라고 기도하는 당신. 기다림의 시간을 하나님 앞에 바칠 수 있기를 기도하는 당신. 당신도 바로 그 약속을 실천하는 사람이다.

이는 목적을 가지고 하나님을 좇는 것이다.

이는 계획에 따라 하나님과 친밀한 교제를 나누는 것이다.

날마다 경건의 시간을 갖는다면, 20분 예배 체험을 연습한다면, 이 책을 읽고 연구한다면 그게 바로 목적을 갖는 것이고 계획을 세우는 것이다. 이 책 말미에 나오는 12주 성경공부를 하기로 했다면, 성경공부 일지를 쓰기 시작했다면 그것은 곧 "나는 예배자로 자라 가고 싶습니다. 하나님과 얼굴을 맞대고 보는 친밀한 교제를 체험하기 원합니다!"라고 말하는 것과 같다.

초신자 시절에 이런 말을 들었던 기억이 난다. "린다, 당신이 미국 대통령을 만나기로 했다면 절대로 약속 시간에 늦지 않겠지요. 자, 당신은 매일 아침 온 우주의 하나님과 만날 약속이 되어 있어요. 세상에 이보다 더 중요한 일이 있을까요?" 대학생이었던 내게 그 말은 마음 깊이 와 닿았다. 그래서 나는 매일 아침 성경을 펼쳐 드는 연습을 시작했다. 믿음 안에서 새로 사귄 친구들은 그것을 '경건의 시간'이라고 불렀다.

내가 종에서 예배자로 변해 감에 따라 주님과 만나는 시간에 하는 일도 달라졌다. 전에는 주로 머리가 시키는 대로 하나님의 말씀을 배우는 데 치중했지만, 이제는 마음까지 보태 하나님을 사모하며 예배한다.

지난 주에 나는 미리 약속된 시간에 주님과 교제를 나누고 즉흥적으로 주님을 만나기도 했다. 그 만남을 다 기록했더니 다음과 같았다.

- 눈이 올 때 신는 부츠를 꺼내 신고 허리춤에 아이팟을 차는 걸로 한 주를 시작했다. 그런 다음 쌓인 눈 사이로 거룩한 산책을 하면서 거룩하신 하나님을 예배했다.
- 이른 아침, 성경책을 펼쳐 읽으면서 주님을 만났다. 때로는 무릎을 꿇은 채 시편을 읽었고, 내 이름을 넣어 시편을 읽으면서 하나님을 생각했다.
- 하나님 앞에 조용히 무릎 꿇고 앉아 기다리며 하나님의 음성을 들었다.
- 세 명의 여성들과 전화 통화를 하며 기도해 주기로 약속했다. 이것은 그 여성들과의 약속이자 하나님과의 약속이기도 했다.
- 지하실에서 자전거 운동을 하면서 기도하고 예배드렸다.
- 내 친구 베키와 함께 예배드리며 기도했다.
- 교회에 나가 남편과 함께 예배드렸다.
- 한밤중에 잠이 깨었을 때 서재로 가서 무릎 꿇고 예배를 드렸다.
- 어제 친구와 전화 통화를 하다가 누가 먼저랄 것도 없이 고통 중에 있는 우리의 친구를 위해 기도하기 시작했다. 전화선을 통해 성령님이 살아 역사하신 소중한 시간이었다.

- 크리스마스 음악 CD를 듣다가 결국 무릎을 꿇고 앉아 예수님을 보내 주신 하나님께 감사드렸다.
- 남편과 이야기를 하던 중 내 혀가 '들짐승'처럼 거칠어졌다. 나는 털썩 무릎을 꿇고 앉아 거룩하신 하나님 앞에 죄를 고백하면서 나의 말을 좀 더 철저히 예배로 바칠 수 있게 해달라고 구했다.
- 이 장을 어떻게 써야 할지 윤곽이 잡히지 않았을 때 잔잔한 예배 음악을 틀어 놓고 잠잠히 무릎을 꿇고 앉아 하나님이 지혜를 주시기를 기다렸다.

또한 사나흘씩 하나님과 만날 계획을 세우기도 했다. 하지만 모세는 시내산에서 40일 동안 하나님과 만날 약속을 했다. 이 금식 기간에는 기다림의 시간도 많았을 것이다. 알다시피 모세는 엿새 동안 구름에 덮인 채 하나님을 기다리다가 7일째에 산으로 더 높이 올라오라는 하나님의 부름을 받았다(출 24:16-17 참고). 산으로 더 높이 올라간 모세는 뜻밖에 거룩하신 하나님을 만나게 되었다. 여호와의 임재를 목격한 것이다.

거룩하신 하나님을 추구하면서 나는 이미 정해 둔 예배 시간에 하나님의 임재를 느끼기 시작했다. 그런데 미리 약속해 둔 시간은 뜻밖의 만남을 가져다주기도 한다.

뜻밖의 임재

하나님을 더 깊은 친밀함으로 만나러 다니다 보면, 하나님이 아주 특별한 방식으로 우리에게 임하실 수 있다.

> 뜻밖의 임재를 기대하라.
> 하나님의 임재에 에워싸이는 것을 기대하라.
> 하나님의 임재에 압도되는 것을 기대하라.

하나님과의 만남에 대해 이야기할 때는 다음 세 가지 주요 진리를 명심하라.

- 우리 힘으로는 이 놀라운 만남이 일어날 수 없다.
- 언제나 하나님 그분을 찾아야지 체험을 추구해서는 안 된다.
- 하나님은 각 사람에 따라 독특한 방식으로 우리를 만나신다. 따라서 하나님을 만나는 어떤 한 종류의 만남이 다른 만남에 비해 '더 신령하다'고 말할 수 없다.

예정된 만남에서는 내게 주도권이 있다. 내게 목적과 의도가 있다. 내가 사랑하는 아버지를 만나러 가는 것이다. 반면에 뜻밖의 만남에서는 하나님이 나를 만나러 오신다. 역할 반전이 일어나는 것 같다. 엄청난 말로 들리겠지만 하나님이 목적을 갖고 나를 찾으신다! 하나님이 나와 친밀히 만나고자 하고 그 만남을 갈망하시는 것이다! 나를 비롯해 여러 예배자들이 경험했던 뜻밖의 만남에 대해 들려주겠다.

차 안에서의 놀라운 만남

여느 때와 다름 없는 평범한 날이었다. 공항으로 친구를 마중 나갔다가 돌아오는 길에 자동차 CD 플레이어에 예배 음악 CD를 넣고, 자연스럽게 예배를 드리기 시작했다. 운전 중이었기 때문에 눈을 감거나 두 손을 높이 들지는 못했지만, 친구와 함께 아버지를 찬양하는 노래를 부르자 기쁨으로 마음이 충만해졌다.

CD에 실린 곡 중 유난히 아름다운 찬양이 있었는데, 그 곡의 중간쯤 이르자 어떤 묵직한 존재감이 차 안에 충만해졌다. 손으로 만져질 듯 확실한 하나님의 영광이 차 안을 가득 채웠다는 의미다. 그 영광은 구름처럼 차 안을 가득 메웠다.

우리는 둘 다 아무 말 하지 않았지만 동시에 그걸 느꼈다. 온몸에 맥이 풀렸다. 차를 갓길에 댔는지도 기억나지 않지만 아마 그랬던 것 같다. 정신을 차리고 보니 차가 도로 가장자리에 서 있었다. 하나님의 영광이 임재하자 우리는 놀라서 할 말을 잃고 숨조차 쉴 수 없었다.

하나님이 왜 그 순간 우리에게 임하셨는지 그 이유를 아는 척하지 않겠다. 그 경험이 내게 어떤 의미였는지 언어의 한계 내에서 정확히 설명할 능력조차 없다. 다만 아는 것은, 하나님의 명백한 임재가 아주 현실적이라는 것, 하나님은 예상하지 못했던 순간에 나타나신다는 것, 그런 만남 후엔 내 안에 그 무엇과도 비교할 수 없는 기쁨이 생긴다는 것이다.

독신 여성 브렌다가 경험한 묵상 시간의 만남

예배를 드리고 있는데 하나님이 내 얼굴을 받쳐 들며 고개를 들게 하시는 것이 느껴졌다. 하나님이 이렇게 말씀하시는 것 같았다. "나와 함께 춤추자. 네 남편인 나와 함께 춤추자."

그 목소리에 고무된 나는 하나님을 경배하며 일어나 빙글빙글 돌았다. 제 정신이 아닌 상태로 기뻐하며 뛰었고, 노래했고, 울었다. 그날 주님은 내가 뭔가 무거운 짐을 지고 있는 걸 아시고 내 눈을 열어 내 삶에 하나님께서 채워 주지 못할 결핍 따위는 없다는 걸 알게 해주셨다.[3]

전화를 통한 만남

나는 종종 전화 통화를 하면서 상대방을 위해 기도해 준다. 그날 아이다호 주에 사는 한 여성에게 전화를 걸면서 주님이 갑자기 임재하시리라곤 전혀 예상하지 못했다. 그런데 전화로 기도하는 중에 짙은 구름이 나를 둘러싸는 것 같은 느낌이 들었다.

하나님의 영광이 실제적인 방식으로 임하셨기에, 결국 나는 수화기를 내려놓고 하나님의 임재 속에, 달콤한 침묵 속에 그저 푹 잠기지 않을 수 없었다. 다음 날, 나와 통화했던 아이다호의 그 여성이 자신도 차 안에서 나와 똑같은 임재를 느꼈다고 이메일을 보내왔다. 하나님은 왜 전화를 통해 그런 깜짝 만남을 허락하셨을까? 그 이유는 알 수 없다. 나는 그저 하나님을 찬양했을 뿐이다.

이른 아침의 만남

그 주말, 로레인과 나는 '친밀함'을 주제로 컨퍼런스를 하느라 텍사스의 한 호텔에서 묵고 있었다. 그런데 무슨 이유에선지 우리 두 사람은 새벽 5시에 잠이 깨어 하나님의 음성을 들은 이야기를 하기 시작했다. 각자 침대에 누워 주님 이야기를 하고 있는데, 하나님의 임재 구름이 우리를 에워싸는 게 보였다.

우리의 대화는 중단되었다. 잠이 오는 주문이라도 외운 것처럼 우리는 곧 잠들었다가 한 시간 뒤에 똑같이 깨어났다. 방 안에는 여전히 거룩한 임재가 느껴졌고, 우리는 말을 할 수가 없었다. 그래서 달콤한 침묵 속에서 그냥 하나님이 우리와 함께하시는 기쁨을 누렸다. 방 안에 얼마나 거룩함이 충만했던지 우리는 그 경험에 대해 이야기를 할 수 없을 정도였고, 그게 무엇을 의미하는지조차 알지 못했다.

한 달이 지나서야 비로소 우리는 이 거룩한 만남에 대해 이야기를 할 수 있었고, 주님이 이 만남의 목적을 우리 두 사람에게 계시하셨음을 알게 되었다. 그것은 너무도 소중한 경험이었기에 우리는 지금까지도 그 일에 대해 말을 아낀다.

팻이 경험한 골방에서의 만남

기도 골방에 처음 들어갔을 때 거기서 주님의 임재를 느꼈다. 나는 다락방으로 올라가 창조주 하나님께서 만드신 세상을 내려다보며 즐거워했다. 골방에서 보낼 수 있는 시간이 얼마 안 되었기에 나는 곧 간절히 기도하기 시작했다.

'주님, 저는 주님에 대해 아는 게 거의 없습니다. 주님을 훨씬 더 많이 알고 싶습니다. 주님에 대해 알아 갈수록 제가 사실은 주님을 얼마나 미미하게 알고 있는지 실감합니다. 주님을 보기 원합니다. 주님의 임재를 느끼기 원합니다. 주님을 닮기 원하며, 주님과 함께 있기 원합니다.'

나는 그렇게 조용히 기도했다. 그러자 하나님의 임재가 액체로 된 사랑처럼 내게 퍼부어졌다. 나를 향한 하나님의 무조건적 사랑이 감지되었다. 그것도 아주 실제적인 방식으로.

하나님과의 이 만남이 학습에 의한 경험이냐고 물었을 때 팻은 아니라고 대답했다. 자신이 배운 것은 바로 내어드림이라고 그녀는 말했다.[4]

내어드림은 이 책의 핵심 메시지인만큼 이제 그것에 대해 많이 알게 되었을 것이다. 이 책의 각 장 제목은 "＿＿＿＿(말, 시간, 일 등)을 드립니다"라는 형식이 대부분이다. 내 삶의 어느 한 부분을 하나님께 드린다는 것은, 곧 그것을 하나님께 내어드리는 것이다.

하나님 아버지와의 약속된 만남은 때로 뜻밖의 임재에 대한 가능성을 열어 준다. 사랑하는 그분과의 예정된 만남을 일관성 있게, 의도적으로 추구할 때, 그분은 이따금씩 뜻밖의 임재로 나를 감싸 주신다. 예정된 만남과 뜻밖의 임재, 두 가지 다 그분과의 달콤한 교제로 우리를 인도할 수 있다.

달콤한 교제

> 영속적인 만남
> 계속적인 만남
> 꾸준한 만남

로렌스 형제, 프랭크 루박, 토머스 켈리는 배울 점이 많은 사람들이다. 이 세 사람 덕분에 나는 하나님의 임재를 영혼으로 갈망하게 되었다. 이들은 나와 다른 시대, 다른 나라에 살았지만, 저마다 한결같이 하나님의 실제적 임재를 알고자 하는 깊은 갈망을 지니고 있었다.

로렌스 형제

나는 『하나님의 임재연습』을 수년에 걸쳐 읽고 또 읽었다. 그때마다 내 영혼은 깊은 갈망으로 탄식했다. 로렌스 형제가 알았던 것을 나도 알고 싶었다. 그는 늘 하나님을 생각하며 즐거워했고, 마음속에 늘 주님에 대한 사랑을 지니고 있었다. 나도 그처럼 하나님과 동행하며 대화를 나누고 싶었다. 하나님의 임재는 그에겐 일상의 현실이었다. 그는 다음과 같이 놀라운 이야기를 했다.[5]

- "하나님의 뜻 외에 다른 아무 뜻도 가지고 있지 않습니다."
- "하나님의 거룩한 임재 안에 거하는 것만 저의 직무로 삼습니다."
- "저는 하나님과 끊임없고 고요하며 은밀한 대화를 나눕니다."
- "하나님이 제 영혼 안에 그분의 완벽한 형상을 새겨 주시기를, 저를 완전히 하나님과 똑같이 만들어 주시기를 갈망합니다."
- "오직 그분만 바라고 전적으로 그분께만 헌신하기를 바랍니다."

사랑하는 로렌스 형제, 하나님의 임재에 대한 자신의 경험을 전해 주고자 했던, 한편으로는 겸손하기를 원했던 그는 자신의 영적 행보를 다음과 같이 3인칭으로 이야기한다.

제가 아는 사람 중에 40년 동안 하나님의 임재를 연습해 온 사람이 있습니다. 그는 그 연습을 몇 가지 다른 이름으로 부르기도 합니다. 어떤 때는 그저 단순한 행위, 즉 하나님을 분명하고도 명확히 아는 것이라고도 하고, 또 어떤 때는 하나님을 사랑스럽게 바라보는 것, 즉 하나님을 기억하는 것이라고도 합니다. 또한 그는 이것을 하나님께 집중하는 것, 하나님과 조용히 교통하는 것, 하나님을 확신하는 것, 혹은 영혼의 생명과 평강이라고도 칭합니다.

간단히 말하면, 이 모든 하나님의 임재 방식은 같은 것을 가리키는 동의어로서, 이 모든 것이 그에게는 아주 자연스러운 게 되었다는 것입니다. 하나님의 임재란 영혼으로 하나님께 집중하며 그분의 존재를 늘 기억하는 것입니다.

그 친구는 자신이 하나님의 임재 안에 거함으로써 주님과 달콤한 교통을 나누며, 크게 애쓰지 않아도 자기 영혼이 하나님의 고요한 평강 안에 거할 정도가 되었다고 말합니다. 이 안식 속에서 그는 어떤 일이 닥치든 감당할 수 있도록 구비시켜 주는 믿음이 충만해진다고 합니다.

그는 이것을 하나님의 '실제적 임재'라고 칭합니다. 이것은 아직 이 땅을 살아가는 인간이 하늘에 계신 하나님과 나눌 수 있는 온갖 교통을 다 포괄하는 말입니다. 때로는 이 세상에 다른 누구도 없이 오직 자신과 하나님만 있는 것처럼 살 수 있다고도 합니다. 그는 어디를 가든 하나님과 다정하게 이야기를 나누고, 자신의 모든 필요를 하나님께 아뢰고, 헤아릴 수 없이 다양한 방식으로 하나님과 함께 기뻐한다고 합니다.[6]

사랑하는 로렌스 형제는 하나님의 임재를 습관적으로 의식한다고 말했다. 이 수도사는 기도를 통해 하나님 생각으로 온통 충만해진 다음 자기 일터인 수도원 주방으로 가서 맡은 일을 했다. 그는 식사를 준비하는 데 필요한 일들을 하나하나 계획한 뒤 열렬한 믿음으로 다음과 같이 하나님께 말씀드렸다.

> 주님의 명령에 순종하여 제게 맡겨진 이 일에 전념하면서 구하오니 제가 주님의 임재 안에 계속 거할 수 있는 은혜를 허락하소서. 주님의 도우심으로 이 목표를 풍성히 이루게 하소서. 제가 하는 모든 일을 받으시고, 제 모든 사랑을 다 가지소서.7

로렌스 형제에게는 이 모든 것이 하나님을 친밀히 아는 것과 관련되었다. 1691년 2월 6일, 그는 이런 글을 썼다. "바라거니와 하나님의 자비하심으로 며칠 안에 그분을 대면하여 만나는 특권을 누릴 수 있기를."8 이런 생각을 글로 남긴 지 며칠 뒤에 로렌스 형제는 이 세상을 떠나 얼굴을 맞대고 하나님을 친밀히 만나는 곳으로 영원히 들어갔다.

그로부터 200년 뒤, 하나님의 임재 안에 영원히 거하기를 갈망하는 또 한 사람의 예배자가 있었다. 그의 이름은 프랭크 루박이었다.

프랭크 루박

45세 때 이 필리핀 주재 선교사는 그리스도의 임재 안에 거하는 연습을 하기 시작했다. 사람들은 프랭크 루박이 그리스도를 따르는 이가 살 수 있는 가장 충만한 삶을 살았다고 말한다. 그는 50권이 넘는 책을 썼고 훌륭한 현대 교육가로 알려져 있지만, 민다나오 섬의 시그널 언덕 위 오두막에서 쓴 편지들로 널리 기억되고 있기도 하다. 자기 아버지에게 보내는 이 편지에서 프랭크는 하나님의 임재를 어떻게 추구하고 있는지 상세히 이야기한다.[9]

1930년 3월 23일

이제 한 가지 질문해야 할 것이 있습니다. 우리는 하나님과 늘 만남을 유지할 수 있을까요? 늘 깨어서, 하나님의 품 안에 잠들었다가 하나님의 임재 안에서 깰 수 있을까요? 그런 상태에 이를 수 있을까요? 늘 하나님의 뜻을 행할 수 있을까요? 늘 하나님이 생각하시는 것만 생각할 수 있을까요?[10]

1930년 9월 29일

그는 다음과 같은 편지를 썼다. 하나님이 그분의 임재를 허락하실 때, "하나님이 '여기 계심'을 실감하는 새로운 바다로 들어가는 그 기쁨은 도저히 다른 사람에게 설명할 수 없습니다. 하나님과 교제하는 특권이 하나님이 우리에게 주실 수 있는 그 어떤 것보다도 무한히 큰 특권이라는 말은 정말 맞는 것 같습니다. 하나님이 그분 자신을 주실 때 그것은 우주의 다른 어떤 것보다도 큰 것을 주시는 것입니다."[11]

1930년 10월 12일

하나님을 늘 마음속에 담고자 애쓰는 이들이 자기 경험을 글로 남김으로써 각자 어떤 발견을 했는지 서로 알 수 있게 되기를 얼마나 간절히 바라는지 모릅니다. 그렇게 되면 세상이 깜짝 놀랄 만한 결과가 생길 겁니다. 적어도 제가 한 노력에 제 자신조차 놀랐으니까요…그렇게 되면 우주 자체가 이웃으로 보일 겁니다! 저는 지금 그 경험에 대해 전보다 아주 조금 더 알게 되었을 뿐입니다. 하지만 사실은 그 '조금'이 전부입니다. 이것은 하나님에 대한 강렬한 황홀경으로 온몸이 떨리는 경험입니다! '하나님께 도취된다'는 게 어떤 건지 저는 압니다.[12]

토머스 켈리

토머스 켈리와 프랭크 루박은 동시대 사람이다. 로렌스 형제나 루박처럼 토머스 켈리도 『영원한 현재』라는 저서에서 자신이 어떻게 하나님의 임재를 연습했는지 설명한다.

우리의 정신 생활을 한번에 두 차원으로 유지할 수 있는 방법이 있다. 한편으로는 외부 세상의 모든 일을 생각하고 의논하며, 보고 계산하며, 그 요구를 충족시키며 살아간다. 그와 동시에 이 현장의 이면, 마음 깊은 곳, 좀 더 깊은 차원에서 기도하고 찬양하며, 노래하고 예배하며, 거룩한 숨결에 부드럽게 감응하는 것이다.[13]

켈리의 저서 『영원한 현재』를 처음 읽었을 때 내 가슴은 뛰었다. 내가 이제 막 경험하기 시작한 것에 대해 말하고 있었기 때문이다. 나는 이렇게 부르짖었다. "그래 맞아, 한꺼번에 두 차원을 살 수 있어. 삶으로 드리는 예배를 실천하면서 나도 이것을 깨달아 가고 있는 중이야!"

나는 주방에서 로렌스 형제처럼 선교사들을 위해 음식을 만들기도 하고, 책상 앞에서 토머스 켈리처럼 글을 쓰기도 하면서 '외부' 세상의 일에 집중한다. 하지만 내면으로, 즉 나의 주님이 거하시는 곳으로 고개를 돌리면 마치 한 번도 그곳을 떠나지 않고 계속 거기 있었던 것 같다.

나는 영이신 하나님께 영으로 계속 예배드리고 있음을 의식하면서 글도 쓰고 요리도 하는 것이다! 영과 영이 계속 접촉하고 있음을 의식한다는 건 얼마나 아름다운 일인지!

나는 하나님의 영속적인 임재를 체험하기를 갈망했다. 영과 영의 지속적인 교통에 대해 알게 되기를 갈망했다. 일상에서 예배를 실천하면서 그 갈망이 실현되는 것을 느꼈다. 사실 그건 놀라운 일도 아니다. 시편 89편 15절이 약속하는 것을 보면 말이다. "즐겁게 소리칠 줄 아는 백성은 복이 있나니 여호와여 그들이 주의 얼굴 빛 안에서 다니리로다."

나는 예배를 통해 하나님의 임재 안에서 그분과의 깊은 친밀함을 발견해 나간다. 하나님의 임재를 연습하며 두 차원의 삶을 사는 것은 흥미진진한 과정이다. 이 책을 읽는 이들이 "예배자로 성숙해 가며 내 갈급한 영혼이 채워지고 있다"고 말할 수 있게 되기를 기도한다. 당신은 점점 성숙해 가는 중이고 나 또한 계속 자라고 있다!

이렇게 나는 무릎 꿇고 하루를 시작한다. 그럴 만한 가치가 있는 유일한 분께 내 무릎을 드린다. 나는 그분을 사랑하고, 그분을 찬미한다. 내 삶을, 내 삶의 모든 면을 다시 한 번 그분께 드린다. 나는 하나님의 임재의 빛 가운데 다니며 그분을 예배하고 섬긴다. 그분은 늘 가까이 계시며 나는 그분 가까이에 있다. 내 생각은 계속 다시 하나님께로 향하고, 그럴 때 내 가슴은 기쁨으로 뛴다. 일상의 삶에 잠깐씩 몰두할 때도 그 임재를 떠난 적이 없는 것 같고, 내 영혼은 그분 앞에서 계속 기뻐한다.

매일 그분의 임재로 들어갈 때마다 나는 이렇게 기도한다.

아버지여, 오늘 당신 앞에 제 삶으로 예배드리기를 원합니다.
그래서
제 무릎을 드리고
제 말을 드리고
제 일을 드리고
제 태도를 드리고
제 기다림을 드리고
제 고통을 드리고
제 뜻을 드립니다.
제 삶을 영적 예배로 드립니다.

어떤 날은 태도에 주안점을 두어 기도하고, 또 어떤 날은 말에 중점을 두어 기도한다. 나는 주님 앞에서의 내 삶을 일종의 영화 같은 것으로 여긴다. 내게 주어진 24시간 동안 그 영화는 언제라도 상영될(살아 낼) 준비가 되어 있다. 그 시간 속에서 살며 내 말과 내 일과 내 존재의 모든 국면을 하나의 예배로 하나님 앞에 내어드리면서 나는 그분의 임재 속으로 들어간다.

당신도 그러하기를 기도한다!

나눌수록 풍성해지는
12주 성경공부

말씀 듣고 나아가기
각 주에 해당하는 성경 본문을 공부한 뒤, 질문과 대답을 통해 일상의 예배에 대해 배워 나갑니다.

마음밭에 말씀 심기
성경 말씀을 공부하는 것도 좋지만, 외우고 묵상하면 그 말씀을 마음과 생각에 새길 수 있습니다. 그렇게 하나님의 말씀과 지혜를 마음에 쌓는 사람은 변화하게 됩니다. 이 교재는 매주 말씀을 두 절씩 외우도록 구성되어 있습니다. 두 절이 많다고 느껴지면 한 절만 골라서 외워도 좋습니다. 외운 말씀으로 하나님을 찬양하십시오. 그 말씀을 활용하여 하나님께 기도하십시오. 첫 주에 외울 성경 말씀으로 예를 들어 보겠습니다.

- 외울 말씀 : "즐겁게 소리칠 줄 아는 백성은 복이 있나니 여호와여 그들이 주의 얼굴 빛 안에서 다니리로다"(시 89:15).
- 나의 찬양 : 주님, 이 놀라운 약속을 주시니 감사합니다. 주님은 제가 예배자로 자라 갈 때 기쁨으로 충만해질 것이라 말씀하십니다. 임재하심의 영광스러운 빛 가운데 다니게 하시는 주님을 찬양합니다!
- 나의 기도 : 아버지, 이 약속이 제 삶 속에 이뤄지기를 바랍니다. 성령님, 예배로 부르시는 소리를 듣는 법을 가르쳐 주소서. 당신의 음성에 민감하게 하소서. 임재하심의 빛 가운데 행한다는 게 어떤 의미인지 알게 해주소서.

일꾼에서 예배자로
개인 예배를 매주 연습하기를 바랍니다. ABC예배(2장 참고)와 20분 예배(3장 참고)를 시도해 보십시오. 예배자로 자라 가는 동안 자신의 생각과 느낌을 일지에 기록하십시오.

깊이 묵상하는 연습
말씀을 공부하며 예배를 연습할 때 그 과정에서 하나님과 예배와 자신에 대해 알게 된 것에 대해 깊이 생각해 보는 게 유익합니다. 12주 공부를 하면서 주님과 더욱 친밀한 관계로 들어가기를 기도합니다.

WEEK 1
목마른 내 영혼

1. 1장 '목마른 내 영혼'을 읽으라.

2. 시편 89편 15절, 16편 11절을 써 보라. 그 말씀을 외워서 마음에 새기라.

3. 여성들은 주로 어떤 방식으로 친밀한 관계를 추구하는가? 당신은 어디에서 그런 관계를 갖고자 했는가?

4. 마태복음 22장 37-39절을 읽으라.
   1) 여성들이 이 두 가지 명령을 혼동하는 경향이 있다고 생각하지 않는가?
   2) 당신은 이 두 가지 명령을 혼동한 적이 있는가? 만약 그렇다면 그것이 자신의 삶에서 어떤 모습으로 나타났는지 설명해 보라.

5. "나의 주된 역할은 하나님의 일꾼이 아니다. 나는 무엇보다 하나님의 연인이다"라고 말할 수 있는가? '하나님의 연인'이 된다는 것은 당신에게 어떤 의미인가?

6. 출애굽기 19, 20, 24장을 읽으라.

1) '친밀함의 단계'에 관해 설명하는 부분을 읽으라.

   2) 당신은 지금 어느 단계에 있는가? 앞으로 어느 단계에 속하고 싶은가?

7. 빌립보서 3장 13-14절, 시편 27편 4절, 누가복음 10장 41-42절을 읽으라.

   1) 당신이 선택한 '한 가지 일'은 무엇인가?

   2) 자신의 선택에 대해 하나님께 드리는 기도문을 써 보라.

8. 예배를 정의하는 시편 29편 1-2절을 읽으라. 어린아이에게 예배에 대해 뭐라고 설명하겠는가?

9. 다양한 영적 스승들이 내린 예배에 대한 정의가 있다. 이 가운데 가장 마음에 드는 정의는 무엇인가? 그 이유는 무엇인가? 또 당신이 생각하는 예배란 어떤 것인가?

- "예배는 하나님의 임재 안에서 안식하고 있는 영혼을 쏟아 놓는 것이다."
  _A. P. 깁스

- "예배는 하나님의 가치가 발하는 광휘를 기쁘게 하나님께로 다시 반사해 드리는 하나의 방식이다." _존 파이퍼

- "예배는 하나님이 내게 주신 최선의 것을 그분께 바치는 것이다."
  _오스왈드 챔버스

- "예배는 하나님의 은총을 자각하여 감사하는 마음이 넘쳐흐르는 것이다."
  _A. P. 깁스

10. 예배는 다음 두 가지를 모두 포함하고 있다. 이번 장을 읽으며 당신에게 더욱 도전이 되었던 부분은 둘 중 어느 예배인가?

- 예배는 "거룩하다, 거룩하다, 거룩하다"고 선포하는 구체적인 행위다.
- 예배는 '거룩하고, 거룩하고, 거룩하게' 살아가는 삶이다.

이제 일지를 꺼내 다음 질문에 대한 답을 써 보라.

11. 이번 주에 하나님에 대해 배운 것은 무엇인가?

12. 이번 주에 예배에 대해서는 무엇을 배웠는가?

13. 이번 주에 나 자신에 대해서는 무엇을 알게 되었는가?

14. 하나님께 감사드리는 기도문을 써서 내가 무엇을 배웠는지 말해 보라.

WEEK 2
예배에 눈을 뜨다

1. 2장 '예배에 눈을 뜨다'를 읽으라.

2. 역대상 29장 11-14절에서 두 절 이상을 외우라. 외운 말씀을 아래에 적으라.

3. 이사야 6장 1-8절을 예전에 한 번도 읽은 적이 없는 것처럼 읽어 보라.

   1) 이사야가 '위'에서 무엇을 보았는지 설명해 보라(6:1-4).

   2) 이사야가 자기 '내면'에서 무엇을 보았는지 설명해 보라(6:5-6).

   3) 이사야가 자기 '밖'에서 무엇을 보았는지 설명해 보라(6:7-8).

   4) 위를 바라보며, 자기 내면을 바라보며, 그리고 밖을 바라보며 주님을 경험한 적이 있는가? 그때 하나님이 무엇을 가르치셨는가?

   5) 하나님의 거룩하심에 대한 경외감으로 자신을 감격케 해달라고 그분께 구한 적이 있는가?

4. 시편 96편, 97편 1-6절, 98편 1-8절을 읽으라.

   1) 30분 내지 한 시간 동안 산책을 하라(날이 아주 덥거나 혹은 영하의 날씨일 때는 잠깐이라도 좋다). 상황이 허락한다면 가만히 앉아서 하나님의 창조 세계에 대한 경

이감으로 자신을 채워 달라고 하나님께 구하라. 관찰하라. 마음을 편히 하라. 즐기라. 바람과 태양을 느껴보라. 구름을 감상하라.

2) 일지를 가지고 가서 눈에 보이는 것, 혹은 창조 세계를 통해 하나님이 내게 속삭이시는 것을 뭐든 기록하라.

5. A. P. 깁스는 "우리는 기도할 때 필요한 것에 몰두하고, 감사할 때는 받은 복에 몰두한다. 하지만 예배드릴 때는 하나님 그분께 몰두한다"라고 말했다.

1) 이 인용문을 읽고 어떤 생각이 드는가?

2) 어떻게 해야 하나님 그분께 몰두할 수 있는가?

6. 하나님을 사모하는 것에 관한 A. W. 토저의 말을 읽고 어떤 생각이 드는가?

7. 구약성경에서 '경배'로 번역된 히브리어는 '엎드려 부복한다'는 뜻이다. 신약성경에서 '예배'로 번역된 헬라어는 '~를 향해 입을 맞춘다'는 뜻이다.

1) 구약의 이 히브리어는 예배와 관련해 어떤 의미를 함축하고 있는가?

2) 신약의 이 헬라어는 예배와 관련해 어떤 의미를 함축하고 있는가?

3) 이 두 가지 의미의 차이점을 어떻게 보는가?

8. 'ABC 예배'를 실천하면서 무릎 꿇거나, 일어서서, 혹은 산책을 하면서 거룩하신 하나님을 경배하라. 하나님이 그분에 대해 무엇을 알려 주시든 전부 일지에 기록하라.

이제 일지를 꺼내 다음 질문에 대한 답을 써 보라.

9. 이번 주에 하나님에 대해 배운 것은 무엇인가?

10. 이번 주에 예배에 대해서는 무엇을 배웠는가?

11. 이번 주에 나 자신에 대해서는 무엇을 알게 되었는가?

12. 하나님께 감사드리는 기도문을 써서 내가 무엇을 배웠는지 말해 보라.

WEEK 3
내 영혼이 잠잠히 있나이다

1. 3장 '내 영혼이 잠잠히 있나이다'를 읽으라.

2. 시편 46편 10절, 131편 2절을 외우라. 외운 말씀을 아래에 적으라.

3. 20분 예배를 연습해 보라. 하루에 10분 내지 20분 동안 개인 예배를 드리라. 가능하면 무릎을 꿇고 드리라(방석을 사용해도 좋다). 예배를 드리고 나면 날마다 일지를 쓰라. 예배 시간을 위해 다음과 같이 몇 가지 제안을 하겠다.
   - 시편 131편 말씀으로 기도하면서 내 영혼이 어떻게 잠잠해질 수 있는지 알려 달라고 하나님께 구하라.
   - 이어폰으로 예배 음악을 들으며 예배하라. 하나님 앞에 노래를 부르든, 아니면 가사를 읽어드리라.
   - 요한계시록 4, 5장에 기록된 경배의 노래를 기도하는 마음으로 읽으라.

4. 자기 나름대로 '고요의 기도'를 작성하라. 리처드 포스터의 기도를 지침으로 삼아도 좋다. 이번 주에 날마다 이 '고요의 기도'를 드리라.

5. 시편 46편을 두 번 읽으라.

   1) 10절 말씀은 이 풍성한 시에 어떤 의미를 더해 주는가?

   2) 잠잠히 있을 때 하나님이 세상 중에 높임받는 걸 알게 되는 이유는 무엇인가?

6. 당신의 삶에서 바깥 세상의 아우성과 내면에서 떠드는 소리는 어떤 것인가? 어떻게 하면 나를 공격하는 그 아우성과 떠드는 소리를 차단할 수 있을지 생각나는 대로 써 보라.

7. 누가복음 10장 38-42절, 요한복음 12장 1-7절을 읽으라. 이 성경 말씀을 읽으면서, 내게 있는 마리아의 속성은 무엇이고 마르다의 속성은 무엇인지 적어 보라.

   • 마르다 :

   • 마리아 :

이제 일지를 꺼내 다음 질문에 대한 답을 써 보라.

8. 이번 주에 하나님에 대해 배운 것은 무엇인가?

9. 이번 주에 예배에 대해서는 무엇을 배웠는가?

10. 이번 주에 나 자신에 대해서는 무엇을 알게 되었는가?

WEEK 4
다양한 방식의 예배

1. 4장 '다양한 방식의 예배'를 읽으라.

2. 요한복음 4장 23-24절을 외워 아래에 쓰라.

3. 20분 예배를 연습하라. 하루에 10분 내지 20분 동안 개인 예배를 드리라. 이 시간을 위해 다음과 같이 제안한다.
   - 시편 95편에 자기 이름을 넣어 읽고 그것으로 주님께 기도드리라.
   - 기도하는 마음으로 요한계시록 19장 1-6절을 읽으라.

4. 린다가 경험한 다섯 가지 예배를 읽고 어떤 생각이 드는가? 당신이 경험한 예배는 어떤 것인가?

5. 요한복음 4장 1-42절을 읽으라. 예수님과 사마리아 여인 사이에 어떤 대화가 오갔는지 줄거리를 적으라. 중요하다고 생각되는 부분도 적으라.

6. 요한복음 4장 23-24절이 말하는 '진리로 예배한다'는 말씀의 의미를 되새겨 보라. 진리로 예배한다는 것은 진실하게 예배드린다는 것이다. 이는 예배자가 하나님의 말씀을 알아야 하고 진실해야 한다는 뜻이다.

   1) 진리로 예배드리기 위해 마음과 생각을 어떤 식으로 시종일관 하나님의 말씀으로 충만케 하고 있는가?

   2) 하나님의 말씀을 아는 지식을 날마다 쌓기 위해 무엇을 할 수 있는가?

   3) 당신은 솔직한 태도로 하나님께 나아가는가, 가면을 쓰고 나아가는가?

7. 요한복음 4장 23-24절을 읽고 그 의미를 되새겨 보라. 영으로 예배한다는 것은 영적으로 예배한다는 것이다. 이는 예배자가 영적이어야 한다는 뜻이다.

   1) 시편 19편 12-14절, 139편 23-24절을 묵상하고 기도하면서 하나님께 당신의 마음을 탐색해 달라고 구하라.

   2) 성령의 권능으로 예배한다는 것을 어떤 뜻으로 이해하는가?

8. 이 책에는 영과 진리로 드리는 예배를 어떻게 시작할 수 있는지에 대한 세 가지 실천 사항이 제시되어 있다(107-110쪽).

   1) 세 가지 제안 중 개인 예배에 이미 실천하고 있는 것은 무엇인가? 그 방법을 통해 예배 때 어떤 도움을 받고 있는가?

   2) 세 가지 제안 중 앞으로 실천하고 싶은 것은 무엇이며, 어떻게 하겠는가?

이제 일지를 꺼내 다음 질문에 대한 답을 써 보라.

9. 이번 주에 하나님에 대해 배운 것은 무엇인가?

10. 이번 주에 예배에 대해서는 무엇을 배웠는가?

11. 이번 주에 나 자신에 대해서는 무엇을 알게 되었는가?

WEEK 5

나의 삶을 드립니다

1. 5장 '나의 삶을 드립니다'를 읽으라.

2. 로마서 12장 1절과 요한복음 14장 21절을 외우고 아래에 적으라. 두 구절의 해당 부분에 자기 이름을 넣어서 읽어 보라.

3. 20분 예배를 연습하라. 하루에 10분 내지 20분 동안 개인 예배를 드리라. 이 시간을 위해 다음과 같이 제안한다.
   - 시편 139편에 자기 이름을 넣어서 읽고 그 말씀으로 주님께 기도드리라.
   - 하나님이 가르치시는 것을 예배 일지에 기록하라.

4. 5장에는 내어드림과 관련해 로레인, 윌슨 박사, F. B. 메이어 세 사람의 이야기가 나온다. 이중 누가 당신의 상황과 가장 비슷한가? 그 이유는 무엇인가?

5. 127쪽에 나오는 '내어드림의 기도문'을 읽으라. 이번 주에는 주님 앞에 잠잠히 있는 시간을 적어도 30분 이상 마련하라. 다음 빈 칸을 채우라.
   - 나의 전 존재 :

- 나의 모든 소유물 :

- 나의 모든 행동 :

- 나의 모든 고통 :

6. 요한복음 14장 21, 23-24절, 15장 10절을 읽으라. 이 말씀을 바탕으로, 사랑과 순종이 어떻게 병행되는지 자신의 생각을 써 보라.

이제 일지를 꺼내 다음 질문에 대한 답을 써 보라.

7. 이번 주에 하나님에 대해 배운 것은 무엇인가?

8. 이번 주에 예배에 대해서는 무엇을 배웠는가?

9. 이번 주에 나 자신에 대해서는 무엇을 알게 되었는가?

WEEK 6
나의 말을 드립니다

1. 6장 '나의 말을 드립니다'를 읽으라.

2. 이번 주에 외울 말씀을 골라 보자. 다음 중 두 개를 선택하라. 잠언 12장 18절, 잠언 18장 21절, 야고보서 3장 9-10절, 에베소서 4장 29-30절. 외운 말씀을 아래에 적고 이번 주 예배와 기도 시간에 그 말씀을 활용하라.

3. 데살로니가전서 5장 11절과 히브리서 10장 24-25절을 읽으라. 이번 주에는 남편과 아이들에게 날마다 격려의 말을 한마디씩 하는 연습을 하자. 미혼인 경우에는 부모님이나 동료 혹은 친구에게 날마다 격려의 말을 한마디씩 하라. 그리고 이 연습을 하는 동안 어떤 교훈을 얻었는지 요약해서 적으라.

4. 20분 예배를 계속해서 연습하라. 하루에 10분 내지 20분 동안 개인 예배를 드리라. 이 시간을 위해 다음과 같이 제안한다.
   - 시편 66편과 71편에 자기 이름을 넣어서 크게 읽으라.
   - 10분 동안 하나님 앞에 조용히 무릎 꿇고 앉아 음성을 들려 달라고 구하라.

5. 야고보서 3장 1-12절을 읽으라.

   1) 자신의 언어 생활에 대해 하나님과 솔직한 대화를 나누라. 이 말씀을 읽고 어떤 기분이 들었는지 하나님께 말씀드리라.

   2) 하나님을 찬양하고 이웃을 축복하는 데 사용할 수 있는 긍정적인 말(적어도 다섯 가지)의 목록을 만들라.

6. 에베소서 4장 29-30절을 읽으라.

   1) 말과 관련하여 어떤 죄의 습관이 있는가? 남을 비꼬기 좋아하는가? 비판하는 말을 하는가? 부정적인 말, 거짓말, 혹은 말이 너무 많은 것이 문제인가? 아니면 그 외 다른 문제가 있는가? 자기 죄의 습관을 적고 나누어 보자.

   2) 이 문제에서 하나님의 능력을 구하며 앞으로 달라지기 위해 어떻게 노력할 것인지 구체적인 계획을 쓰고 나누어 보자.

7. 에이미 카마이클은 말과 관련된 죄를 짓지 않기 위해 어떤 말을 할 때마다 다음 세 가지를 생각했다고 한다. '친절한 말인가?' '진실한 말인가?' '꼭 필요한 말인가?' 이 세 가지 질문은 말로 하나님을 경배하는 데 어떤 도움이 되겠는가? 말을 하나의 예배로 본다면 말과 관련된 자신의 약점을 개선하는 데 어떤 도움이 되겠는가?

이제 일지를 꺼내 다음 질문에 대한 답을 써 보라.

8. 이번 주에 하나님에 대해 배운 것은 무엇인가?

9. 이번 주에 예배에 대해서는 무엇을 배웠는가?

10. 이번 주에 나 자신에 대해서는 무엇을 알게 되었는가?

WEEK 7

나의 태도를 드립니다

1. 7장 '나의 태도를 드립니다'를 읽으라.

2. 히브리서 13장 15절과 골로새서 2장 7절을 외우고 아래에 적으라.

3. 20분 예배를 계속해서 연습하라. 하루에 10분 내지 20분 동안 개인 예배를 드리라. 이 시간을 위해 다음과 같이 제안한다.

   • 요한계시록 21장을 기도하는 마음으로 읽으라.

   • 시편 50편을 읽고 예배 때 이를 묵상하라.

4. 162-163쪽에서 '태도'라는 말이 어떻게 정의되는지 읽고, 척 스윈돌의 글에서 인용한 부분도 읽으라.

   1) 내 의지를 움직여 감사와 한 편이 되는 데 도움이 될 만한 것으로 어떤 것이 있겠는가? 적어도 세 가지 예를 들어 보라.

   2) 척 스윈돌의 말에 동의하는가? 동의한다면 그 이유는 무엇인가? 혹은 동의하지 않는다면 그 이유는 무엇인가?

5. 출애굽기 14장부터 17장 7절까지 읽으라.

　　1) 감사와 관련해 이스라엘 백성의 태도에서 얻을 수 있는 교훈은 무엇인가?

　　2) 당신은 이스라엘 백성과 같이 쉽게 투덜거리지는 않았는가?

　　3) 이 말씀에서 하나님이 내게 주시는 메시지는 무엇인가?

6. 누가복음 17장 11-19절을 읽으라.

　　1) 아홉 명의 '무심한 문둥병자'처럼 행동했던 적이 있는가?

　　2) 하나님께 감사하는 법을 잊지 않기 위해 어떤 노력을 할 수 있는가?

7. 이번 주에는 자신에게 귀 기울이기 위해 의식적으로 노력하라. 당신의 태도를 의식하게 해달라고 하나님께 구하라. 날마다 다음 도표를 완성한 뒤 자기 태도에 대해 10점 만점 기준으로 점수를 매겨 보라.

	감사	불평
월		
화		
수		
목		
금		
토		
일		

8. 에베소서 5장 20절을 읽으라. 하나님은 범사에 감사하라고 말씀하신다. 당신이 요즘 감사하지 못하는 부분은 무엇인가? 그 부분에 대해서조차 감사하라는 말씀에 어떤 마음이 드는가?

이제 일지를 꺼내 다음 질문에 대한 답을 써 보라.

9. 이번 주에 하나님에 대해 배운 것은 무엇인가?

10. 이번 주에 예배에 대해서는 무엇을 배웠는가?

11. 이번 주에 나 자신에 대해서는 무엇을 알게 되었는가?

WEEK 8

나의 일을 드립니다

1. 8장 '나의 일을 드립니다'를 읽으라.

2. 골로새서 3장 23-24절을 읽고 묵상하라.

   1) 이 말씀을 아래에 적으라.

   2) 이 말씀에 자기 이름을 넣어 읽고 아래에 적으라.

3. 20분 예배를 계속해서 연습하라. 하루에 10분 내지 20분 동안 개인 예배를 드리라. 이 시간을 위해 다음과 같이 제안한다.

   - 예배에 대해 가르쳐 달라고 하나님께 구하라.
   - 시편 90편, 5편, 16편을 묵상하라.

4. 마태복음 25장 14-30절을 읽으라. 여기서 달란트는 종들이 받은 돈의 양을 말하지만, 우리에게 주어지는 여러 가지 기회들로 볼 수도 있다.

   1) 달란트는 어떻게 분배되었으며, 이 사실이 당신에게는 어떤 의미로 다가오는가?

   2) 종들은 무엇을 바탕으로 상급을 받았는가? 이것을 고린도전서 4장 2절 말씀과 비교해 보라.

5. 인생의 현 단계에서 자신이 하고 있는 일들을 범주별로 묶어 목록을 만들라(가령 직장 일, 집안일, 엄마 역할, 교회 일 등). 그런 다음 각 범주마다 가장 중요한 일 세 가지를 들어 보라.

6. 어렸을 때 성공에 대해 어떤 메시지를 들으며 자랐는가?

    1) 그 메시지는 하나님 말씀의 진리와 얼마나 부합되는가?

    2) 골로새서 3장 23-24절을 다시 읽으라. 이 말씀은 성공을 어떻게 정의하는가?

7. 여성들이 자기 일을 별로 중요치 않은 일로 여기는 이유들을 살펴보라(194-195쪽). 가장 공감되는 부분은 무엇이며 그 이유는 무엇인가?

8. 다른 일에 비해 특별히 더 거룩한 일이 있다고 생각하는가? 솔직하게 답변하고 왜 그렇게 생각하는지 설명해 보라.

    1) 출애굽기 35장 25-33절 말씀을 볼 때, 하나님은 창조적 은사에 대해 어떤 견해를 갖고 계신 것을 알 수 있는가?

    2) 이 말씀은 당신의 일과 관련하여 어떻게 사기를 북돋아 주는가?

9. '라보라레 에스트 오라레. 오라레 에스트 라보라레'라는 라틴어의 의미를 적어 보라.

    1) 자기 일에 대해 불평 불만을 일삼는 친구에게 '라보라레 에스트 오라레. 오라레 에스트 라보라레'를 어떻게 설명하겠는가?

2) 자신이 일하는 곳에 이 라틴어 문구를 써 붙이라.

3) 앞서 5번에서 대답했던 일들의 영역에서 이 문구를 이번 주에 어떻게 적용하겠는가?

이제 일지를 꺼내 다음 질문에 대한 답을 써 보라.

10. 이번 주에 하나님에 대해 배운 것은 무엇인가?

11. 이번 주에 예배에 대해서는 무엇을 배웠는가?

12. 이번 주에 나 자신에 대해서는 무엇을 알게 되었는가?

WEEK 9
나의 기다림을 드립니다

1. 9장 '나의 기다림을 드립니다'를 두 번 읽으라.

2. 시편 31편 14-15절을 외우고 묵상하라. 그 말씀을 아래에 적으라.

3. 20분 예배를 연습하라. 하루에 10분 내지 20분 동안 개인 예배를 드리라. 이 시간을 위해 다음과 같이 제안한다.
   - 시편 31편과 18편 말씀으로 기도하라.
   - 다윗의 이 아름다운 시를 묵상하라.

4. 지금 무언가를 기다리는 중인가? 하나님의 어떤 응답을 기다리고 있는지 나누라.

5. 시편 27편 13-14절, 25편 5절, 31편 14-15절을 읽으라.
   1) 다윗처럼 기다림의 시간과 관련하여 하나님을 신뢰했던 적이 있는가? 그렇다면 간략하게 나누어 보라.
   2) 마태복음 16장 15-23절을 읽으라.
   3) 베드로처럼 행동하면서 하나님의 길에 끼어들었던 적이 있는가? 그렇다면 간략

하게 설명해 보라.

6. 우리가 하나님의 길에 끼어드는 데에는 세 가지 이유가 있다.
   - 전체 스토리의 일부만 알기 때문이다.
   - 염려로 인해 자신이 직접 뛰어들어 '문제를 해결'하려고 하기 때문이다.
   - 자신을 보호하기 위해 '문제를 해결'하고 싶어 하기 때문이다.

   이 세 가지 중 가장 공감이 가는 것은 무엇인가? 그 이유는 무엇인가?

7. 227-236쪽의 네 가지 실천 제안을 읽으라. "질문하라, 서 있으라, 흔들라, 날아오르라"는 네 가지 제안 중에서 자신의 '기다림' 상황에 적용할 수 있는 것 두 가지를 선택해 보라. 왜 그것을 선택했는지 나누라.

이제 일지를 꺼내 다음 질문에 대한 답을 써 보라.

8. 이번 주에 하나님에 대해 배운 것은 무엇인가?

9. 이번 주에 예배에 대해서는 무엇을 배웠는가?

10. 이번 주에 나 자신에 대해서는 무엇을 알게 되었는가?

WEEK 10

나의 고통을 드립니다

1. 10장 '나의 고통을 드립니다'를 읽으라.

2. 고린도후서 4장 8-9절을 외우라. 외운 말씀을 아래에 적으라.

3. 20분 예배를 계속해서 연습하라. 하루에 10분 내지 20분 동안 개인 예배를 드리라. 이 시간을 위해 다음과 같이 제안한다.

   - 시편 20편을 묵상하고 자기 이름을 넣어서 읽으라.
   - 시편 142편을 큰 소리로 읽고 이 말씀으로 하나님께 기도하라.
   - 시편 27편을 읽고 이 말씀으로 하나님께 기도하라.

4. 고린도후서 1장 3-4절에 따르면 바울은 하나님의 위로를 경험했다.

   1) 고린도후서 1장 3-4절을 읽으라.

   2) 하나님이 당신을 위로하셨던 기억을 나누어 보자.

   3) 하나님이 '위로의 사역'으로 당신을 들어 쓰사 누군가를 위로하신 적이 있는가? 그 경험에 대해 이야기해 보라.

5. 고린도후서 1장 8-9절에 따르면 바울은 자기 확신을 하나님에 대한 확신으로 바꾸었다.

   1) 고린도후서 1장 8-9절을 읽으라.

   2) 고통스러운 시간을 통해 하나님이 나를 변화시키신 적이 있는가? 몇 가지 예를 들어 보라.

   3) 자신을 확신하는 태도에서 하나님을 확신하는 태도로 변화한다는 게 당신에게는 구체적으로 어떻게 표현되는가?

6. 고린도후서 4장 8-9절에 따르면 바울은 승리 편에서 사는 법을 깨우쳤다.

   1) 고린도후서 4장 8-9절을 읽으라.

   2) 어린아이도 이해할 수 있을 만큼 평이하게 이 말씀을 풀어서 써 보라.

   3) 250-259쪽에 '고통의 편/승리의 편'이라는 제목으로 목록을 작성한 것을 보라(우겨쌈을 당해도 싸이지 않고, 답답한 일을 당해도 낙심하지 않고, 박해를 받았으나 버린 바 되지 않고, 거꾸러뜨림을 당해도 망하지 않음). 그중에서 자신이 경험한 것을 두 가지 고르라. 그때 고통의 편에서 어떻게 승리의 편으로 갈 수 있었는지 설명해 보라.

7. 9장과 10장에 발레리라는 여성의 이야기가 나온다. 발레리가 초자연적으로 치유받은 이야기를 읽고 어떤 느낌이 들었는지 나누어 보자. 당신이 고통스러운 시기를 보내고 있을 때 하나님이 어떤 피할 길을 마련해 주셨는가?

8. 고린도후서 2장 14-15절을 보면, 바울의 고통은 향기로운 제물이 되었다.

   1) 고린도후서 2장 14-15절을 읽으라.

   2) 260-261쪽의 당근, 달걀, 커피에 관한 이야기를 읽으라. 당신은 그중 어느 것에 해당하는가? 그 이유를 나누어 보자.

이제 일지를 꺼내 다음 질문에 대한 답을 써 보라.

9. 이번 주에 하나님에 대해 배운 것은 무엇인가?

10. 이번 주에 예배에 대해서는 무엇을 배웠는가?

11. 이번 주에 나 자신에 대해서는 무엇을 알게 되었는가?

WEEK 11
나의 뜻을 드립니다

1. 11장 '나의 뜻을 드립니다'를 읽으라.

2. 다음 성경 구절 중 두 가지를 골라서 외우고 묵상하라. 마태복음 26장 39절, 창세기 22장 14절, 욥기 1장 21절, 하박국 3장 18-19절. 외운 말씀을 아래에 쓰라.

3. 20분 예배를 계속해서 연습하라. 하루에 10분 내지 20분 동안 개인 예배를 드리라. 이 시간을 위해 다음과 같이 제안한다.
   - 'ABC 예배'로 하나님을 예배하라(기억이 안 나면, 2장을 다시 읽어 보라).
   - 성부 하나님, 성자 하나님, 성령 하나님의 모든 이름을 생각나는 대로 부르면서 하나님을 예배하라.
   - 시편 91편, 40편, 84편으로 하나님을 예배하라.

4. 마태복음 26장 31-46절을 읽으라.
   1) 예수님은 왜 "아버지의 원대로 하옵소서"라고 세 번이나 기도하셨는가?
   2) 자기 뜻을 하나님 앞에 바치는 기도를 하면서 괴로웠던 적이 있는가? 간단하게 나누어 보자.

5. 욥기 1장을 읽으라.

   1) 이 장에서 욥에 대해 새롭게 알게 된 점이 있다면 나누어 보자.

   2) 욥은 20-22절 말씀을 어떻게 실천할 수 있었는가? 이 구절이 당신에게 주는 메시지는 무엇인가?

6. 누구의 방해도 받지 않고 30분 정도 혼자 시간을 보낼 때 다음 질문에 답하라.

   1) 창세기 22장 1-18절에 기록된 이삭 제단 이야기를 읽으라. 이 말씀을 깊이 이해할 수 있게 해달라고 하나님께 구하라.

   2) 아브라함은 이 경험을 통해 하나님에 관해 어떤 교훈을 얻었는가?

   3) 하나님은 아브라함에 대해 무엇을 알게 되셨는가?

7. 당신의 이삭은 무엇인가? 잠잠히 생각해 보고 아래에 적으라.

   1) 하나님 앞에 엎드려 경배하며 마음을 잠잠히 하라. 떨리는 손과 눈물로 나의 제단을 쌓으러 나왔다고 하나님께 말씀드리라.

   2) 나의 이삭을 어떤 식으로 제단에 올려놓을 수 있을까? 다음과 같이 하면 된다. 이렇게 기도하라: "나의 하나님, 이제 _____을 주님께 바칩니다. 그는 주님의 것입니다. 그를 주님께 맡깁니다. 제 마음의 손으로 _____을 들어 이삭 제단에 드립니다. 제 뜻을 주님 뜻에 순복시킵니다. 귀하신 주님, 이것을 저의 예배로 받으소서."

8. 잠깐 시간을 내어 크신 하나님을 경배하라. 내 뜻을 하나님 뜻에 순복시킬 수 있는 힘과 용기를 주신 것에 대해 감사하는 기도문을 써 보라.

이제 일지를 꺼내 다음 질문에 대한 답을 써 보라.

9. 이번 주에 하나님에 대해 배운 것은 무엇인가?

10. 이번 주에 예배에 대해서는 무엇을 배웠는가?

11. 이번 주에 나 자신에 대해서는 무엇을 알게 되었는가?

WEEK 12
하나님의 임재 속으로

1. 12장 '하나님의 임재 속으로'를 두 번 읽으라.

2. 시편 63편 1-2절을 외우라. 그 말씀을 아래에 써 보라.

3. 20분 예배를 계속해서 연습하라. 하루에 10분 내지 20분 동안 개인 예배를 드리라. 예배드릴 때 시편 16편, 89편, 42편을 묵상하거나 큰 소리로 읽으라.

4. 당신이 생각하는 예배란 무엇인가? 아래에 써 보라.

   1) 첫 번째 주 성경공부의 9번 질문을 다시 찾아보고, 그때 했던 대답과 지금 적은 대답을 비교해 보라.

   2) 지난 12주 동안 예배를 보는 시각이 얼마나 달라졌는가?

5. 다음 성경 구절을 찾아 보라. 각 말씀에는 하나님 임재의 어떤 측면이 설명되어 있는가?

   • 이사야 9장 3절

   • 사도행전 3장 19절

- 시편 46편 10절

- 사도행전 2장 28절

- 출애굽기 33장 14절

- 시편 16편 11절

- 시편 42편 5절

6. 처음 11주 동안 공부했던 내용들을 돌아보라(297-299쪽에 각 장의 내용을 요약해 놓은 것을 참고해도 좋다).

   1) 하나님이 예배에 대해 무엇을 가르쳐 주셨는지 함께 나누어 보라.

   2) 지금까지 예배에 대해 깨달은 것에 대해 하나님께 감사하는 시간을 가지라.

7. 당신은 하나님과 만날 약속을 미리 정하는가?

   1) 이 만남은 누가 주도하는가? 당신인가, 하나님인가?

   2) 이번 주에는 어떤 식으로 하나님과 미리 약속된 만남을 가졌는가?

8. 304-309쪽의 '뜻밖의 임재' 부분을 읽으라.

   1) 이 만남에 대해 읽으면서 하나님에 대해 알게 된 것을 나누어 보라.

   2) 뜻밖의 임재는 누가 주도하는가? 당신인가, 하나님인가?

   3) 하나님의 뜻밖의 임재를 경험한 적이 있는가?

4) 그 만남에 대해 설명하고, 하나님이 당신을 왜 그런 식으로 만나 주셨다고 생각하는지 이유를 말해 보라.

9. 로렌스 형제, 프랭크 루박, 토머스 켈리 이 세 사람 중 누구에게 가장 공감했는가? 그 이유가 무엇인지 짧게 설명하고, 그 사람에게서 어떤 교훈을 얻었는지 말해 보라.

이제 일지를 꺼내 다음 질문에 대한 답을 써 보라.

10. 12주 성경공부를 통해 하나님에 대해 배운 것은 무엇인가?

11. 12주 성경공부를 통해 예배에 대해서는 무엇을 배웠는가?

12. 12주 성경공부를 통해 나 자신에 대해서는 무엇을 알게 되었는가?

미주

1장 목마른 내 영혼

1. Bob Sorge, *Secrets of the Secret Place*(Lee's Summit, MO: Oasis House, 2001), 179-180. (『내 영이 마르지 않는 연습』 스텝스톤)
2. J. Oswald Sanders, *Enjoying Intimacy with God*(Chicago, IL: Moody, 1980), 14. (『하나님과 친밀함 누리기』 토기장이)
3. John F. Walvoord and Roy B. Zuck, *The Bible Knowledge Commentary*, Vol. 2(Wheaton, IL: Victor, 1983), 661.
4. Sam Storms, *Pleasure Evermore*(Colorado Springs, CO: NavPress, 2000), 54. (『나의 행복 하나님의 기쁨』 가이드포스트)
5. John Piper, *The Pleasures of God:Meditations on God's Delight in Being God*(Portland, OR: Multnomah, 1991), 17. (『하나님의 기쁨』 은성)
6. C. S. Lewis의 글을 Joseph Carroll이 *How to Worship Jesus Christ*(Chicago IL: Moody, 1997), 12에 인용함. (『기름부음의 예배자』 아이러브처치)

2장 예배에 눈을 뜨다

1. A. W. Tozer, *Whatever Happened to Worship?*(Camp Hill, PA: Christian Publications, 1985), 86. (『하나님이 원하시는 진짜 예배자』 생명의말씀사)
2. Ronald Allen and Gordon Borror, *Worship: Rediscovering the Missing Jewel*(Portland, OR: Multnomah, 1982), 16.
3. Watchman Nee, *Worship God*(New York: Christian Fellowship, 1990), 36.
4. Ron Eggert가 편집한 *A. W. Tozer, The Tozer Topical Reader*, Vol. 2(Camp Hill, PA: Christian

Publications, 1998), 281.

5. Victor Hugo, *Les Miserables*, chapter I.

6. Joseph Caroll, *How to Worship Jesus Christ*(Chicago IL: Moody, 1997), 15.

7. Carroll, 15.

8. A. P. Gibbs, *Worship*(Denver: Wilson Foundation, nd), 26.

9. Tozer, *Whatever Happened to Worship?*, 88.

10. W. E. Vine and F. F. Bruce, *Vine's Expository Dictionary of Old and New Testament Words*, Vol. II(Old Tappan, NJ: Revell, 1981), 235.

11. George Skramstad, *Renovare Perspective*, Vol. 7, No. 4에 인용됨.

12. LaMar Boschman, *A Heart of Worship*(Orlando, FL: Creation House, 1994), 7.

3장 내 영혼이 잠잠히 있나이다

1. LaMar Boschman, *A Heart of Worship*(Orlando, FL: Creation House, 1994), 23.

2. Thomas Merton의 말을 Ronald Rolheiser가 *The Shattered Lantern*(London, England: Hodder and Stoughton, 1994), 34에 인용함.

3. Henri Nouwen, *Making All Things New: An Introduction to the Spiritual Life*(New York: Doubleday, 1981), 23. (『모든 것을 새롭게』 두란노)

4. Martha Kilpatrick, *Adoration*(Sargent, GA: SeedSowers, 1999), 19.

5. Kilpatrick, 107.

6. Mrs. Charles E. Cowman, *Streams in the Desert*(Grand Rapids, MI: Zondervan, 1925), June 13, 189. (『사막에 샘이 넘쳐흐르리라』 복있는사람)

7. Rolheiser, 36.

8. O. Hallesby, *Under His Wings*(Minneapolis, MN: Augsburg, 1932), 13. (『영의 보호』 규장)

9. Richard J. Foster, *Celebration of Discipline*(San Francisco, CA: Harper-Collins, 1978), 105-106. (『영적 훈련과 성장』 생명의말씀사)

10. Richard J. Foster, *Prayers from the Heart*(London, England: Hodder and Stoughton, 1996), 59.

4장 다양한 방식의 예배

1. Andrew Murray, *With Christ in the School of Prayer*(Westwood, NJ: Fleming H. Revell, 1967), 28.

(『그리스도인의 기도학교』 크리스천다이제스트)

2. John MacArthur Jr., *The Ultimate Priority: On Worship*(Chicago: Moody, 1983), 115-116. (『예배』 아가페북스)

3. Gerrit Gustafson, *Be a Better Worshiper! Study Guide*(Brentwood, TN: Worship Schools, 2004), 15.

4. MacArthur, 116-117.

6. Watchman Nee, *Worship God*(New York: Christian Fellowship, 1990), 20-21.

7. Dr. Sam Storms의 2005년 10월 10일자 이메일 'Enjoying God Ministries'에서 각색.

8. Hannah Hurnard, *Winged Life*(Wheaton, IL: Tyndale, 1978), 85.

5장 나의 삶을 드립니다

1. V. Raymond Edman, *They Found the Secret*(Grand Rapids, MI: Zondervan, 1960), 153-154. (『증인』 생명의말씀사)

2. Edman, 154-155.

3. Joseph Carroll, *How to Worship Jesus Christ*(Chicago: Moody, 1997), 26에서 각색.

4. Ney Bailey는 Elisabeth Elliot이 이 기도하는 것을 들었다. 이 메시지를 언제 어디서 들었는지는 기억나지 않는다고 한다.

5. Lawrence O. Richard, *Expository Dictionary of Bible Words*(Grand Rapids, MI: Zondervan, 1985), 462.

6. Ron Eggert가 편집한 A. W. Tozer의 *The Tozer Topical Reader*, Vol. 1(Camp Hill, PA: Christian Publications, 1998), 324.

7. W. E. Vine, *An Expository Dictionary of New Testament Words*(Nashville, TN: Thomas Nelson, 1952), 795.

6장 나의 말을 드립니다

1. Charles R. Swindoll, *Growing Strong in the Seasons of Life*(Portland, OR: Multnomah, 1983), 28.

2. Paul Lee Tan, *Encyclopedia of 7700 Illustrations*(Rockville, MD: Assurance Publishers, 1979), 1421.

3. R. V. G. Tasker, *The General Epistle of James*(London, England: The Tyndale Press, 1957), 78.

4. Robert Johnstone, *Lectures on the Epistle of James*(Minneapolis, MN: Klock and Klock, 1871), 264.

5. Tan, 1423.

6. Lawrence J. Crabb Jr. and Dan B. Allender, *Encouragement: The Key to Caring*(Grand Rapids, MI: Zondervan, 1984), 24-25. (『격려를 통한 영적 성장』 복있는사람)

7. William Arndt, Frederick W. Danker, and Walter Bauer, *A Greek-English Lexicon of the New Testament and Other Early Christian Literature*, 3rd ed(Chicago: University of Chicago Press, 2000), 766.

8. Elisabeth Elliot, *A Chance to Die*(Grand Rapids, MI: Revell, 2005).

9. Tan, 3648, 848.

7장 나의 태도를 드립니다

1. Robert Jeffress, *Choose Your Attitudes, Change Your Life*(Wheaton, IL: Victor, 1992), 11

2. Jeffress, 18.

3. Colin Brown, editor, *Dictionary of New Testament Theology*, Vol. 2(Grand Rapids, MI: Zondervan, 1976), 616.

4. Brown, 617.

5. Charles R. Swindoll, *Strengtening Your Grip*(Waco, TX: Word, 1982), 206- 207.

6. Marcos Witt, *A Worship-Filled Life*(Orlando, FL: Creation House, 1998), 2.

7. "Murphy's Law"(231 Adrian Road, Millbrae, CA, Celestial Arts, 1979).

8. Jerry Brisges, *The Practice of Godliness*(Colorado Springs, CO: NavPress, 1983), 101-102.

9. Michael P. Green, *Illustrations for Biblical Preaching*(Grand Rapids, MI: Baker, 1982), 376.

10. Green, 376-377.

11. 이 인용문은 인터넷에서 가져왔음. 지은이는 알 수 없음.

8장 나의 일을 드립니다

1. "라보라레 에스트 오라레. 오라레 에스트 라보라레"라는 라틴어를 말 그대로 옮기면 "일하는 것이 기도하는 것이다. 기도하는 것이 일하는 것이다"라는 뜻이다. 하지만 목회자이자 저술가인 스튜어트 브리스코와 8장 마지막에 인용한 토머스 핸포드의 시에서는 이 말을 "일하는 것이 예배하는 것이다. 예배하는 것이 일하는

것이다'라고 옮기고 있다. 〈라틴어 영어 사전〉(Latin to English Dictionary)에서는 '오라레'(orare)라는 라틴어를 영어로 옮길 때 '기도'(pray)로도 번역할 수 있고 '예배'(worship)로도 번역할 수 있다고 말한다.

2. Stuart Briscoe, *Choices for a Lifetime*(Wheaton, IL: Tyndale, 1995), 135.

3. Jamie Winship, "Labor of Love", *Discipleship Journal*, Jan/Feb 2000, 39.

4. Sue Kline, "Sacred Work", *Discipleship Journal*, Jan/Feb 2000, 10.

5. Tom Kraeuter, *Worship Is WHAT?!*(Lynnwood, WA: Emerald Books, 1996), 84.

6. A. W. Tozer, *Gems from Tozer*(Send the Light Trust, 1969), 7. (『토저가 추구한 하늘 보화』 생명의 말씀사)

7. Thomas W. Hanford, *Two Thousand and Ten Choice Quotations in Poetry and Prose*(n.P. 1985), 32.

8. 이 인용문은 인터넷에서 가져왔음. 지은이는 알 수 없음.

9장 나의 기다림을 드립니다

1. Andrew Murray, *Waiting on God*(New Kensington, PA: Whitaker House, 1981), 39-40. (『하나님만 바라라』 생명의말씀사)

2. F. Brown, S. R. Drive and C. A. Briggs, *Enhanced Brown-Driver-Briggs Hebrew and English Lexicon* Strong's TWOT, and GK references(Oak Harbor, WA: Logos Research Systems, 2000), electronic ed., xiii.

3. Bob Sorge, *In His Face*(Greenwood, MO: Oasis, 1994), 24. (『그럼에도 주님 곁에 머물다』 스텝스톤)

4. Murray, 91.

5. 이 시는 인터넷에서 가져왔음. 지은이는 알 수 없음.

10장 나의 고통을 드립니다

1. Hannah Hurnard, *Hinds' Feet on High Places*(Wheaton, IL: Tyndale, 1975), 82. (『나의 발을 사슴과 같게 하사』 두란노)

2. Alan Redpath, *Blessings out of Buffetings, Studies in second Corinthians*(Old Tappan, NJ: Fleming H. Revell, 1965), 12.

3. Redpath, 12.

4. Redpath, 16.

5. J. P. Lange, D. D. and the Rev. F. R. Fay, *Langes Commentary on the Holy Scriptures* Vol. 10, Romans and Corinthians(Gran Rapids, MI: Zondervan, 1960), 75.

6. Oswald Chambers, *My Utmost for His Highest*(Uhrichville, OH: Barbour, 1935), May 19th.

7. Lange, 75. (『주님은 나의 최고봉』 토기장이)

8. 이 이야기는 이메일로 받았음. 출처는 알 수 없음.

9. Jack R. Taylor, *The Hallelujah Factor*(Nashville, TN: Broadman, 1983), 30-31.

10. Ron Mehl, *The Cure for a Troubled Heart*(Sisters, OR: Multnomah, 1996), 46.

11장 나의 뜻을 드립니다

1. Charles Spurgeon, *The Joy in Praising God*(New Kensington, PA: Whitaker House, 1995), 19.

2. James Swanson, *Dictionary of Biblical Languages with Semantic Domains: Hebrew*(Old Testament), electronic ed., DBLH 1635(Oak Harbor, WA: Logos Research Systems).

3. Alfred Edersheim, *Sketches of Jewish Social Life in the Days of Christ*(Grand Rapids, MI: Eerdmans, 1967), 104.

4. Lysa TerKeurst, *Radically Obedient, Radically Blessed*(Eugene, OR: Harvest Hoouse, 2003), 37.

5. *Webster's New World Dictionary of the American Language*, s.v. "Relinquish", 841.

6. Carol Kent, *When I Lay My Isaac Down*(Colorado Springs, CO: NavPress, 2004), 53.

7. Kent, 43.

8. 이 목록은 Joseph Caroll, *How to Worship Jesus Christ*(Chicago: Moody, 1997), 21의 내용을 수정한 것이다.

12장 하나님의 임재 속으로

1. Peter Rowe, *The Presence of God*(Kent, England: Sovereign World Limited, 1996), 15.

2. Rowe, 15.

3. Brenda J. Davis, "Dancing with your Husband", *SpiritLed Women*, February/March 2007, 7.

4. Pat Chen, *Intimacy with the Beloved*(Lake Mary. FL.: Creation House, 2000), 1-5에서 각색.

5. James W. Goll, *The Lost Art of Practicing His Presence*(Shippenburg, PA: Destiny Image, 2005), 230-231. (『주 임재에 사로잡히다』 토기장이)

6. Brother Lawrence, *The Practice of the Presence of God*(Grand Rapids, MI: Fleming H. Revell,

1958), 77-78. (『하나님의 임재연습』좋은씨앗)

7. Brother Lawrence and Frank Laubach, *Practicing His Presence*(Sargent, GA: The Seedsowers, first printed 1692), 102. (『하나님의 임재연습 플러스』생명의말씀사)

8. Lawrence and Laubach, 106.

9. Lawrence and Laubach, 13-14.

10. Lawrence and Laubach, 10.

11. Lawrence and Laubach, 22.

12. Lawrence and Laubach, 22-23.

13. Thomas R. Kelly, *A Testament of Devotion*(San Francisco, CA: Harper, 1941), 9. (『영원한 현재』은성)